本书为国家社会科学基金青年项目(14CJL032)的研究成果

国家社科基金丛书
GUOJIA SHEKE JIJIN CONGSHU

贸易开放下我国产业结构变动的碳排放效应研究

Research on the Carbon Emissions Effect of China's Industrial
Structure Change under Trade Opening

胡剑波　著

人民出版社

责任编辑:陈寒节

封面设计:石笑梦

版式设计:胡欣欣

图书在版编目(CIP)数据

贸易开放下我国产业结构变动的碳排放效应研究/胡剑波著.—

北京:人民出版社,2021.12

ISBN 978-7-01-023190-7

Ⅰ.①贸… Ⅱ.①胡… Ⅲ.①产业结构优化-关系-二氧化碳-排气-

研究-中国 Ⅳ.①F269.24②X511

中国版本图书馆 CIP 数据核字(2021)第 034049 号

贸易开放下我国产业结构变动的碳排放效应研究

MAOYI KAIFANGXIA WOGUO CHANYE JIEGOU BIANDONG DE TANPAIFANG XIAOYING YANJIU

胡剑波 著

人民出版社 出版发行

(100706 北京市东城区隆福寺街 99 号)

北京盛通印刷股份有限公司印刷 新华书店经销

2021 年 12 月第 1 版 2021 年 12 月北京第 1 次印刷

开本:710 毫米×1000 毫米 1/16 印张:18.25

字数:288 千字

ISBN 978-7-01-023190-7 定价:55.00 元

邮购地址:100706 北京市东城区隆福寺街 99 号

人民东方图书销售中心 电话(010)65250042 65289539

目　　录

图目录

表目录

前　言

　　人类活动是否是导致气候变化的重要因素是世界各国长期关注的焦点。从 1896 年瑞典化学家、诺贝尔化学奖得主斯凡特·奥古斯特·阿伦尼乌斯（Svante August Arrhenius）提出气候变化的科学假设，认为"化石燃料燃烧释放的 CO_2 将会增加大气中 CO_2 的浓度，CO_2 浓度达到一定的值则会导致全球气候变暖"到 2014 年联合国政府间气候变化专门委员会（Intergovernmental Panel on Climate Change，IPCC）第五次正式发布《气候变化评估报告：综合报告》，科学家们不断挖掘出新的证据证明：人类活动对气候系统的影响是明确的，而且这种影响在不断增强，世界各大洲都已观测到种种影响。工业革命以来，人类在生产、流通和消费等经济活动中开始了无限制地使用化石燃料，导致 CO_2 等温室气体（Green House Gases，GHG）大量排放，而温室气体又是导致气候变暖的最主要因素之一；21 世纪末期及以后时期的全球平均地表变暖主要取决于累积的 CO_2 排放量，即使暂停 CO_2 的排放，气候变化造成的多方面影响仍将持续多年，这表明过去、现在和将来的 CO_2 排放产生了长达多个世纪的气候持续性变化。全球气候变化不仅导致海洋平均温度上升、冰水融化、海平面不断升高，引发洪涝、干旱、冰雹、暴雨等极端天气，还对当前的生态系统平衡、粮食安全、动植物生长、人类生命健康以及生产生活等方面造成了不可估量的损害。气候变化无国界，如何积极有效地应对和适应气候变化带来的影响是全球人类共同面临的挑战，而只有依靠世界各国人民团结协作、统筹规划和共同努力才有可能改善气候变化。基于此，各国共同应对气候变化的步伐不断加快，国际社会各种双边或多边活动日益频繁，进一步遏制或减缓气候变暖的双边或多边协定谈判与日俱增。

改革开放 40 多年来，中国经济增速位居全球各国前列，成为第二次世界大战以来年均增长率保持较高增长的主要经济体之一；同时，对外贸易作为国民经济的重要组成部分，是拉动我国经济增长的"三驾马车"之一。改革开放以来尤其是中国加入世界贸易组织（World Trade Organization，WTO）之后，中国对外贸易发展迅速，进出口贸易总额增长了 100 多倍，年均增长率高达 20% 左右，现已成为全球第一大贸易国、第一大出口国和第二大进口国。毫无疑问，中国是一个贸易大国，但同时也是一个能源消耗和碳排放较大的国家。"应对气候变化，实现低碳发展"已成为当今世界发展的主旋律。作为负责任大国的中国，主动积极地推动气候变化国际合作，并且在推动气候变化多边进程和南南合作的过程中发挥了建设性的作用，充分发挥了作为一个大国的领导作用。在《巴黎协定》的框架下，中国提出了有雄心、有力度的国家自主贡献的目标，即到 2030 年，中国单位 GDP 的 CO_2 排放要比 2005 年下降 60%—65%，非化石能源在总能源当中的比例提升到 20% 左右，中国 CO_2 排放达到峰值，并争取尽早达到峰值。那么，在既定目标的大背景下，如何在贸易开放的视域下科学合理地测度我国产业部门的碳排放效应并提出具有可操作性的低碳发展对策是一项迫在眉睫的重要研究课题。

自 20 世纪 80 年代开始，诸多学者开始尝试从经济学的视角和方法来研究气候变化问题，寻求这一全球性挑战的应对之策。作为经济学的新兴领域——气候变化经济学，尤其是针对隐含碳排放问题的研究一直方兴未艾，但以往研究在测算产业部门隐含碳排放时，并未考虑贸易开放对其影响，即若一国经济处于封闭系统中，此时中间投入完全来自本国，在衡量各产业部门中间投入消耗时，不用区分中间投入是来自国内生产还是国外进口，但对于开放经济系统而言，则要明确区分中间投入是来自国内生产还是国外进口。同时，诸多研究不区分产业部门进行测算，即使分产业部门进行测算，一般也比较粗略。由于产业部门作为隐含碳排放的主要来源之一，同时产业结构调整又是未来减排的必然之路，因此准确把握各产业部门的隐含碳排放及其之间的相互关联性显得尤为重要。基于此，本书在贸易开放的视域下探讨我国产业部门的隐含碳排放问题，并试图回答以下几个问题：（1）在开放经济视角下，我国产业部门整体的隐含碳排放量究竟是多少？各个产业部门的隐含碳排放量以及三次产业的隐含碳排放量又是多少？同时，与此对应的碳排放强度又是怎样的情况呢？（2）每一个产业部门和三次产业的影响力系数和感应度系数究竟在中国经济发展中发挥着怎样的作用？隐含碳排放的影响力系数和感应度系数对其他的产业部门又会产生怎样的影响呢？（3）导致我国产业部门隐含碳排放增长的驱动因素有哪些？驱动因素的影响程度如何？哪些驱动因素为主要影响因素？（4）我国产业部门和三次产业最终使用增加与其对应的隐含碳排放是否存在脱钩关系？若是存在，其程度如何，又分别呈现何种脱钩方式？等等。

　　本书研究内容共包含 8 个部分，具体情况如下：

　　绪论。简要概述了本书的选题依据、研究意义、文献综述、研究思路与方法、内容安排与技术路线等。第一章，我国对外贸易、产业结构演进及能源消费现状。首先是我国对外贸易发展概况，主要涉及我国外贸的总体发展情况和结构演变趋势；其次是我国产业结构演进概况，主要包括我国三次产业结构总体概况、三次产业对我国经济增长的贡献度与拉动度；最后是我国能源储量分布及消耗特点，如我国能源生产和分布情况、能源消耗情况等。第二章，贸易开放下我国产业部门隐含碳排放的测算。首先界定了隐含碳和碳泄漏的基本内涵；其次是隐含碳排放量测算的非竞争型投入产出模型构建；再次是数据来源及处理；最后是实证结果与分析。第三章，贸易开放下我国产业部门隐含碳排放的关联效应。首先是产业关联的内涵界定；其次是影响力系数与感应度系数的度量；再次是我国产业部门隐含碳排放的影响力和感应度系数指标构建；再次是数据来源及处理；最后是实证结果与讨论分析。第四章，贸易开放下我国产业部门隐含碳排放的驱动效应。首先是指数分解法及研究方法的选取；其次是建立我国产业部门隐含碳排放的 LMDI 模型；最后是在相关数据处理的基础上进行实证研究，得出相应的结论并进行分析。第五章，贸易开放下我国产业部门隐含碳排放的脱钩效应。首先是脱钩弹性系数测算方法的选取；其次是我国产业部门产出与其隐含碳排放脱钩模型构建；最后根据预处理的数据带入模型中得出相应的结论，并对此进行分析。第六章，贸易开放下我国产业低碳化发展的对策建议。通过前面章节的深入研究与剖析，提出贸易开放下我国产业低碳化发展的对策建议。第七章，结论与展望。通过对贸易开放下我国产业部门隐含碳排放效应的定性和定量分析，总结出实证研究的主要结论，并阐明研究中的不足以及未来的研究方向。

本书研究的创新之处如下：

第一，研究视角上在贸易开放视域下探讨产业部门隐含碳排放问题。本书将我国产业部门的隐含碳排放效应作为研究对象，在贸易开放条件下通过构建非竞争型投入产出模型测算产业部门的隐含碳排放，并从总体、各个产业部门和三次产业的角度研究贸易开放条件下我国产业部门隐含碳排放的关联效应、驱动效应和脱钩效应，而目前诸多研究往往忽略了贸易开放对我国产业部门隐含碳排放的影响，导致研究结果不太科学。

第二，研究内容上涉及产业部门隐含碳排放问题的多个维度。本书在贸易开放条件下，基于 2002 年、2005 年、2007 年、2010 年、2012 年和 2015 年的中国投入产出数据，估算我国产业部门的隐含碳排放量，并从隐含碳排放的关联效应、驱动效应和脱钩效应等多个维度对碳排放问题进行全面系统综合分析，进而提出具有可操作性的对策措施，突破了以往局限于宏观层面和单一产业的研究范畴。

第三，研究方法上采用多学科工具与方法进行综合研究。本书采用投入产出法、关联系数分析法、因素分解法、脱钩弹性分析法等多种方法研究了贸易开放条件下产业部门隐含碳排放问题，在构建出产业部门隐含碳排放的非竞争型投入产出模型，关联效应、驱动效应和脱钩效应模型的基础上，基于中国投入产出数据，利用 Matlab R2014a 软件对贸易开放下我国产业部门的隐含碳排放效应进行定性与定量分析，一定程度上丰富了碳排放的实证文献。

绪　　论

近年来，经济社会的可持续发展受全球范围内气候变暖的严重威胁。世界各国的科学家使用了 31 个复杂的气候模式，在 6 种代表性温室气体（Green House Gas，GHG）[①] 排放情境下对未来 100 年的全球气候变化进行了预测，其结果表明：全球平均地表气温到 2010 年将比 1990 年上升 1.4℃—5.8℃，这一增温值将是 20 世纪内增温值（0.6℃）的 2—10 倍，可能是近一万年增温速度最快的阶段，并且会对自然和社会造成巨大的不良影响[②]。随着全球化和区域一体化向纵深推进，各国的经济不断交融，污染跨境转移的趋势日趋严重，面对温室效应的持续加剧，各国政府正在积极地采取有效措施控制温室气体排放。因此，在气候变化大背景下对中国产业部门隐含碳排放的相关情况进行研究就显得尤为重要和迫切。

[①] 温室气体（Green House Gas，简称 GHG）主要包括 6 种气体：二氧化碳（CO_2）、甲烷（CH_4）、一氧化二氮（N_2O）、氢氟碳化物（HFCs）、全氟碳化物（PFCs）以及六氟化硫（SF_6）；据 IPCC-TAR（2007）的研究，在全球人为温室气体排放中，CO_2 占 74%，CH_4 占 14%，N_2O 占 8%，其他气体占 4%，鉴于二氧化碳（CO_2）是最主要的温室气体，以及便于计量和计算，故本书的温室气体在没有特殊指明的情况下就是指二氧化碳（CO_2）。

[②] 秦大河：《未来 100 年全球将继续变暖》，《中国改革》2009 年第 11 期，第 10—13 页。

第一节　选题依据与研究意义

一、选题背景与问题的提出

近百年来，全球气候正经历以变暖为主要特征的显著变化。由于大规模能源消耗产生的温室气体（如 CO_2）造成的全球气候变化的潜在威胁已成为国际社会关注的焦点。"应对气候变化，实现低碳发展"已成为当今世界经济社会发展的主旋律。2017 年已成为有气候观测记录以来最暖的年份之一，大气主要温室气体（GHG）浓度屡创新高，两极海冰急剧消融，全球气候变化已是不争的事实。气候变化作为人类当前面临的重大而紧迫的全球性问题，仅在 2017 年，飓风"哈维""艾尔玛""玛丽亚"肆虐美洲，造成重大生命伤亡和财产损失，数百万人的正常生活陷入停顿；在孟加拉国、印度和尼泊尔，洪灾创下历史新高，造成 1200 多人死亡，4000 多万人生活受到影响。如何更好地应对和减缓气候变化也成为全球性的公共议题。从 1992 年的《联合国气候变化框架公约》（*United Nations Framework Convention on Climate Change，UNFCCC*）到 1997 年的《京都议定书》（*the Kyoto Protocol*）再到 2015 年的《巴黎协定》①，这三份人类历史上应对气候变化里程碑式的国际法律文本，为全球应对和减缓气候变化奠定了基础，形成全球气候治理的格局，这些无疑都表明越来越多的国家参与气候变化的议题中，齐心协力为共同开展全球生态治理贡献力量。

---

① 《巴黎协定》是 2015 年 12 月 12 日在巴黎气候变化大会上通过、2016 年 4 月 22 日在纽约签署的气候变化协定，该协定为 2020 年后全球应对气候变化行动作出了安排。《巴黎协定》主要目标是将 21 世纪全球平均气温上升幅度控制在 2℃ 以内，并将全球气温上升控制在前工业化时期水平之上 1.5℃ 以内。《巴黎协定》是继 1992 年《联合国气候变化框架公约》、1997 年《京都议定书》之后，人类历史上应对气候变化的第三个里程碑式的国际法律文本，形成 2020 年后的全球气候治理格局。

在国际合作方面，中国作为负责任的大国，积极推动气候变化国际合作，建设性地推动气候变化多边进程和南南合作，充分发挥了作为一个大国的积极作用。2009 年 12 月，在哥本哈根召开的联合国气候变化大会上，中国政府承诺，到 2020 年我国单位国内生产总值（Gross Domestic Product，GDP）的 CO_2 排放比 2005 年下降 40%—45%，作为约束性指标纳入国民经济和社会发展中长期规划，并制定相应的国内统计、监测、考核办法。截至 2017 年底，碳强度已经下降了 46%，提前 3 年实现了 40%—45% 的上限目标。2015 年 11 月，在法国巴黎召开的联合国气候变化大会上，中国政府承诺，我国 CO_2 排放到 2030 年左右达到峰值并争取尽早达峰，单位国内生产总值（GDP）的 CO_2 排放比 2005 年下降 60%—65%，非化石能源占一次能源消费比重达到 20% 左右，森林蓄积量比 2005 年增加 45 亿立方米左右。2016 年 9 月，全国人大常委会批准中国加入《巴黎气候变化协定》，成为 23 个完成了批准协定的缔约方之一。2017 年 11 月，在德国波恩举行的联合国气候变化会议上，中国代表团围绕会议的主要议题编写了五项提案，反映了中国积极参与和领导全球气候谈判的决心及态度。2018 年 12 月，《联合国气候变化框架公约》（UNFCCC）第二十四次缔约方大会（COP24）在波兰卡托维兹举行，中国坚定不移地支持应对气候变化行动，支持《联合国气候变化框架公约》（UNFCCC）和《巴黎协定》的体制，中国认为《巴黎协定》所代表的绿色、低碳发展大趋势是不可逆转的，全球合作应对气候变化的大态势是不可逆转的。2019 年 12 月，《联合国气候变化框架公约》（UNFCCC）第二十五次缔约方大会（COP25）在西班牙首都马德里召开，此次大会意义重大，是 2020 年这一决定性年份之前的最后一届气候大会，本届大会通过的《智利—马德里行动时刻》文件指出，各方"迫切需要"削减导致全球变暖的温室气体排放，以实现具有里程碑意义的《巴黎协定》确立的控温目标。在应对全球气候变化方面，习近平总书记在十九大报告中指出，中国正在引领应对气候变化方面的国际合作，成为全球气候变化治理的重要参与者，全球生态文明建设的贡献者和领导者，面对国际气候治理的新形势，中国应进一步加强对全球气候治理的话语权，促进发达国家和发展中国家建立平等、合理的全球气候治理体系[1]。

在国内层面，中国多措施并举，为应对全球气候变化做出了卓越的贡献。中国将保护生态环境和应对气候变化作为国家主要战略发展方向，先后制定、实施和发布了《国家应对气候变化规划（2014—2020）》《国家适应气候变化战略》《"十三五"控制温室气体排放工作方案》《中国应对气候变化的政策与行动年度报告》《打赢蓝天保卫战三年行动计划》等重大政策文件或研究报告，明确把应对气候变化作为国家经济社会发展的重大战略，设立减排降能目标，加强对节能、提高能效、洁净煤、可再生能源、先进核能、碳捕集利用与封存等低碳和零碳技术的研发和产业化投入，加快建设以低碳为特征的工业、建筑和交通体系，制定配套的法律法规和标准，完善财政、税收、价格、金融等政策措施，健全管理体系和监督实施机制，加强国际合作，有效引进、消化、吸收国外先进的低碳和气候友好技术，提高我国应对气候变化的能力，增强全社会应对气候变化的意识，加快形成低碳绿色的生活方式和消费模式，这些措施有效地使得人民群众对环境问题有了充分认识，一举扭转了多年来单位 GDP 的 CO_2 排放的快速增长局面[2]。党的十九大报告也把"美丽中国"写入社会主义现代化建设的总目标，将高质量绿色发展作为新常态下经济发展的主旋律。高质量发展即是要求在低消耗的基础上实现高产出、低排放，这就要求我国在立足自身资源禀赋差异、产业发展基础不同的情况上，将绿色、低碳发展理念贯彻到经济发展、社会建设的方方面面，切实推进绿色、低碳成为经济高质量发展的主色调。

本书正是基于以上考虑，将贸易开放下我国产业结构变动的碳排放效应作为研究对象，聚焦国际减排和国内经济高质量发展的双重压力，试图回答以下几个问题：（1）在我国对外经济发展中，通过什么方法能较为准确地测算作为碳排放主要来源的产业部门的隐含碳排放，以此来合理核算我国在国

---

[1] 田丹宇：《应对气候变化事业在新时代筑基启航》，《中国环境报》2018 年 6 月 8 日。

[2] 田丹宇：《应对气候变化事业在新时代筑基启航》，《中国环境报》2018 年 6 月 8 日。

际上的减排责任，以便为我国的国际气候谈判提供数据支持？（2）在我国经济发展中，各产业部门间存在千丝万缕的关系，单纯的对高排放产业进行限制，大力发展低排放产业虽然可有利于减少碳排放，但也很有可能引起经济动荡，导致经济结构失衡，最终波及整个经济。通过什么方法才能准确测算我国产业部门及其隐含碳排放间的关联效应，并以此为基础，如何在进行产业结构调整减少碳排放的同时又不对国民经济的平稳发展造成较大影响？（3）在我国经济发展中，碳排放量迅速增加不能简单归咎为化石能源消费增长的结果，而是在各因素相互交错影响下共同作用的结果。导致我国经济发展中产业部门隐含碳排放变化的影响因素到底有哪些？各种驱动因素对隐含碳排放的影响程度如何？这其中又是哪些因素在起主导作用？（4）我国经济增长与隐含碳排放间处于何种关系？是处于完全脱钩还是部分脱钩状态，还是其他情况？等等，这些问题的解决不仅为国家未来产业结构调整的相关研究提供理论方向，更为我国解决日益严峻的环境问题提供参考价值。

二、　选题意义

（一）理论意义

工业革命以来，人类在生产、流通和消费等经济活动中开始了无限制地使用化石燃料，无限制地排放 CO_2 等温室气体（GHG），大量 CO_2 排放是导致全球气候变暖的主要因素之一。而全球气候变暖导致了许多极端的气候事件，对生态系统和人类社会造成了重大影响，因而关于碳排放问题的研究方兴未艾。以往的研究在测算碳排放时，不区分产业部门进行测算，即使分产业部门进行测算，一般也是比较粗略，但是产业部门作为碳排放的主要来源之一，同时产业结构调整又是未来减排的必然之路，因此准确把握各产业部门的碳排放显得尤为重要。本书在贸易开放的视角下对我国经济发展中的产业部门进行详细划分，除了从总体考虑之外，还从具体的产业部门以及三次产业视角分析了产业部门的隐含碳排放、碳排放的关联效应、驱动效应和脱除对环境的不利影响①。Dietzenbacher & Mukhopadhyay（2007）基于投入产出分析法发现印度的环境质量受益于对外贸易②。彭水军、张文成和曹毅（2013）基于 2005—2010 年中国 251 个地级城市数据，实证分析了贸易开放所引致的结构效应对中国地方性污染物的影响，同样认为其有益于地区环境改善③。代丽华和林发勤（2015）基于中国 31 个省份 1993—2012 年的面板数据，使用了动态面板模型进行系统 GMM 估计，实证结果表明，贸易开放对中国环境污染的影响是积极的④。余丽丽和彭水军（2017）利用 GTAP-E 模型对未来贸易自由化进程对中国的宏观经济及碳排放的潜在影响进行预测模拟，结果表明，"多边贸易自由化"对全球的低碳经济发展更为有利，将导致世界各主要经济体（欧盟除外）的碳排放强度下降。参与"多边自由化"对中国的贸易条件改善、实际 GDP 增长和消费者福利改善更为有利⑤。

（二）贸易自由化将从多个方面造成环境恶化

部分学者认为在当前各国环境标准不同的情况下，国际贸易会使得发展中国家承受巨大的环境压力，而发达国家却从中受益。Low & Yeats（1992）以 109 个国家的 5 个污染密集型行业为研究对象，发现在 1965—1988 年间，一些发展中国家总出口中污染密集型工业所占的比例有所增加，而发达国家则在减

---

① Dean J. M.，"Does Trade Liberalization Harm the Environment？A New Test"，*Canadian Journal of Economics*，Vol. 35 No. 4（2002），pp. 819–842.

② Dietzenbacher E.，Mukhopadhyay K.，"An Empirical Examination of the Pollution Haven Hypothesis for India：Towards a Green Leontief Paradox"，*Environmental and Resource Economics*，Vol. 36 No. 4（2007），pp. 427–449.

③ 彭水军、张文成、曹毅：《贸易开放的结构效应是否加剧了中国的环境污染——基于地级城市动态面板数据的经验证据》，《国际贸易问题》2013 年第 8 期，第 119—132 页。

④ 代丽华、林发勤：《贸易开放对中国环境污染的程度影响——基于动态面板方法的检验》，《中央财经大学学报》2015 年第 5 期，第 96—105 页。

⑤ 余丽丽、彭水军：《贸易自由化对中国碳排放影响的评估和预测——基于 GTAP-MRIO 模型和 GTAP-E 模型的实证研究》，《国际贸易问题》2017 年第 8 期，第 121—130 页。

少，因此污染产业迁移确实存在，从而"污染避难所"假说是成立的[1]。Mani & Wheeler（1998）的研究表明在 1960—1999 年期间，发达国家的污染产业的产出在下降，清洁产业的产出在上升，污染产业的进口增长速率高于出口增长速率，但是在拉丁美洲和亚洲这一情况却相反[2]。崔到陵（2009）以近年来我国实际利用外资最多的省份——江苏省为案例，分析检验了外国直接投资的"污染避难所"，结果显示尽管地区性环境污染并不完全是由外国直接投资造成的，但环境污染的加重表明了我国环境标准的松弛性信息的确已成为外国直接投资进入我国的重要原因之一，从这个意义上讲，"污染避难所"假说是成立的[3]。余菜花、崔维军和李廉水（2015）基于引力模型，使用国家层面 2 分位数制造业行业的数据，在控制国家和行业不可观测的异质性以及环境规制内生性之后发现，环境规制确实影响了中国制造业的出口，使中国成为发达国家的"污染避难所"[4]。金春雨和王伟强（2016）以 1995—2012 年省级面板数据为样本，运用空间 VAR 模型分别对全国整体以及东中西区域环境规制、FDI 和对外贸易之间的关系进行实证检验。结果发现，就全国整体而言，环境规制与FDI 呈显著负相关，"污染避难所"假说是成立的[5]。

（三）贸易自由化与环境污染之间存在不确定关系

还有部分学者认为国际贸易与环境之间的关系十分复杂，不能一概而论。Crossman & Krueger（1993）在对北美自由贸易区（North American Free

---

[1]　Low P., Yeats A., "Do 'Dirty' Industries Migrate?", *World Bank Discussion Paper*, *Washington*, DC, 1992.

[2]　Mani M., Wheeler D., "In Search Pollution Havens? Dirty Industry Migration in the World Economy", *The Journal of Environment & Development*, Vol. 17 No. 3 (1997), pp. 215-247.

[3]　崔到陵:《外国直接投资"污染避难所假说"的实证检验——以江苏省为例》,《审计与经济研究》2009 年第 6 期, 第 97—102 页。

[4]　余菜花、崔维军、李廉水:《环境规制对中国制造业出口的影响——基于引力模型的"污染避难所"假说检验》,《经济体制改革》2015 年第 2 期, 第 115—119 页。

[5]　金春雨、王伟强:《"污染避难所假说"在中国真的成立吗——基于空间 VAR 模型的实证检验》,《国际贸易问题》2016 年第 8 期, 第 108—118 页。

Trade Area，NAFTA）的环境效应的研究中，把贸易的环境效应分解为结构效应、规模效应和技术效应三个效应，认为贸易对环境影响的复杂性在于这种影响是三种效应之和，而不是单独某一种效应[①]。惠炜和赵国庆（2017）在扩展环境库兹涅茨曲线（Environmental Kuznets Curve，EKC）方程的基础上，利用2000—2013年间中国30个省、自治区和直辖市的工业废水、工业SO_2、工业烟（粉）尘排放量构建环境污染强度、环境规制强度指标，采用面板门槛回归方法，分析环境规制强度对中国各地区环境污染强度的影响以及环境污染避难所假说在中国各地区是否存在[②]。但也有学者认为，判定"污染避难所"假说和"向底线赛跑"的存在缺乏充足的证据。Lucas、Wheeler & Hettige（1992）对1970—1980年间56个国家的有害污染物数据进行了分析，他们认为虽然在此期间发展中国家在生产过程中排放的有害物污染增长迅速，但是高速增长更多出现在封闭经济中。因此，他们认为两国之间的贸易不会导致污染产业转移的出现[③]。Birdsall & Wheeler（1993）在Lucas、Wheeler & Hettige（1992）的研究基础上对拉丁美洲的产业污染强度和收入增长以及贸易开放措施等之间的相关关系做了实证分析，实证结果与Lucas et al. 的研究基本一致，即有害污染强度增长更快的前提是在封闭社会经济体下，相反在开放经济体下其排放增长就比较缓慢[④]。Eliste & Fredriksson（1998）对农业部门的贸易自由化和策略性贸易政策进行了相关

---

① Crossman G.，Krueger A. B.，"Environmental Impacts of a North American Free Trade Agreement"，*NBER Working Paper Number W*3914，1993.

② 惠炜、赵国庆：《环境规制与污染避难所效应——基于中国省际数据的面板门槛回归分析》，《经济理论与经济管理》2017年第2期，第23—33页。

③ Lucas R. E. B.，Wheeler D.，Hettige H.，"Economic Development，Environmental Regulation，and the International Migration of Toxic Industrial Pollution，1960–1988"，*World Bank Publications*，1993.

④ N. Birdsall，D. Wheeler，"Trade Policy and Industrial Pollution in Latin America：Where Are the Pollution Havens?"，*The Journal of Environment & Development：A Review of International Policy*，Vol. 12 No. 1 (1993)，pp. 137–149.

研究，没有得到支持"向底线赛跑"的有力证据①。李光龙和张明星（2018）基于1999—2015年我国30个省（市、自治区）的面板数据，利用固定效应和随机效应模型，实证分析对外贸易水平和环境污染之间的关系，结果表明，对外贸易水平和环境污染之间存在倒"U"型关系。在对外贸易低水平发展阶段，以低端工业化为特征的贸易加剧了环境的恶化。但随着对外贸易水平的逐渐提升，环境污染和进出口增加额之间呈现负相关，进一步扩大对外贸易，转变经济发展方式，调整产业结构，是我国有效应对环境污染问题的必然选择②。

通过上述文献综述我们可以看到，关于环境和贸易之间的关系仍无定论。出现这种现象的原因主要在于贸易自由化与环境利益之间存在错综复杂的关系③。（1）理论方面：在现实的背景框架下，国际贸易自由化对生态环境的影响是多层次、多角度、多方面的，涉及价格形成机制、收入水平、生产技术、消费模式、投资决策、环境政策制定、经济发展程度和国际贸易体系的目标定位，还涉及各个利益集团、国家间、区域间和国内的冲突和矛盾，妥协和合作，因此很难将各种因素纳入理论模型④。（2）实证检验方面：一是鉴于存在微宏观数据获取、技术条件限制、计算难以操作等重重困难，致使难以构建和求解精确的定量研究；二是不同学者因研究对象不同，其选择的污染指标也各不相同，由于这些排放出来的污染物在负外部性上所涉及的范围、影响的主体对象、对环境的损害程度以及本身化学物质构成等的差异，致使对这些污染物进行防护和控制的动力机制、污染利益转嫁和分

① Eliste P., Fredriksson P. G., "Does Open Trade Result in a Race to the Bottom? Cross Country Evidence", *Unpublished MS* (*World Bank*), 1998.

② 李光龙、张明星：《扩大对外贸易加剧了中国环境污染吗？》，《安徽大学学报》（哲学社会科学版）2018年第3期，第119—125页。

③ 李永波：《关于贸易自由化环境效应的文献述评》，《首都经济贸易大学学报》2011年第1期，第121—128页。

④ 李永波：《关于贸易自由化环境效应的文献述评》，《首都经济贸易大学学报》2011年第1期，第121—128页。

摊机制等存在很大不同，故实证研究中所选择污染指标的差异客观上也会对研究结论造成影响①。

二、关于产业结构与碳排放的研究

专家学者进行的产业结构对碳排放影响的研究起初源于 20 世纪 90 年代对于环境库兹涅茨曲线（EKC）形成原因的解释。Panayotou、Peterson & Sachs（2000）为了更加详细准确地说明碳排放与人均收入两者之间的变动符合 EKC 曲线，他们由此正式提出产业结构变化假说来进行解释说明②。郎春雷（2009）认为，我国为了积极适应减排和气候变化，并实现经济的低碳、可持续发展，必须逐步淘汰高碳产业，最终实现整个产业链条的低碳化③。陈迎的研究中显示，由于我国还未摆脱工业化的进程，目前仍处在工业化中期，为了尽早实现共同富裕的目标，不断提高居民生活水平，在短时间内依赖重工业拉动经济发展的格局很难改变，因此高碳排放制造业还会继续存在，在未来有效控制碳排放量增长的途径为优化调整产业结构④。伍华佳在其研究中指出，由于碳排放的产生受多方面因素的影响，不同国家之间的经济总量与技术水平即使一样，若相对应的产业结构存在差异，则碳排放量也会有明显的差距⑤。叶玉瑶等利用基于部门结构调整的碳减排目标模拟方法对广东省的情况进行了深入研究⑥。张雷等在他们的相关研究中发现，

① 李永波：《关于贸易自由化环境效应的文献述评》，《首都经济贸易大学学报》2011 年第 1 期，第 121—128 页。

② Panayotou T., Peterson A., Sachs J. D.，"Is the Environmental Kuznets Curve Driven by Structural Change? What Extended Time Series May Imply for Developing Countries"，*Consulting Assistance on Economic Reform*（*CAER*）*II Discussion Paper*，No. 80（2000），pp. 1—35.

③ 郎春雷：《全球气候变化背景下中国产业的低碳发展研究》，《社会科学》2009 年第 6 期，第 39—47，188 页。

④ 陈迎：《温室气体减排的主要途径与中国的低碳经济转型》，《科学对社会的影响》2010 年第 1 期，第 46—51 页。

⑤ 伍华佳：《上海高碳产业低碳化转型路径研究》，《科学发展》2012 年第 5 期，第 15—17 页。

⑥ 叶玉瑶、苏泳娴、张虹鸥等：《基于部门结构调整的区域减碳目标情景模拟——以广东省为例》，《经济地理》2014 年第 4 期，第 159—165 页。

产业结构以及能源结构变动对我国低碳行动的顺利实施产生的作用较为明显，两者的贡献度分别为60%与10%[1]。郭朝先以1996—2009年作为研究区间，对我国这十四年间的碳排放进行分析发现，目前的产业结构变动对碳排放的增长起着促进的作用，并且通过相关数据的分析，随着时间的推移，预测到2020年产业结构变动才会对碳排放的增加起到抑制作用[2]。梁云和郑亚琴在对我国省级领域的碳排放量进行研究时发现，在省级层面存在CO_2的EKC，而且EKC的位置会随着产业升级的变动而移动，具体表现为，工业化程度的不断提高会推动EKC朝着右上方的方向移动，现代服务业的发展会促进EKC朝着左下方移动，最终导致峰值提前到来[3]。宫再静和梁大鹏在对CO_2排放量及产业结构优化指标进行选取和计算的基础上，对中国1991—2013年产业结构优化与CO_2排放量进行了因果关系检验及协整关系分析，结果显示：产业结构优化与CO_2排放量存在长期稳定的互动关系，且产业结构合理化和高级化对减排的影响在长短期内不同[4]。李佳倩、王文涛和高翔（2016）通过对德国低碳经济转型的系统探究，进一步发现并验证了产业结构变迁推动低碳经济发展的阶段性特征[5]。曹丽斌、蔡博峰和王金南基于2012年中国1km高空间分辨率网格CO_2排放数据（CHRED），运用耦合度模型分析了中国288个城市产业结构与CO_2排放量的耦合特征。研究发现，中国产业结构和CO_2排放量之间正处于中度耦合一致性阶段，以资源型为主的城市产业结构和CO_2排放量处于极度耦合一致性阶段；工业型城市耦合度

---

① 张雷、李艳梅、黄园淅等：《中国结构节能减排的潜力分析》，《中国软科学》2011年第2期，第42—51页。

② 郭朝先：《产业结构变动对中国碳排放的影响》，《中国人口·资源与环境》2012年第7期，第15—20页。

③ 梁云、郑亚琴：《产业升级对环境库兹涅茨曲线的影响——基于中国省际面板数据的实证研究》，《经济问题探索》2014年第6期，第74—79页。

④ 宫再静、梁大鹏：《中国CO_2排放量与产业结构优化的互动关系研究》，《中国人口·资源与环境》2015年第S2期，第10—13页。

⑤ 李佳倩、王文涛、高翔：《产业结构变迁对低碳经济发展的贡献——以德国为例》，《中国人口·资源与环境》2016年第S1期，第26—31页。

和一致性均高于服务业型城市；其他类型城市则分布比较分散没有呈现一定的规律性①。孙攀、吴玉鸣和鲍曙明基于 1999—2014 年中国 30 个省域的面板数据，采用空间杜宾面板数据计量经济模型，从合理化、高级化两个方面重点考察了产业结构变化对各省碳排放的影响。结果证明，产业结构高低程度、合理程度分别与碳排放之间存在相关关系，即产业结构合理化、高级化均对碳减排起到积极影响②。

三、关于碳排放量测算方法的研究

截至目前，国内外相关学者评估碳排放量的方法主要涉及过程分析法、投入产出分析法、IPCC 分析法等三种重要测算方法，具体情况如下：

（一）生命周期分析法

过程分析（Process Analysis），即生命周期法（Life Cycle Assessment，LCA）。刘强等在对中国出口贸易中的 46 种重点产品的载能量以及碳排放量进行分析时，重点使用的方法是生命周期评价法，通过理论以及实证分析得出生产这些产品所排放的 CO_2 量占全国碳排放量的比重高达 14.4%③。李丁、汪云林和牛文元将我国对外出口贸易中的水泥行业作为研究对象，分析其产生的隐含碳排放，通过一系列论证得出：在 2006 年，由于水泥出口增加的隐含碳排放就超过千万吨，巨大的碳排放量增加了我国在国际气候谈判上争取话语权的难度④。袁哲和马晓明运用生命周期法对中国出口到美国的商品进行了隐含碳排放的测算，

---

① 曹丽斌、蔡博峰、王金南：《中国城市产业结构与 CO_2 排放的耦合关系》，《中国人口·资源与环境》2017 年第 2 期，第 10—14 页。

② 孙攀、吴玉鸣、鲍曙明：《产业结构变迁对碳减排的影响研究——空间计量经济模型实证》，《经济经纬》2018 年第 2 期，第 93—98 页。

③ 刘强、庄幸、姜克隽等：《中国出口贸易中的载能量及碳排放量分析》，《中国工业经济》2008 年第 8 期，第 46—55 页。

④ 李丁、汪云林、牛文元：《出口贸易中的隐含碳计算——以水泥行业为例》，《生态经济》2009 年第 2 期，第 58—60 页。

通过实证分析得出，中国与美国之间的贸易往来会对核算我国国内具体碳排放造成巨大的不良影响，由此重点强调了有差别对待两国之间的碳排放责任尤为重要①。吕佳、刘俊和王震从出口产品的数量结构、碳足迹总量和碳足迹强度三个方面出发，基于生命周期分析方法对我国出口贸易中木质林产品的碳足迹特征进行研究，结果表明，中级加工和深加工产品的碳足迹总量和碳足迹强度，相对于初级加工的资源型木材产品而言均比较大②。王益文和胡浩通过生命周期法，发现城乡居民对肉食产品消费需求的碳排放额不断增长，并且城镇增长速度大于农村增长速度；肉类生产阶段碳排放量占全生命周期比重最大，运输阶段碳排放量增长迅速，消费阶段排放较少；加强饲养环节的技术革新、建立节能环保畜产品运输流通模式、提倡地产地销以及优化农村地区生活能源利用结构是现阶段肉类消费生命周期各阶段减排的有效措施③。武娟妮等以新型煤化工行业作为研究对象，采用生命周期分析方法，研究了煤炭从生产到产品消费的整个产业链的碳排放情况，结果显示，从生命周期的角度认识煤化工业发展带来的碳排放潜力，中期新型煤化工业生命周期 $CO_2\text{-eq}$（CO_2 当量）排放量是现状的 10 倍，远期甚至达到现状的 21 倍，新型煤化工业发展呈现过热势头，这给我国的碳减排目标带来不容忽视的压力④。宋博和穆月英通过构建多目标灰靶决策模型并借助生命周期法的理论思想，搜集整理 2013 年采用实地调查的方法获取的数据并以北京市为研究对象，对其地域范围内的蔬菜生产系统碳足迹进行评估分析⑤。黄葳等以宁波市为例，采用生命周期分析与环境投入产出相结合的综合分析框架，对其

---

① 袁哲、马晓明：《生命周期法视角下的中国出口美国商品碳排放分析》，《商业时代》2012 年第 21 期，第 47—48 页。

② 吕佳、刘俊、王震：《中国出口木质林产品的碳足迹特征分析》，《环境科学与技术》2013 年第 S1 期，第 306—310 页。

③ 王益文、胡浩：《我国城乡居民肉类消费的碳排放特征分析——基于过程生命周期理论》，《安徽农业科学》2014 年第 13 期，第 4125—4128，4132 页。

④ 武娟妮、张岳玲、田亚峻等：《新型煤化工的生命周期碳排放趋势分析》，《中国工程科学》2015 年第 9 期，第 69—74 页。

⑤ 宋博、穆月英：《设施蔬菜生产系统碳足迹研究——以北京市为例》，《资源科学》2015 年第 1 期，第 175—183 页。

2012 年居民所消费食物在农业生产阶段的直接和间接碳排放进行研究，分析不同食物及不同排放源的排放特征。结果表明：对食物消费碳排放总量的贡献排在前四位的依次是粮食、猪肉、水产品和牛肉，它们的占比分别是 28%、25%、10% 和 9%；粮食、蔬菜和蛋类单位热量和单位蛋白质的碳排放均较小，禽、蛋、水产、鲜奶单位蛋白质的碳排放低于牛羊猪肉[①]。胡世霞等基于 IPCC 国家温室气体（GHG）清单指南，运用过程生命周期评价法、动态评估及多元回归分析，对湖北省 2003—2013 年蔬菜生产系统碳足迹进行了核算。结果表明：湖北省蔬菜生产系统碳足迹由 2003 年的 116.05 万吨增长到 2013 年的 142.81 万吨，增加了 23.06%[②]。赵兵等基于生命周期法（LCA）将花岗石全生命周期分为五个阶段，具体为石材产品生产加工阶段、规划设计阶段、建造施工阶段、使用维护阶段、清除回收阶段。在微观尺度下对碳排放量进行测度研究，建立了石材铺装过程碳排放量测度模型[③]。Requia et al. 以温哥华、圣约翰、夏洛特敦、哈利法克斯、蒙特利尔、多伦多、里贾纳和卡尔加里这八个加拿大城市为研究对象，运用生命周期法来分析插入式混合动力汽车的 CO_2 排放情况[④]。

（二）投入产出分析法

投入产出分析（Input-Output Analysis，IOA），是一种由上自下进行分析的方法，并且也是目前对产业部门碳排放进行分析研究的主流方法。Machado、Schaeffer & Worrell 选取巴西对外贸易中的碳排放作为研究对象，运用单区域投入产出模型进行相关计算，实证结果显示：在 1995 年相对于

---

① 黄葳、胡元超、任艳等：《满足城市食物消费需求的农业生产碳排放研究——以宁波为例》，《环境科学学报》2015 年第 12 期，第 4102—4111 页。

② 胡世霞、向荣彪、董俊等：《基于碳足迹视角的湖北省蔬菜生产可持续发展探讨》，《农业现代化研究》2016 年第 3 期，第 460—467 页。

③ 赵兵、张金光、刘瀚洋等：《园林铺装花岗石碳排放量的测度》，《南京林业大学学报》（自然科学版）2016 年第 4 期，第 101—106 页。

④ Requia W. J., Adams M. D., Arain A., et al., "Carbon Dioxide Emissions of Plug-in Hybrid E-lectric Vehicles: A Life-cycle Analysis in Eight Canadian Cities", *Renewable & Sustainable Energy Reviews*, No. 78 (2017), pp. 1390–1396.

进口产品而言，出口的单位产品价值中消耗的能源较多，高出接近 40 个百分点，碳排放比进口更是多出 56 个百分点，由此可以清晰地看出，巴西为隐含碳的净出口国[①]。Hayami & Nakamura 把日本和加拿大设定研究对象，具体对两国在贸易往来中产生的隐含碳排放进行对比分析，研究结果表明：日本的生产技术相对来说比较先进，因此在对外贸易中，出口产品主要是低碳产品；而加拿大主要凭借水电优势以及高效率的生产水平，出口的产品大多是能源和资源密集型产品，因此，隐含碳排放也比较低[②]。Hae-Chun Rhee & Hyun-Sik Chung 通过搜集整理 1990—1995 年间的国际投入产出数据，以韩日两个国家为研究对象，对它们两者之间通过贸易往来而随之产生的碳排放转移问题，以扩充的投入产出模型为研究工具进行分析比较，结果发现：日本国内的产业结构相比韩国而言更加趋向于能源集约型[③]。Ahmed & Wyckoff[④] 对 24 个国家的国际贸易碳排放采用多区域研究模型进行测度，结果表明：大体上来看，经合组织的成员国基本上是隐含碳排放的净进口国，另外，这些国家 CO_2 排放量差不多占到全球碳排放总量的 25%。还发现，与发达国家相比，发展中国家的出口碳排放显著高于进口碳排放，并且我国的碳排放失衡情况在所有的发展中国家中最为严重。Peters & Hertwich 专门对世界上用中间产品作为贸易对象的国家运用多区域投入产出模型以及全球贸易分析模型进行实证研究，结果表明：所选取的研究对象的隐含碳排放量占全世界碳排放总量的比重竟高达 25%，另外，结果还显示：在我国，进口碳

---

① Machado G., Schaeffer R., Worrell E., "Energy and Carbon Embodied in the International Trade of Brazil: An Input – output Approach", *Ecological Economics*, Vol. 39 No. 3 (2001), pp. 409–424.

② Hayami H., Nakamura M., "CO_2 Emission of an Alternative Technology and Bilateral Trade between Japan and Canada", *KEIO Economic Observatory Discussion Paper*, No. 75 (2002).

③ Rhee H. C., Chung H. S., "Change in CO_2 Emission and Its Transmissions between Korea and Japan Using International Input-output Analysis", *Ecological Economics*, Vol. 58 No. 4 (2006), pp. 788–800.

④ Ahmad N., Wyckoff A., "Carbon Dioxide Emissions Embodied in International Trade of Goods", *Oecd Science Technology & Industry Working Papers*, Vol. 25 (2003), pp. 1–22.

排放量远远小于出口碳排放量，两者占国内碳排放的比重依次为 7% 和 24%，由此可见，我国是全世界首屈一指的隐含碳净出口国[1]。

Kader H. A. et al. 运用投入产出法对瑞典 1950—2000 年内的贸易碳排放进行了研究，结果显示：瑞典并没有通过对外贸易这一过程对环境污染的压力进行转移，其国内环境污染减少很大程度上是由于本国生产技术先进，并利用此技术优势使国内消费结构以及能源系统得到大幅度的调整与改善优化[2]。尹显萍和程茗在测算中美双方贸易中的隐含碳排放时重点采用了投入产出模型，结果发现：在该研究期间内，我国出口贸易产生的碳排放大约占总碳排放的 5.4%—11.6%，并且隐含碳排放会随着出口贸易的不断发展而持续增加[3]。黄蕊等使用多区域投入产出分析法，分别从生产者和消费者的角度对北京各部门碳排放进行分析，并估算各部门进出口贸易中隐含的碳排放量，结果表明：北京是一个碳排放净流入区域。基于生产者和消费者的角度，北京的碳排放总量分别是 142.79Mt 和 116.80Mt。输出贸易中隐含的碳排放量为 28.15Mt，包括区域间调出和国际出口。输出贸易中隐含碳排放最大的部门是石油加工、炼焦及核燃料加工业。输入贸易中隐含的碳排放量为 54.15Mt，包括区域间调入和国际进口。其中，建筑业部门在输入贸易中隐含碳排放最大[4]。杨顺顺基于修正的投入产出模型和双比例平衡法（RAS 法），借助投入产出分析思想，通过搜集整理相关能源消费数据，对中国 23 个工业部门的直接和完全碳排放、碳排放的部门间转移和进出口转移进行了定量评价和预测[5]。马晓微等以 2002 年、2005 年、2007 年以及 2010 年作为研

[1] Peters G. P., Hertwich E. G., "CO$_2$ Embodied in International Trade with Implications for Global Climate Policy", *Environmental Science and Technology*, Vol. 42 No. 5 (2008), pp. 1401–1407.

[2] Kader H. A., Adams M., Andersson L. F., et al., "The Determinants of Reinsurance in the Swedish Property Fire Insurance Market During the Interwar Years, 1919–1939", *Business History*, Vol. 52 No. 2 (2010), pp. 268–284.

[3] 尹显萍、程茗：《中美商品贸易中的内涵碳分析及其政策含义》，《中国工业经济》2010 年第 8 期，第 45—55 页。

[4] 黄蕊、钟章奇、孙翊等：《区域分部门贸易的隐含碳排放——以北京为例》，《地理研究》2015 年第 5 期，第 933—943 页。

[5] 杨顺顺：《中国工业部门碳排放转移评价及预测研究》，《中国工业经济》2015 年第 6 期，第 55—67 页。

究阶段,基于投入产出模型,对比分析了美国和中国的碳排放状态①。钱志权和杨来科利用可比价格的全球投入产出表,构建了一个包含中国、日本、韩国、印度尼西亚、马来西亚、菲律宾、新加坡、泰国、中国台湾、越南等东亚国家(地区)的多区域投入产出(MRIO)模型,运用 MRIO-SDA 技术对 1997—2002 年、2002—2007 年、2007—2012 年中国对东亚地区出口隐含碳进行了跨期比较,研究表明:东亚垂直分工导致了中国隐含碳排放增长,而且虽然中国能源利用效率的提高对隐含碳的增加有缩减效应,但减幅明显收窄②。王安静、冯宗宪和孟渤借助投入产出表和多区域投入产出模型,用生产者责任和消费者责任来测算我国各省份各行业的 CO_2 排放量以及省间的碳转移量③。王丽萍和刘明浩对 1997—2014 年间中国物流业的直接能源消耗碳排放和基于投入产出表的隐含碳排放进行了测算,研究结果显示,前者大大低估了物流业的碳排放水平,2000 年以来间接碳排放对物流业碳排放总量的贡献已经超过了直接能耗碳排放,2014 年直接能耗碳排放占碳排放总量的比重不足 40%④。

(三)IPCC 分析法

IPCC 方法(Intergovernmental Panel on Climate Change,IPCC),该方法在估算温室气体(GHG)排放方面提供了详细的思路,在测算碳排放方面是国际通用的方法之一。在 IPCC 给出的碳排放清单指导框架下,各国应根据本国的实际国情,制定出更适合本国的碳排放清单,为分析本国的碳排放趋势以及特点提供依据。但因为受限于生产工艺以及技术水平因素的影响,排

---

① 马晓微、叶奕、杜佳等:《基于投入产出中美居民生活消费间接碳排放研究》,《北京理工大学学报》(社会科学版)2016 年第 1 期,第 24—29 页。
② 钱志权、杨来科:《东亚垂直分工对中国对外贸易隐含碳的影响研究——基于 MRIO-SDA 方法跨期比较》,《资源科学》2016 年第 9 期,第 1801—1809 页。
③ 王安静、冯宗宪、孟渤:《中国 30 省份的碳排放测算以及碳转移研究》,《数量经济技术经济研究》2017 年第 8 期,第 89—104 页。
④ 王丽萍、刘明浩:《基于投入产出法的中国物流业碳排放测算及影响因素研究》,《资源科学》2018 年第 1 期,第 195—206 页。

放因子在不同的国家表现出明显的差异，故而造成同一个部门在不同的国家或者同一国家内的不同部门计算出来的碳足迹（Carbon Footprint）千差万别。Hashimoto et al. 以《联合国气候变化框架公约》（UNFCCC）附件I16个国家的木质林产品为研究对象，采用 IPCC 方法对其储碳量进行详细的分析，结果发现：在 1990—1999 年的研究期间内，大多数国家的木质林产品年均储碳量远小于碳排放，仅仅为碳排放的 10%[①]。Greena et al. 以 1961—2003 年作为研究期间，以爱尔兰为研究对象，运用 IPCC 方法测算研究期间内爱尔兰木质林产品与 SWDS 木质林产品的碳储量，与此同时又对结果的不确定性采用蒙特卡罗模拟法进行了研究讨论[②]。邱薇和张汉林借助该方法测算 CO_2 排放量，分析了潜在碳边界调节措施的实施会对我国的出口造成哪些具体的影响，结果表明其影响不是很大，但是碳成本上升会对一部分产品的出口造成很大的冲击[③]。刘爱东、曾辉祥和刘文静以 1990—2011 年为研究阶段，在该期间内重点分析了我国一次能源消耗量，运用 IPCC 法，核算结果表明在该期间内均以高增长率快速增加[④]。王逸清在介绍 IPCC 排放因子法的理论计算方法的基础上，应用 IPCC 排放因子方法相应地测算出 CO_2 排放量，同时对差值比例进行比较分析，对降低渔业能源消耗等提供了有利的数据支持[⑤]。高长春等基于 IPCC 提供的参考方法，估算了中国大陆 30 个省区

[①] Hashimoto S., Nose M., Obara T., et al., "Wood Products: Potential Carbon Sequestration and Impact on Net Carbon Emissions of Industrialized Countries", *Environmental Science and Policy*, Vol. 118 No. 5 (2002), pp. 183-193.

[②] Green C., Avitabile V., Farrell E. P., et al., "Reporting Harvested Wood Products in National Greenhouse Gas Inventories: Implications for Ireland", *Biomass and Bioenergy*, Vol. 30 No. 5 (2006), pp. 105-114.

[③] 邱薇、张汉林:《碳边界调节措施对中国出口产品影响评估》,《国际经贸探索》2012 年第 2 期, 第 90—102 页。

[④] 刘爱东、曾辉祥、刘文静:《中国碳排放与出口贸易间脱钩关系实证》,《中国人口·资源与环境》2014 年第 7 期, 第 73—81 页。

[⑤] 王逸清:《IPCC 排放因子法在渔业碳排放减排评价中的应用》,《现代农业科技》2015 年第 20 期, 第 165—166, 182 页。

（不含我国西藏）能源消费碳排放量[1]。计志英、赖小锋和贾利军运用 IPCC 的 CO_2 排放量测算方法，在省际层面测度了我国家庭部门直接能源消费碳排放，并基于扩展的 Stir pat 和 Kaya 模型，构建家庭部门直接能源消费碳排放影响因子动态面板数据模型，对我国 2003—2012 年份省面板数据样本及城乡子样本进行系统 GMM 估计[2]。

四、关于产业及其碳排放关联度的研究

产业关联的具体含义为产业各部门之间通过产品供给形成的相互依存的关系[3]。产业关联效应的主要目的是为了测量当社会中的某一具体产业的投入产出关系发生变化时对其余产业投入产出水平的波及以及影响程度。在对现代产业结构分析时，一般情况下，以投入产出表中的数据为基础，站在产业链条的角度上，借鉴运用关联性指标，也就是所谓的影响力系数（Index of Power of Dispersion，IPD）与感应度系数（Index of Sensitivity of Dispersion，ISD），这两个指标在分析产业关联效应时是最常用的指标，与此同时也是深刻阐明引起产业结构变动内在机理的重要方法以及广泛使用的两种经典方法[4]。王岳平和葛岳静通过一系列的计算最终得出 1997 年与 2002 年中国投入产出表共计 42 个产品部门的影响力系数与感应度系数，根据数据得出第二产业特别是制造业的影响力系数和感应度系数在 1997—2002 年中呈现上升态势[5]。庄惠明和陈浩选取 31 个国家的服务业作为研究对象，通过比较分

---

① 高长春、刘贤赵、李朝奎等：《近 20 年来中国能源消费碳排放时空格局动态》，《地理科学进展》2016 年第 6 期，第 747—757 页。

② 计志英、赖小锋、贾利军：《家庭部门生活能源消费排放：测度与驱动因素研究》，《中国人口·资源与环境》2016 年第 5 期，第 64—72 页。

③ 李峰：《产业关联测度及其应用研究》，《山西财经大学学报》2007 年第 11 期，第 34—39 页。

④ 胡剑波、周葵、安丹：《开放经济下中国产业部门及其 CO_2 排放的关联度分析——基于投入产出表的实证研究》，《中国经济问题》2014 年第 4 期，第 49—60 页。

⑤ 王岳平、葛岳静：《我国产业结构的投入产出关联特征分析》，《管理世界》2007 年第 2 期，第 61—68 页。

析得出，我国与发达国家以及其余的发展中大国在服务业方面的影响力系数相似，但是我国服务业的感应度系数与后者相比数值偏小[①]。徐大丰（2010）利用上海 2007 年投入产出表相关数据，得出应对产业影响力系数较小，但是直接碳排放影响力系数较大的产业部门进行调整[②]。徐盈之和张全振通过投入产出法构建了我国 29 个产业部门的关联程度，最后研究结果发现：在三次产业中第二产业能源消耗的波及效应最大[③]。胡剑波、周葵和安丹利用 2007 年投入产出数据，在开放经济下构建出中国产业部门及其 CO_2 排放的关联度指标，测算了 28 个行业及其直接 CO_2 排放的影响力系数和感应度系数[④]。王文举和李峰运用灰色关联度分析方法和距离协调度模型，构建了发展度指数、协调度指数和协调发展度指数等三个成熟度测度指数，并基于 2003—2012 年中国 30 个省份的 38 个工业行业数据，从整体和分省份两个维度且分行业对中国工业碳减排成熟度进行了综合评价。结果表明：虽然 2003 年以来我国重工业比重再次呈现上升的态势，但在一系列政策调整之后，中国工业碳减排整体发展度指数、协调度指数和协调发展度指数均呈持续增长趋势[⑤]。董明涛在对农业碳排放总量测算分析的基础上，采用 2003—2013 年全国及 30 个省份的农业碳排放量、农业各产业比重数据，运用灰色关联分析方法，测度了农业碳排放强度与种植业、林业、畜牧业、渔业间的关联度，发现产业结构对农业碳排放总体存在较强的关联效应，但各产业比重与农业碳排放的关联程度存在一定差异；不同省份产业结构与农业碳排放

① 庄惠明、陈洁：《我国服务业发展水平的国际比较——基于 31 国模型的投入产出分析》，《国际贸易问题》2010 年第 5 期，第 53—60 页。

② 徐大丰：《低碳经济导向下的产业结构调整策略研究——基于上海产业关联的实证研究》，《华东经济管理》2010 年第 10 期，第 6—9 页。

③ 徐盈之、张全振：《能源消耗与产业结构调整：基于投入产出模型的研究》，《南京师大学报》（社会科学版）2012 年第 1 期，第 66—71 页。

④ 胡剑波、周葵、安丹：《开放经济下中国产业部门及其 CO_2 排放的关联度分析——基于投入产出表的实证研究》，《中国经济问题》2014 年第 4 期，第 49—60 页。

⑤ 王文举、李峰：《中国工业碳减排成熟度研究》，《中国工业经济》2015 年第 8 期，第 20—34 页。

的关联程度也存在差异①。原嫄和李国平在制造业和服务业内部分类的基础上，根据欧盟 27 国累积投入产出表对各产业关联度进行测算，建立产业关联度对区域经济发展水平演化的理论影响模型，进而应用计量经济工具对产业关联度的影响效应及强度进行实证分析②。原嫄、席强敏和李国平采用欧盟 27 国投入产出数据，在测算不同类型制造业和服务业的产业关联水平的基础上，确定不同类型制造业所对应的特征服务业类型，进而应用经济计量学工具对制造业与服务业产业关联度对碳排放的影响进行实证分析③。

五、关于碳排放变化因素分解方法的研究

目前，在理论界主要是采用因素分解法（Decomposition Analysis）对 CO_2 排放变化的相关影响因素进行分析，它之所以成为使用广泛的方法源自它的众多优点，其中包括，其直观简洁、方便进行数据操作等。该方法的分析思路是对 CO_2 排放量变化进行分解，然后通过定量分析的方法研究影响 CO_2 排放的因素，并探讨每个因素对碳排放量变化的影响程度。基于此，通过整理相关文献资料可知，国内外众多的学者重点在单位 GDP 能耗、能源经济、CO_2 排放等的变化方面采用因素分解法进行分析，该方法当前已成为各国研究应用的焦点。从方法论的角度考察，因素分解法包括两种主要方法：

（一）结构分解法（Structural Decomposition Analysis，SDA）

结构分解法最早是由 Leontief & Ford 在 1972 年提出的，此方法把投入产出模型以及投入产出表中的数据作为分析计算的基础，故此方法又被称为投入产出结构分解方法（Input-output Structural Decomposition Analysis，IOSDA）

① 董明涛：《我国农业碳排放与产业结构的关联研究》，《干旱区资源与环境》2016 年第 10 期，第 7—12 页。

② 原嫄、李国平：《产业关联对经济发展水平的影响：基于欧盟投入产出数据的分析》，《经济地理》2016 年第 11 期，第 76—82、92 页。

③ 原嫄、席强敏、李国平：《产业关联水平对碳排放演化的影响机理及效应研究——基于欧盟 27 国投入产出数据的实证分析》，《自然资源学报》2017 年第 5 期，第 841—853 页。

或者投入产出分解方法（Input-output Decomposition Analysis，IODA）[①]。该方法的分析思路为：首先分解一个目标变量的变化，将其分成若干个驱动因素的变化，以此来判断这若干个不同的驱动因素对目标变量变化造成的影响大小，根据影响的大小分辨出贡献较大的影响因素，接着再依据具体的分析需要逐层地进行分解，最终就可以得出目标变量变化受到各个驱动因素的影响程度。SDA 不仅对解释变量在空间和时间上的变化具有较强的说服力，并且还能够计算出驱动因素对目标变量变化的直接和间接影响程度。

结构分解方法是一种定性和定量分析的方法，该方法基于投入产出方法对 CO_2 排放的影响因素进行定量和定性分析，以消耗系数矩阵为基础数据，再将投入产出表结合进来，可较为细致地对各影响因素进行分析。该方法的理论背景很强，可显著地展现出能源利用和宏观经济变量两者间的关联，特别是在部门存在交叉时该方法的优势更加明显，另外在影响因素较多的情况下使用该方法更合适。"环境投入—产出"模型普遍被广大学者应用于 CO_2 驱动因素分析中。一般将驱动因素分解为各种因素的乘积，例如：总产值、产出系数、排放系数、最终消费比例等的乘积，紧接着计算 CO_2 排放受投入产出系数和消费比例的影响。例如：Nobuko 运用该方法探究了日本工业 CO_2 排放受到环境因素和生产技术的影响[②]。Rhee & Chung 利用该方法研究了韩国和日本 CO_2 排放驱动因素[③]。Peter & Webber 借助该方法对我国 CO_2 排放量受到技术、经济结构、城市化和生活方式等因素的影响做了详细分析，发现城市化和生活方式因素产

① Ang, B. W., Zhang, F. Q., "A Survey of Index Decomposition Analysis in Energy and Environmental Studies", *Energy*, *No.* 25 (2000), pp. 1149–1176.

② Nobuko Yabe, "An Analysis of CO_2 Emissions of Japanese Industries during the Period between 1985 and 1995", *Energy Policay*, No. 32 (2004), pp. 595–610.

③ Rhee Hae-Chun, Chung Hyun-sik, "Change in CO_2 Emission an Its Ttransmissions between Korea and Japan Using International Input-Ooutput Analysis", *Ecological Economics*, No. 58 (2006), pp. 788–800.

生的影响较大，这两种因素的影响远远超过了技术效应的影响①。Guan、Hubacck & Weber 运用该方法对我国 CO_2 排放影响因素做了相关研究，研究结果表明家庭消费、投资和出口贸易的增长会对 CO_2 排放产生一定的拉动作用②。Zhang 同样运用该方法对 1992—2006 年我国 CO_2 排放影响因素进行了研究，分析得出影响 CO_2 排放量的主要因素之一是生产方式③。

　　郭朝先基于双层嵌套结构式的结构分解分析（SDA）方法，对 1992—2007 年我国 CO_2 排放增长影响因素从经济整体、分产业和工业分行业三个角度进行了分解。实证结果显示：能源消费强度是衡量碳减排的主要指标，促使碳排放增加的主要因素是最终需求的规模扩张和投入产出系数的变动。与之相比，进口替代效应和能源消费结构变动效应一直比较小，在分析的众多效应中，效用作用最大的是出口与投资扩张效应，而其中的消费扩张效应的作用明显下降④。Li 采用该方法对中国台湾石化行业 CO_2 排放的影响因素进行了研究⑤。黄敏和刘剑锋定量测算了中国进出口贸易在 2002、2005 及 2008 年中隐含碳排放情况，为了更深入地分析引起我国外贸隐含碳变化的影响因素及其各影响因素的重要性，采用投入产出结构分解模型（I-O SDA）进行了进一步的分析讨论⑥。邓荣荣和陈鸣基于中美两国非竞争（进口）型可比价投入产出表，对中美贸易中的隐含碳排放量进行了测算与分析，同时

———————

　　① Peters G.，Webber C.，"China's Growing CO_2 Emission——A Race between Lifestyle Changes and Efficiency Gains"，*Environmental Science and Technology*，No. 41（2007），pp. 5939-5944.

　　② Guan D.，Hubacck K.，Weber C.L.，"The Drivers of Chinese CO_2 Emission from 1980 to 2030"，*Global Environmental Change*，No. 18（2008），pp. 626-634.

　　③ Zhang Y.，"Structural Decomposition Analysis of Sources of Decarbonizing Economic Development in China：1992—2006"，*Ecological Economics*，No. 68（2009），pp. 2399-2405.

　　④ 郭朝先:《中国二氧化碳排放增长因素分析——基于 SDA 分解技术》,《中国工业经济》2010 年第 12 期，第 47—56 页。

　　⑤ Li Lee，"Structural Decomposition of CO_2 Emissions from Taiwan's Petrochemical Industries"，*Energy Policy*，No. 29（2001），pp. 237-244.

　　⑥ 黄敏、刘剑锋:《外贸隐含碳排放变化的驱动因素研究——基于 I-O SDA 模型的分析》,《国际贸易问题》2011 年第 4 期，第 94—103 页。

借助结构分解分析法对两国之间贸易隐含碳排放的驱动因素做了相关的研究，结果表明：中国对美国的出口含碳量与净贸易含碳量持续为正，并呈现递增的态势[①]。王磊运用结构分解法研究中国的能源消耗和 CO_2 排放的影响因素[②]。郑珍远和陈晓玲通过构建福建经济增长变动结构分解分析（SDA）模型，从最初投入与最终需求两大角度对福建经济增长变动进行因素分解，将福建经济增长变动分解为最初投入结构、技术投入、最终需求总量、最终需求分布以及最终需求结构5大影响因素，定量测度各因素对福建经济增长变动的贡献率。实证结果表明：最终需求总量是影响福建经济增长变动的关键因素，且具有较强的稳定性[③]。冯宗宪和王安静采用基于投入产出法的结构分解模型（IO-SDA）分产业、分时间段从整体状况研究了陕西省碳排放的影响因素，并分别分离出每个因素对碳排放所做出的贡献。研究结果表明，1997—2012 年流出扩张效应、投资扩张效应和投入产出系数变动效应是碳排放量增加的最主要因素[④]。

（二）指数分解法（Index Decomposition Analysis，IDA）

指数分解法的一个优点在于数据获取的灵活性，其计算所需的数据不一定非要来自投入产出表，这就极大地避免了投入产出表由于每5年更新一次而带来的数据难获得性。只需要对所有行业部门的数据进行汇总即可，因而对数据的要求明显偏低，并且相对来说很容易获取，与此同时，目标变量变化的影响因素之间可用多种形式表示，例如既可用加法形式表示又能够用乘

① 邓荣荣、陈鸣：《中美贸易的隐含碳排放研究——基于 I-O SDA 模型的分析》，《管理评论》2014 年第 9 期，第 46—57 页。
② 王磊：《中国能源消耗国际转移规模及驱动因素研究——基于完全分解均值法处理的 I-O SDA 模型》，《山东财经大学学报》2015 年第 2 期，第 16—26 页。
③ 郑珍远、陈晓玲：《基于 SDA 的福建经济增长变动实证分析》，《科研管理》2016 年第 S1 期，第 623—629 页。
④ 冯宗宪、王安静：《陕西省碳排放因素分解与碳峰值预测研究》，《西南民族大学学报》（人文社科版）2016 年第 8 期,第 112—119 页。

法形式表述。指数因素分解法一般多用于驱动因素的研究，同时用于含有时间序列的研究对象。因为该方法根据时间序列做出分析，操作又相对简单，因而被学者们广泛应用到资源、环境和经济等领域。指数因素分解方法源自Kaya①（1990）在研究经济和人口等对 CO_2 排放的影响一文中。这种方法的基本思路是将影响 CO_2 排放的因素剖析为几个因素的乘积，接着利用不同的方法对其权重加以分解确定，从而明确各个因素的增量。常用的指数因素分解方法一般为 Laspeyres 指数分解法、Divisia 简单平均分解法和 Divisia 自适应权重分解方法。

1. Laspeyres 指数分解法。Sun 根据"协同产生，平均分配"的原则提出了改善后的 Laspeyres 模型，对残差项做了进一步研究，这种模型消除了由于时间逆转引起的不同百分比变化对研究对象造成的影响②。Claudia 运用拉氏指数分析法研究了墨西哥水泥行业碳排放影响因素，结果表明水泥行业碳排放的主要驱动因素是能源强度变化③。Zhang 在对 1990—1997 年中国工业部门能源消费变化进行分析时运用了没有残差的 Laspeyres 指数分解法④。Gürkan Kumbaroglu 对土耳其 CO_2 排放驱动因素研究时也运用该方法，发现土耳其 CO_2 排放主要驱动因素是经济规模⑤。路正南、杨洋和王健以 2000—2012 年为样本期，采取 Laspeyres 分解法定量研究了产业系统碳生产率变动

①　Kaya，Y.，"Impact of Carbon Dioxide Emission Control on GNP Growth: Interpretation of Proposed Scenaries"，*Paper Presented at the IPCC Energy and Industry Subgroup*，*Response Strategies Working Group*，*Paris France*，1990.

②　Sun J.，"Changes in Energy Consumption and Energy Intensity: A Complete Decomposition Model"，*Energy Economics*，Vol. 20 No. 1（1998），pp. 85-100.

③　Claudia Sheinbaum，"Energy Use and CO_2 Emission for Mexico's Cement Industry"，*Energy*，Vol. 23 No. 9（1998），pp. 725-732.

④　Zhang Z. X.，"Why did the Energy Intensity Fall in China's Industrial Sector in the 1990s? The Relative Importance of Structural Change and Intensity Change"，*Energy Economics*，Vol. 25 No. 6（2003），pp. 625-638.

⑤　Gürkan Kumbaroglu，"A Sectoral Decomposition Analysis of CO_2 Emissions over 1990—2007"，*Energy*，No. 36 No. 5，pp. 2419-2433.

的影响因素，并从行业角度对碳生产率增长进行分析①。孙玉环、李倩和陈婷（2016）采用 Laspeyres 分解方法，纵横两个角度将能源消费强度从结构和效率效应两个方面进行分解研究，认为以能源技术为代表的效率因素的提高，可以有效降低能源消费强度，对总体能源消费强度影响最大的部门是工业部门，交通运输、仓储和邮政业对降低能源消费强度发挥的作用越来越明显②。张永强和张捷基于 Laspeyres 分解法将广东省 1995—2014 年的碳排放累计差异分解为碳强度效应、能源强度效应、经济结构效应、经济增长效应，通过计算发现经济增长效应是碳排放增长的首要驱动因素③。

2. Divisia 分解法。Liu & Ang 提出了对数平均权重分解法（LMDI），该方法以一个对数平均公式取代了数学平均权重方法，由于 LMDI 分解方法的理论基础非常的扎实，同时又易于使用，适应能力较强，算得上一种较为完备的分解方法④。徐国泉、刘则渊和姜照华借助对数平均权重 Divisia 分解法，利用测算碳排放量的基本等式，对 1995—2004 年间能源结构、能源效率和经济发展等因素的变化对中国人均碳排放的影响进行了定量分析⑤。黄菁将对数平均 Divisia 指数方法运用于我国四种主要的工业污染物的分析，发现工业污染增加的主要原因是受到规模效应的影响，若要减少污染，技术效应则不可或缺，我国的工业污染有所加重是因为受到结构效应的影响；进一步研究分析发现，工业行业的不同，造成它们之间技术效应和结构效应也有很大的差别⑥。

---

① 路正南、杨洋、王健：《碳结构变动对产业系统碳生产率的影响——基于 Laspeyres 分解模型的经验分析》，《科技管理研究》2015 年第 10 期，第 234—238 页。

② 孙玉环、李倩、陈婷：《中国能源消费强度行业差异及影响因素分析——基于指数分解》，《调研世界》2016 年第 4 期，第 28—34 页。

③ 张永强、张捷：《广东省经济增长与碳排放之间的脱钩关系——基于 Laspeyres 分解法的实证研究》，《生态经济》2017 年第 6 期，第 46—52 页。

④ Liu N. A., Ang B. W., "Factors Shaping Aggregate Energy Intensity Trend for Tndustry: Energy Intensity Versus Production", *Energy Economics*, No. 29 (2007), pp. 609-635.

⑤ 徐国泉、刘则渊、姜照华：《中国碳排放的因素分解模型及实证分析：1995—2004》，《中国人口·资源与环境》2006 年第 6 期，第 158—161 页。

⑥ 黄菁：《环境污染与工业结构：基于 Divisia 指数分解法的研究》，《统计研究》2009 年第 12 期，第 68—73 页。

马越越和王维国利用 LMDI 方法从能源结构、能源效率、运输方式、物流发展、经济增长、人口等方面入手分析了我国人均 CO_2 排放的影响因素[①]。王长健、汪菲和张虹鸥运用 LMDI 方法，基于 1952—2010 年新疆数据，实证结果发现经济产出和人口规模是促进碳排放增加的重要原因[②]。李焱、刘野和黄庆波采用 LMDI 分解法对 2005—2013 年我国的碳排放进行分解，得出海运出口贸易规模、能源效率、能源结构、碳排放强度是构成碳排放的四个因素[③]。邵桂兰等运用 LMDI 分解法对 2003—2013 年我国海洋渔业碳排放进行实证研究[④]。李创和昝东亮以物流运输业为研究对象，以 2004—2014 年物流运输能源消耗为基础数据，利用 LMDI 法对物流运输产生的碳排放量进行因素分解，得出碳排放因子、能源消耗结构、运输方式、物流运输货运量、能源消耗强度五种影响因素[⑤]。郭沛、连慧君和丛建辉根据 2004—2013 年的相关数据，基于 LMDI 模型将山西省的碳排放影响因素分解为人口、人均 GDP、产业结构、能源结构和碳强度五个因素[⑥]。Wang et al. 运用分解法（LMDI）探索了广东省 1990—2014 年间与能源有关的 CO_2 排放的主要驱动因素，研究结果表明：在不同发展阶段，各种因素对碳排放的影响是不同的[⑦]。

---

① 马越越、王维国:《中国物流业碳排放特征及其影响因素分析——基于 LMDI 分解技术》,《数学的实践与认识》2013 年第 10 期，第 31—42 页。

② 王长建、汪菲、张虹鸥:《新疆能源消费碳排放过程及其影响因素——基于扩展的 Kaya 恒等式》,《生态学报》2016 年第 8 期，第 2151—2163 页。

③ 李焱、刘野、黄庆波:《我国海运出口贸易碳排放影响因素的对数指数分解研究》,《数学的实践与认识》2016 年第 22 期，第 105—115 页。

④ 邵桂兰、孔海峥、于谨凯等:《基于 LMDI 法的我国海洋渔业碳排放驱动因素分解研究》,《农业技术经济》2015 年第 6 期，第 119—128 页。

⑤ 李创、昝东亮:《基于 LMDI 分解法的我国运输业碳排放影响因素实证研究》,《资源开发与市场》2016 年第 5 期，第 518—521 页。

⑥ 郭沛、连慧君、丛建辉:《山西省碳排放影响因素分解——基于 LMDI 模型的实证研究》,《资源开发与市场》2016 年第 3 期，第 308—312 页。

⑦ Wang F., Wang C., Su Y., et al., "Decomposition Analysis of Carbon Emission Factors from Energy Consumption in Guangdong Province from 1990 to 2014", *Sustainability*, Vol. 9 No. 2 (2017), pp. 274–291.

3. 自适应权重分解法。Liu & Ang（1992）根据研究需要提出了 Divisia 自适应权重分解方法。这种方法在计算过程中需要连续求微分和积分，首先，是求微分，然后，再求积分。将时间段内函数微分求导后再计算各影响因子单项积分，并把其作为 CO_2 排放各影响因素的权重，这种方法可以较真实地反映实际情况，但是，由于计算过程中涉及微积分等运算，计算起来比较麻烦[1]。Fan & Liu（2007）采用自适应权重分解方法，以 1980—2003 年的数据资料为研究基础，对我国这个时间段内引起碳强度变化的具体影响因素展开了详细地分析[2]。王圣等利用对数平均权重 Divisia 分解法，针对江苏省沿海地区建立了影响人均碳排放量的驱动因素分解模型，通过模型分析认为，在 2000—2008 年时间段内，引起江苏省沿海地区人均碳排放变化的主要因素包括国民经济发展、能源消费结构以及能源利用效率[3]。孙巍和赫永达基于 Divisia 指数法，认为实现能源消耗低、环境污染少的新型工业化道路转型，需"开源"与"节流"并举，同时要加速产业结构优化升级[4]。

六、关于经济增长与碳排放脱钩的研究

"脱钩"来自英文"Decoupling"，而 Decoupling 指去除两个变量或者多个变量之间的相互联系[5]。环境与经济之间关系的"脱钩"一词，最早出现在 OECD 在《由经济增长带来环境压力的脱钩指标》报告中。鉴于脱钩指数法只能分辨出脱钩与非脱钩两项指标，无法进一步准确得出脱钩的程度和类

---

[1] Liu X. Q., Ang B. W., "The Application of Divisia Index to the Decomposition of Changes Industrial Energy Consumption", *The Energy Journal*, Vol. 13 No. 4 (1992), pp. 161–177.

[2] Ying Fan, Lan-Cui Liu, "Changes in Carbon Intensity in China: Empirical Findings from 1980—2003", *Ecolocial Economics*, Vol. 62 No. 3–4 (2007), pp. 683–691.

[3] 王圣、王慧敏、陈辉等:《基于 Divisia 分解法的江苏沿海地区碳排放影响因素研究》,《长江流域资源与环境》2011 年第 10 期，第 1243—1247 页。

[4] 孙巍、赫永达:《中国能源消费与经济增长的因果分析基于 Divisia 指数法和 Toda-Yamamota 检验》,《暨南学报》(哲学社会科学版)2014 年第 5 期,第 77—89 页。

[5] 李效顺、曲福田、郭忠兴等:《城乡建设用地变化的脱钩研究》,《中国人口·资源与环境》2008 年第 5 期，第 179—184 页。

别，Tapio 对其进行拓展，提出了 Tapio 脱钩模型，在原来的基础上增加了模型的客观性和准确性。Tapio 对 1970—2001 年欧洲交通运输业经济增长、碳排放和运输量三者之间的关系进行脱钩研究[①]。在我国，也不断涌现出学者对我国经济增长与碳排放之间的脱钩关系展开研究：庞家幸、陈兴鹏和王惠榆运用脱钩指数评价甘肃省经济增长与能源消耗之间的脱钩关系，应用历史数据预测甘肃省 2020 年的能源消耗总量，并且测算了甘肃省的脱钩指数呈现下降趋势[②]。盖美等选取辽宁沿海经济带作为研究对象，采用 Tapio 提出的弹性分析方法探讨了辽宁沿海经济带能源碳排放与经济增长的脱钩关系及演变趋势[③]。胡渊、刘桂春和胡伟（2015）从总体特征和脱钩关系角度对我国 1990—2013 年能源碳排放与国民生产总值两者关系进行研究，结果表明：能源碳排放与 GDP 之间呈现出较强的关联性[④]。方齐云和吴光豪利用武汉市 1995—2013 年间的相关数据，测算了武汉市的 CO_2 排放量，并对 CO_2 与经济增长的脱钩弹性进行了分解[⑤]。孙秀梅和张慧运用脱钩模型对山东省碳排放与经济增长的关系进行研究[⑥]。韩亚芬、张生和张强依据 1999—2012 年安徽省工业经济与能源消耗的相关数据，利用脱钩理论测算了安徽省工业碳排放与经济增长的脱钩指数[⑦]。刘学程、宋大强和徐圆以江苏省为研究空间，

---

①　Tapio P. , "Towards a Theory of Decoupling: Degrees of Decoupling in the EU and the Case of Road Traffic in Fin Land between 1970 and 2001", *Transport Policy*, Vol. 12 No. 2 (2005), pp. 137 –151.

②　庞家幸、陈兴鹏、王惠榆：《甘肃省能源消耗与经济增长的关系研究及能源消耗预测》，《干旱区资源与环境》2014 年第 2 期，第 31—36 页。

③　盖美、曹桂艳、田成诗等：《辽宁沿海经济带能源消费碳排放与区域经济增长脱钩分析》，《资源科学》2014 年第 6 期，第 1267—1277 页。

④　胡渊、刘桂春、胡伟：《中国能源碳排放与 GDP 的关系及其动态演变机制——基于脱钩与自组织理论的实证研究》，《资源开发与市场》2015 年第 11 期，第 1358—1362 页。

⑤　方齐云、吴光豪：《城市二氧化碳排放和经济增长的脱钩分析——以武汉市为例》，《城市问题》2016 年第 3 期，第 56—61 页。

⑥　孙秀梅、张慧：《基于脱钩模型的山东省碳排放与经济增长时空关系研究》，《资源开发与市场》2016 年第 2 期，第 128，131—134 页。

⑦　韩亚芬、张生、张强：《基于脱钩理论的安徽省工业碳排放与经济增长研究》，《井冈山大学学报》(自然科学版)2016 年第 2 期,第 18—23 页。

基于 Tapio 脱钩评价模型,利用江苏省十三年的数据进行脱钩测算,并在因果链恒等式基础上对实证结果进行结构分析[①]。陈俊滨和林翊通过构建弹性脱钩模型探究福建省流通产业碳排放脱钩的动态演变过程。结果表明:福建省流通产业的发展未表现出显著的碳排放脱钩趋势,脱钩状态大致呈现"弱脱钩→扩张性耦合→扩张性负脱钩"的阶段性特征,存在复钩的可能[②]。邓娟娟选取湖北省作为研究对象,以 1995—2010 年作为研究区间,依据脱钩理论的思想,对湖北省这 16 年内经济增长与碳排放总量间的关系进行脱钩分析,根据相关实证结果得出:两者之间的脱钩状态基本上属于弱脱钩,即表明湖北省的碳排放增加速度要小于其经济增长的速度,是一种比较合理的经济增长方式,清晰地说明全省的低碳行动取得突破性进展[③]。刘博文、张贤和杨琳运用 LMDI 分解法和 Tapio 脱钩指标分析了 1996—2015 年间中国区域产业增长和 CO_2 排放的脱钩弹性和脱钩努力程度[④]。

七、总体评述

综合上述文献的梳理,我们发现国内外文献就经济发展中碳排放问题进行了大量的理论研究和实证分析,但仍旧存在诸多不足:

1. 就碳排放测度方法而言,普遍使用的有三种方法,分别是 IPCC 方法、投入产出法以及生命周期法。这三种方法依据的原理不同,在测算碳排放量的时候,各有利弊,具体表现如下:

第一,适用性。(1) IPCC 方法。IPCC 法是目前最为普遍的测算温室气

---

① 刘学程、宋大强、徐圆:《江苏省经济增长与碳排放的脱钩关系研究——基于 Tapio 脱钩模型》,《上海商学院学报》2016 年第 4 期,第 50—58 页。

② 陈俊滨、林翊:《福建省流通产业碳排放影响因素实证研究——基于 Tapio 弹性脱钩理论和 LMDI 分解法》,《福建农林大学学报》(哲学社会科学版)2016 年第 2 期,第 43—50 页。

③ 邓娟娟:《湖北省经济增长与碳排放脱钩关系的实证研究》,《金融经济》2016 年第 2 期,第 73—75 页。

④ 刘博文、张贤、杨琳:《基于 LMDI 的区域产业碳排放脱钩努力研究》,《中国人口·资源与环境》2018 年第 4 期,第 78—86 页。

体（GHG）排放量的方法，该方法简单、适用，并且该方法的计算公式需要用到的一系列数据，如活动数据、排放因子数据库已经被研究的比较透彻全面，因此，IPCC 是一种相对来说比较成熟的计算方法，也能够很好地适用于统计数据有缺失、不够详尽的情况。（2）投入产出分析法。首先，在使用单区域投入产出模型的情况下，通常有一个假设性前提，即进口产品以当地的技术水平进行生产，这个假设在评价通过贸易活动对单个地区的碳排放产生的具体影响以及衡量进口国在开放经济下通过进口产品，减少本国国内相同产品的生产从而减少的本地区的碳排放量（进口节碳量）时具有很好的效果；其次，在测量一个国家的完全碳排放时，由于投入产出表能够清晰地体现出经济活动中各个产业部门之间的联系，因此，利用投入产出表可以从宏观层面进行把握；再次，在利用多区域投入产出模型进行碳排放核算时，通常需要利用原产地的技术水平以便准确估算进口产品产生的碳排放影响，此时实际估算的是该进口产品在原产地产生的碳排放量（进口含碳量），在分析国际贸易活动对全球或者多区域产生的碳排放影响时，多区域投入产出模型非常有效；最后，在考察两个以上的国家或者地区因为贸易往来而不可避免地产生的碳排放转移时，多区域投入产出模型是最佳方法，究其原因主要是该模型一方面可以详细反映出隐含碳的来源以及对隐含碳进行分解，以此可以精确核算隐含碳的区际转移，另一方面，区际的碳转移会引起全球温室气体（GHG）排放量的变动，而多区域投入产出模型可以对这一变化进行动态分析。（3）生命周期分析法。此方法的研究对象大多是产品，该方法核算产品生产、使用和处理等各个环节中所产生的碳排放量，基于各部门之间的关联对产品生产和使用整个过程中所有相关产业链条进行详细分析。

第二，局限性。（1）采用 IPCC 法核算温室气体（GHG）排放量时，核算结果不够精确，这主要是因为生产、生活、技术等方面存在较大差异，并且该方法在排放系统自身发生变化时不能够进行很好的处理。与此同时，该种方法只核算了直接消耗能源产生的碳排放，但是产品在生产过程中除了直接消耗能源外，还会间接消耗能源，IPCC 法没有考虑这部分能源消耗产生的碳排放，计算结果偏小且不够精确。（2）单区域投入产出模型的假设前提是进口同质性，但实际情况是，同一种产品的进口和生产在不同的国家，生产技术水平会存在较大的差异，即能耗系数和碳耗系数会有差别。故如若在两个明显存在技术差别和能源结构不同的国家使用单区域投入产出模型来核算贸易中的碳排放量时，明显降低了计算结果的准确性。（3）在运用多区域投入产出模型时，需要多个区域或者国家的投入产出以及能源消耗等方面的数据作为分析基础，但是鉴于各国或者地区数据开放度有限，大多数情况下很难获取完整的数据资料，另外，各国或者地区统计数据的口径可能存在差异，使获得的仅有数据可能存在不可比性，无法进行分析。（4）生命周期方法核算产品整个生命周期过程中的碳排放量，需要获取各个部门的直接和间接能源消耗情况，在现实中，很难获取所有部门的详细数据，因此，鉴于数据的获得性较难，一般很少使用该方法来核算隐含碳排放。

2. 学者多利用 Rasmussen 方法计算各产品部门的影响力系数和感应度系数，这至少存在两方面的不足：一是在计算感应度系数时，公式中的分子，也就是所谓的列昂惕夫逆矩阵的元素横向相加是否合理，还有待商榷，主要原因在于分子中的元素来源于直接消耗系数，各元素基数不同，横向相加使经济含义不明确，故通过此步骤计算出来的感应度系数的意义就显得毫无说服力；二是这两个计算指标都是以竞争型投入产出模型作为基础，此时并没有去区分中间投入中本国生产和国外进口的部分。面对经济全球化的格局，封闭经济系统的假设是不现实的。为此，本书修正以上不足，借鉴影响力系数和感应度系数的内涵，基于中国非竞争型投入产出表中的数据构建出我国经济发展中产业部门及其 CO_2 排放的关联度指标，对中国经济发展中 28 个行业部门及其 CO_2 排放的关联效应进行深入的剖析。

3. SDA 和 IDA 方法相比，IDA 方法具有经济意义明朗、理论基础完善、计算结果贴近实际、残差值较小等众多优势，而诸如 Laspeyres 指数分解法中的 Paasche 指数分解法、Marshall-Edgeworth 指数分解法、Refined Laspeyres 指数分解法，Divisia 指数分解法中的 AMDI 分解法、LMDI 分解法等分解法中，Refined Laspeyres 指数分解法和 LMDI 分解法除了具备上述研究方法的优点之外，更为重要的是其因素分解没有残差值，是最为理想的因素分解方法，LMDI 分解法尤为突出。通过国内外文献可知，大量学者将 LMDI 分解法应用于环境污染测算领域。而以我国经济发展中产业部门隐含碳排放量的变化作为研究对象，由此分别计算造成我国经济发展中产业部门隐含碳排放量变化的驱动因素主要有哪些？其影响程度如何？何种驱动因素影响更大？等等，却鲜有涉及。

4. 经济增长与碳排放脱钩研究的局限。国外理论界对脱钩研究相对完整，而在我国对经济增长与碳排放量之间的脱钩研究，还停留在理论研究阶段，在脱钩理论的基础上进行实证研究较为缺乏，尤其在探讨经济增长与碳排放脱钩方面的研究还很不足。一是在以往的脱钩分析中，对中国整体层面的碳排放及其参与气候变化行动的研究成果极为薄弱，深入剖析其碳排放和产出增长脱钩关系的研究更是鲜有涉及；二是许多学者忽略了在微观层面上，因为各产业部门之间有千丝万缕的联系，对碳排放因素和脱钩指数造成影响在所难免；三是大多数文献局限于研究一个国家或地区的整体碳排放与经济增长的脱钩关系，而很少基于产业部门隐含碳数据来进行脱钩关系研究。因此，本书试图在已有研究基础上，通过构建基于脱钩理论的脱钩弹性系数模型，探讨中国产业部门增长与其隐含碳排放的脱钩关系及其程度，分析二者脱钩发展的演变趋势，从而为基于脱钩发展的经济低碳化发展相关政策措施的制定和评估提供基础数据。

第三节 研究思路与方法

一、研究思路

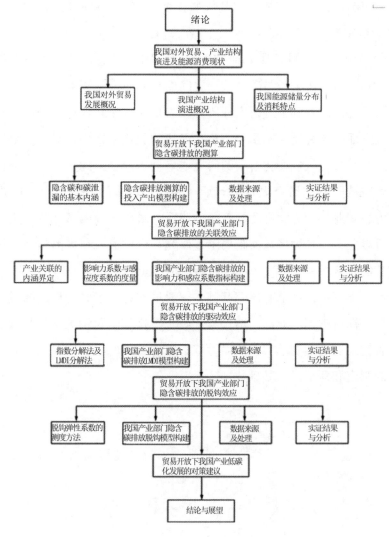

图 0-1 研究思路图

二、研究方法

（一）投入产出方法

投入产出分析法是一种由上自下的、从宏观上进行分析的方法，利用此方法可以追踪产品生产的直接和间接能源使用以及 CO_2 排放，测算在国内或国外销售的产品中的隐含能源和隐含碳，是在宏观尺度上研究国家产业部门或对外贸易碳排放的主流方法，也是目前进行产业部门或国际贸易碳排放研究的基本方法（Kondo、Moriguchi & Shimizu，1998；Ahmed & Wyckoff，2003）[1][2]。本书借鉴投入产出法的基本思想，构建出贸易开放条件下我国产业部门隐含碳排放测算的非竞争型投入产出模型，能更有效地测算我国总体隐含碳排放量、三次产业隐含碳排放量和各行业部门的隐含碳排放量。

（二）关联系数分析法

产业关联性指标主要是指影响力系数（Index of Power of Dispersion，IPD）和感应度系数（Index of Sensitivity of Dispersion，ISD），这两个指标是揭示产业结构变动内在机理的重要研究方法和常用经典方法，并在气候变化经济学领域得到了广泛运用[3][4][5][6]。为此，本书借鉴产业关联的思想内涵，

---

[1]　Kondo Y., origuchi Y., Shimizu H.，"CO_2 Emissions in Japan：Influences of Imports and Exports"，*Applied Energy*，Vol. 59（1998），pp. 163-174.

[2]　Ahmed N., Wyckoff A.，Carbon Dioxide Emissions Embodied in International Trade，avaliable at：http：//stats. oecd. org/Index, aspx，2003.

[3]　Fisher-Vanden K., Jefferson G. H., Jingkui M., et al.，"Technology Development and Energy Productivity in China"，*Energy Economics*，Vol. 28 No. 5（2006），pp. 690-705.

[4]　Radoslaw L.，"Stefanski. Essays on Structural Transformation in International Economics"，*The University of Minnesota*，2009.

[5]　徐大丰：《低碳经济导向下的产业结构调整策略研究——基于上海产业关联的实证研究》，《华东经济管理》2010 年第 10 期，第 6—9 页。

[6]　顾阿伦、吕志强：《经济结构变动对中国碳排放影响——基于 IO-SDA 方法的分析》，《中国人口·资源与环境》2016 年第 3 期，第 37—45 页。

构建出我国产业部门隐含碳排放的影响力系数和感应度系数指标，对我国产业部门隐含碳排放之间的关联效应进行测度。

（三）因素分解方法

本书利用 LMDI 方法对贸易开放下中国产业部门隐含碳排放问题进行因素分解，其思想是把一个目标变量转化分解为若干个影响因素变化的组合，可以较为清晰地判断各个驱动因素的影响力大小；它也是当前众多学者分析能源消耗、温室气体（GHG）排放等的主流方法（Chio & Ang，2003；Bhattacharyya & Ussanarassamee，2004；Ediger & Huvaz，2006；Hatzigeorgiou et al.，2008；刘辉煌、李子豪，2012）。本书利用 LMDI 法将影响我国经济发展中产业部门隐含碳排放的驱动效应分为规模效应、结构效应和强度效应，并根据结果获取导致我国产业部门隐含碳排放的影响程度大小的因素，便于为引导产业向高附加值、低碳排放、环境友好型的方向过渡等提供经验依据。

（四）脱钩弹性分析法

脱钩评级指标是用来评价经济增长与环境污染的脱钩程度的，当前有 OECD 脱钩指数分析法（OECD，2002）和 Tapio 脱钩弹性分析法（Tapio，2005）两种最主要的分析法。相较于 OECD 的"脱钩指数"，Tapio 的"脱钩弹性"模型综合考量了总量变化与相对量变化两类指标，对于脱钩关系测度和分析更具有客观性、科学性和准确性（UNEP，2011）。基于此，本书借鉴 Tapio 脱钩弹性来分析我国产业增长与隐含碳排放之间的脱钩所处的状态，即以某一弹性值范围作为脱钩状态界定来探讨产业增长与能源消费碳排放的相关性。

第四节　内容安排与技术路线

一、研究内容

第1章，绪论。简要概述了本书的选题依据、研究意义、文献综述、研究思路与方法、内容安排和技术路线。归纳分类了有关贸易开放与环境污染的研究、产业结构与碳排放的研究、碳排放量测算方法的研究、产业及其碳排放关联度的研究、碳排放变化因素分解方法的研究、经济增长与碳排放脱钩的研究，最后针对现有文献的不足以及本书要解决的问题进行阐述。

第2章，我国对外贸易、产业结构演进及能源消费现状。首先是我国对外贸易发展概况，主要包括：我国外贸的总体发展情况和结构演变趋势；其次是我国产业结构演进概况，主要包括：我国三次产业结构总体概况，三次产业对我国经济增长的贡献度与拉动度；最后是我国能源储量分布及消耗特点，主要包括：我国能源生产和分布情况、能源消耗情况。

第3章，贸易开放下我国产业部门隐含碳排放的测算。首先界定了隐含碳和碳泄漏的基本内涵；其次是隐含碳排放量测算的投入产出模型构建；再次是数据来源及处理；最后是实证结果与分析。

第4章，贸易开放下我国产业部门隐含碳排放的关联效应。首先是产业关联的内涵界定；其次是影响力系数与感应度系数的度量；再次是我国产业部门隐含碳排放的影响力和感应度系数指标构建；然后是数据来源及处理；最后是实证结果与讨论分析。

第5章，贸易开放下我国产业部门隐含碳排放的驱动效应。首先是指数分解法及研究方法选取；其次是建立我国产业部门隐含碳排放 LMDI 模型；最后，根据数据处理得出相应的结论。

第6章，贸易开放下我国产业部门碳排放的脱钩效应。首先是脱钩弹性系数测算方法的选取；其次是我国产业部门产出与其隐含碳排放脱钩模型构建；根据数据处理得出相应的结论。

第7章，贸易开放下我国产业低碳化发展的对策建议。通过前面章节的深入研究与剖析，根据分析结果，提出在我国经济发展中适合低碳发展与减排路径选择，诸如：加大产业结构调整力度、提升重点领域能效水平、发展低碳技术、自愿行动、国际经济合作等各项政策与措施。

第8章，结论与展望。通过我国经济发展中碳排放效应的定性和定量分析，总结描述出实证研究的主要结论，并阐明研究中的不足以及未来的研究方向。

二、技术路线

根据上述的基本研究思路和研究内容安排，本书的结构框架大致遵循以下技术路线：

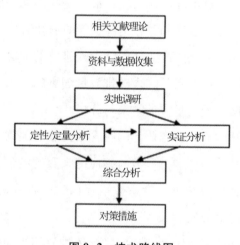

图 0-2　技术路线图

第五节 创新之处

一、研究视角: 在贸易开放视域下探讨产业部门隐含碳排放问题

本书将我国产业部门的隐含碳排放效应作为研究对象,在贸易开放条件下通过构建非竞争型投入产出模型测算产业部门的隐含碳排放,并从总体、各个产业部门和三次产业的角度研究贸易开放条件下我国产业部门隐含碳排放的关联效应、驱动效应和脱钩效应,而目前诸多研究往往忽略了贸易开放对我国产业部门隐含碳排放的影响,导致研究结果不太科学。

二、研究内容: 涉及产业部门隐含碳排放问题的多个维度

本书在贸易开放条件下,基于 2002 年、2005 年、2007 年、2010 年、2012 年和 2015 年的中国投入产出数据,估算我国产业部门的隐含碳排放量,并从隐含碳排放的关联效应、驱动效应和脱钩效应等多个维度对碳排放问题进行全面系统综合分析,进而提出具有可操作性的对策措施,突破了以往局限于宏观层面和单一产业的研究范畴。

三、研究方法: 采用多学科工具与方法进行综合研究

本书采用投入产出法、关联系数分析法、因素分解法、脱钩弹性分析法等多种方法研究了贸易开放条件下产业部门隐含碳排放问题,在构建出产业部门隐含碳排放的非竞争型投入产出模型,关联效应、驱动效应和脱钩效应模型的基础上,基于中国投入产出数据,利用 Matlab R2014a 软件对贸易开放下我国产业部门的隐含碳排放效应进行定性与定量分析,一定程度上丰富了碳排放的实证文献。

第一章　我国对外贸易、产业结构演进及能源消费现状

我国加入世界贸易组织（WTO）以来，较为粗放的经济增长方式以及不太合理的产业结构使能源消耗大幅度上升，随之而来的就是碳排放的增长。与此同时，随着开放层次逐渐向纵深发展，我国与世界各经济体之间的贸易往来愈发频繁，贸易规模和国别地区不断扩大和拓宽。因此，在开放条件下，产业结构变化和国际贸易对能源消费碳排放的影响值得深入关注①。基于此，本章首先对我国加入世界贸易组织（WTO）之后的对外贸易发展概况进行了分析，重点讨论了对外贸易发展总体情况、进出口商品结构、贸易方式结构、进出口国别（地区）结构、贸易主体结构、国内各地区进出口结构等；其次，对我国产业组成结构的动态变化过程进行了探讨，尤其是梳理了三次产业结构的发展现状、三次产业对我国 GDP 增长的贡献率与拉动度；最后，对我国化石能源资源储量、分布情况、能源消费情况等进行了讨论，以期对国际贸易、产业结构和能源消费概况有一个宏观认识，同时也为后文的研究做一个铺垫。

---

① 邓光耀、韩君、张忠杰：《产业结构升级、国际贸易和能源消费碳排放的动态演进》，《软科学》2018 年第 4 期，第 35—38，48 页。

第一节　我国对外贸易发展概况

一、我国对外贸易发展总体情况

加入世界贸易组织（WTO）以来，中国对外贸易得到了快速发展，2001年至2017年，中国对外贸易总额从5096.5亿美元增加到41058.8亿美元，增长了将近7.05倍，占世界货物贸易比重从不到1%上升到10.2%；2013年，我国外贸总额已超过美国位列全球第一贸易大国，其中我国进出口总额达41600亿美元，出口22100亿美元，进口19500亿美元；2017年，我国对世界贸易贡献率为14.6%，位居世界第一。中国对外贸易取得的辉煌成就与加入世界贸易组织（WTO）以来贸易体制改革相伴而行，因此，以加入世贸组织的时间为界，我国对外贸易的发展可分为四个阶段。

第一阶段：2001—2004年，即我国对外贸易的全面改革阶段。随着我国加入世界贸易组织（WTO），为了实现对外贸易的可持续发展，切实履行中国入世承诺，贯彻"大经贸""引进来"和"走出去"等战略，中国采取一系列政策有力推进了规则导向的经济市场化与自由化。在法律与政策框架方面，修订和完善众多贸易法律，在全国实行与世界贸易组织（WTO）原则相一致的法律和法规，废除国民待遇方面与世界贸易组织（WTO）不一致的法律和条例，其中，2004年颁布的《行政许可法》是履行加入世界贸易组织（WTO）相关承诺的一个法律总体框架；同年4月全国人大常委会通过新的《对外贸易法》是我国对外贸易的中心法律；此外，在此期间，国务院先后制定、修改了《中华人民共和国反倾销条例》《中华人民共和国反补贴条例》《中华人民共和国货物进出口管理条例》等法律法规。至此，我国已经基本建立了符合世界贸易组织（WTO）的国际多边贸易规则、社会主义市场经济国情和对外开放需要的对外贸易法律体系。在贸易许可经营方面，着重强调放开全部企业外贸经营权，除部分关乎国计民生、战略资源的货物和产品由国营贸易外，取消"指定贸易"和"外贸审批制度"，进一步放宽对外贸易的行业和主体。在关税方面，最惠国平均关税从 2001 年的 15.6% 下调至 2017 年的 9.8%，其中农产品关税下调最大，从 23.3% 的税收下调到 14.6%。在非关税壁垒方面，逐步取消进口配额、进口许可证，提高进口的透明度。在贸易知识产权方面，2001 年修订了《商标法》和《专利法》等一系列保障外商知识产权的国民待遇和最惠国待遇，并于 2003 年 10 月组建中央知识产权领导小组，同年颁布知识产权海关保护条例，全面解决知识产权的问题。受此鼓舞，我国对外贸易水平全面提升，如图 1-1 和图 1-2 所示，出口额从 2001 年的 2661 亿美元增长到 2004 年的 5933.2 亿美元，增长了 1.23 倍，年均增长率为 30.64%，其中 2002 年、2003 年、2004 年同比增长高达 21.2%、39.8% 和 36.0%；出口额从 2001 年的 2435.5 亿美元增长到 2004 年的 5612.3 亿美元，增长了 1.30 倍，年均增长率为 32.08%，其中 2003 年和 2004 年同比增长率都超过 35%；贸易顺差从 2001 年的 225.5 亿美元增长到 2004 年的 320.9 亿美元，增长了 0.42 倍，年均增长率为 12.48%，我国的外贸依存度从 2001 年的 43.85% 加速上升到 2004 年的 59.75%，加速了我国资本的积累。

第二阶段：2005—2008 年，即我国对外贸易方式的转变阶段。前一阶段的全面改革进一步暴露了经济增长方式中存在亟待解决的问题。该阶段贸易规模的增长率水平较第一阶段各项增长率水平有所减速，但仍保持较快发展。在法律制度方面，2006 年《反垄断法》生效，维持市场秩序，防止外商垄断成为一种基调。在关税方面，根据《信息技术协定》，2005 年，我国主动取消 13.3% 的信息技术产品关税，极力促进外商技术类投资入华；2006 年开始，取消 10 种食品类商品的关税配额，2008 年进一步放开农产品关税配额，开放程度日益扩大。在贸易技术标准方面，截至 2006 年，我国先后与全世界 46% 的国家共同制定标准化产品清单。在知识产权方面，2005 年成立国家保护知识产权工作组，最高检察院和法院详细制定知识产权的保障机制，并对新兴的网络产权颁布《互联网著作权行政保护办法》。在出口限制方面，2005 年，我国颁布《出口货物退（免）税管理办法》，进一步完善对货物退、免关税的管理①。在该阶段我国的贸易依存度进一步提高，从 2005年的 63.81% 上升到 2007 年的 70%；如图 1-1 和图 1-2 所示，进口额从2005 年的 7619.5 亿美元增长到 2008 年的 14306.9 亿美元，增长了 0.88 倍，年均增长率 23.37%，其中 2005 年、2006 年和 2007 年同比增长率分别为28.4%、27.2% 和 25.7%，仍保持较快发展速度。进口额从 2003 年的 6599.5亿美元增长到 2008 年的 11325.6 亿美元，增长了 0.72 倍，各年度同比增长率都保持在 20% 左右。但是，贸易的较快增长同时也带来了众多隐患：第一，国内通货膨胀率持续升高和进出口产品的附加值较低的问题突出。因此，中国对高耗能、高污染、低技术产品加大出口限制，降低出口产品的退税率，增加加工贸易禁止类产品目录。第二，巨大的贸易顺差导致众多的贸易摩擦。2005—2008 年间，贸易顺差从 1020 亿美元增长到 2981.3 亿美元，增长了将近 2 倍，年均增长率高达 42.98%，其中 2007 年贸易顺差首次创下最高纪录，占到了 GDP 的 11%。在此阶段，中国在世界贸易组织（WTO）框架下作为被诉方的案件由第一阶段的 1 件迅速上升到 12 件。欧美国家先后对中国机械类零部件进口、中国对本国出口企业出口补贴和优惠贷款等问题进行磋商，我国在绝大多数贸易摩擦问题上接受来自世界贸易组织（WTO）的意见。

第三阶段：2009—2011 年，即金融危机阶段，也是我国外贸的低谷阶段。最显著的特征是外贸依存度持续下降，2009 年外贸依存度仅为 44.16%。中国进出口贸易额与进出口贸易差额分别如图 1-1 和图 1-2 所示，具体表现如下：第一，在出口方面，出口额从 2009 年的 12016.6 亿美元上升到 2011年的 18983.8 亿美元，年均增长率为 25.69%，低于前两个阶段，其中 2009

---

① 盛斌、钱学锋、黄玖立等:《入世十年转型：中国对外贸易发展的回顾与前瞻》,《国际经济评论》2011 年第 5 期，第 84—101 页。

年同比增长率为-16%，虽然2010年及时调整，同比增长率为31%，但出口实际增长势头已有所放慢，沿海众多中小出口企业陷入发展困境；第二，在进口方面，进口额从2009年的10055.6亿美元上升到2011年的17434.8亿美元，年均增长率为31.68%，首次超过同期出口年均增长率，凸显出口的乏力；第三，在贸易顺差方面，对外贸易发展势头有所折冲，进出口贸易差额从2009年的1961亿美元降低到2011年的1549亿美元，年均增长率为-11.12%，其中2009年贸易差额同比下降34.32%，2010年和2011年贸易差额同比下降幅度有所缓解，分别下降6.6%和15.4%。2011年，我国为遏制外贸衰退的势头，全面推广人民币贸易结算，简化进出口贸易流程。此外，对出口企业的出口信贷和信用保险予以政策支持，在巩固传统市场的基础上积极拓展新的贸易市场。政策取得明显效果，中国货物贸易出口量增长9.3%，高于全球平均水平的4.3%；进口量增长9.7%，居全球首位，高于全球平均水平的4.8%，中国对外贸易的优质发展奠定了整个"十二五"的良好开端[1]。

第四阶段：2012年至今，即我国外贸的盘整阶段。针对上一阶段我国外贸在金融危机期间暴露的问题，中国政府坚持出口和进口并重，2012年出台《关于加强进口促进对外贸易平衡发展的指导意见》，进一步完善了进口促进政策，拓宽了进口渠道，有力地促进了机械设备、工业原料和消费品进口增长。全年贸易顺差2305.8亿美元，占国内生产总值的2.8%。新一届政府大力推进简政放权，下放大量行政审批事项，激发了广大民营企业开展对外贸易的活力[2]。2013年，民营企业进出口达到1.49万亿美元，同比增长22.3%，比整体对外贸易增速高出近15个百分点，占进出口总额的35.9%，较上年提高4.3个百分点。与之形成鲜明对比的是，国有企业进出口总额为

---

① 商务部综合司、商务部国际贸易经济合作研究院：《中国对外贸易形势报告》，2012年4月27日，见http://zhs.mofcom.gov.cn/article/cbw/201204/20120408093758.shtml。

② 商务部综合司、商务部国际贸易经济合作研究院：《中国对外贸易形势报告》，2014年5月4日，见http://zhs.mofcom.gov.cn/article/cbw/201405/20140500570673.shtml。

0.75 万亿美元，下降 0.6%；外资企业进出口总额为 1.92 万亿美元，仅增长 1.3%。2014 年，进口和出口额都达到历史新高，进口额同比增长 0.5%，增幅相对较小，出口额增长 6%，增幅相对较大。2015 年，在国际贸易保护主义抬头的背景下，我国货物进出口贸易仍保持世界第一，并且贸易顺差也在该年刷新了纪录，达到了峰值 5939.3 亿美元。国际市场份额进一步扩大，贸易结构持续优化，质量效益继续提高。同年，中国货物贸易进出口总值 24.55 万亿元人民币，比 2014 年下降 7.0%①。2016 年，中国外贸发展面临的形势严峻复杂，国际市场需求疲弱，国内综合成本不断上升，不确定、不稳定因素增多，下行压力加大。同年，中国货物贸易进出口总值 24.3 万亿元人民币，较 2015 年下降 0.9%，降幅较 2015 年收窄 6.1 个百分点②。2017 年，中国货物贸易进出口总额 27.80 万亿元人民币，比 2016 年增长 14.2%，其中，出口 15.33 万亿元，增长 10.8%；进口 12.47 万亿元，增长 18.7%；贸易顺差为 2.86 万亿元，收窄 14.5%。中国货物贸易扭转了连续两年负增长的局面，增速创 6 年来新高③。2017 年，习近平同志在十九大报告中指出：全面建设现代化经济体系，推动形成全面开放新格局，要以"一带一路"建设为重点，坚持"引进来"和"走出去"并重④；拓展对外贸易，培育贸易新发展模式，加快培育国际经济合作和竞争新优势，推进贸易强国建设。这标志着我国外贸发展迈向新的台阶。

---

① 商务部综合司、商务部国际贸易经济合作研究院：《中国对外贸易形势报告》，2016 年 5 月 10 日，见 http://zhs.mofcom.gov.cn/article/cbw/201605/20160501314656.shtml。

② 商务部综合司、商务部国际贸易经济合作研究院：《中国对外贸易形势报告》，2017 年 5 月 4 日，见 http://zhs.mofcom.gov.cn/article/cbw/201705/20170502569655.shtml。

③ 商务部综合司、商务部国际贸易经济合作研究院：《中国对外贸易形势报告》，2018 年 5 月 7 日，见 http://zhs.mofcom.gov.cn/article/cbw/201805/20180502740111.shtml。

④ 刘勇、黄子恒、杜帅等：《国际产能合作：规律、趋势与政策》，《上海经济研究》2018 年第 2 期，第 100—107 页。

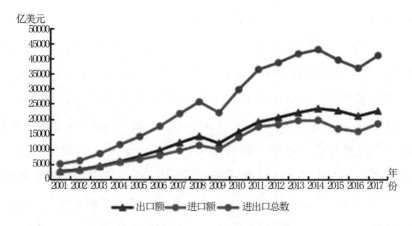

图 1-1 2001—2017 年中国进出口贸易额

数据来源：根据历年《中国统计年鉴》和《中国海关统计年鉴》、世界贸易组织
（WTO）数据库、《新中国六十年统计资料汇编》、国研网中的数据整
理绘制所得。

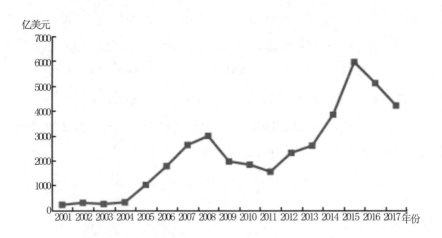

图 1-2 2001—2017 年中国进出口贸易差额

数据来源：根据历年《中国统计年鉴》和《中国海关统计年鉴》、世界贸易组织
（WTO）数据库、《新中国六十年统计资料汇编》、国研网中的数据整理
绘制所得。

二、我国对外贸易结构变化情况

我国自改革开放以来，尤其是加入世界贸易组织（WTO）以来的进出口商品结构、贸易方式结构、进出口国别（地区）结构、贸易主体结构等方面有了很大的变化。

（一）中国进出口商品的结构

对外贸易商品结构①的变化主要从出口产品结构变化和进口产品结构变化两个方面进行分析，具体细分又包括初级产品与工业制成品进出口比例的变化以及初级产品和工业制成品内部的自然资源密集型产品、劳动密集型产品与资本技术密集型产品进出口比例变化②。我们主要采用国际通行的《国际贸易标准分类》（*Standard International Trade Classification*，*SITC*）所规定的产品分类方法对中国 2001—2017 年进出口产品进行分析，以便于对比观察近 17 年我国对外贸易商品结构的变化情况。

从初级产品和工业制成品出口结构变化来看，如图 1-3 所示，自 2001 年以来，在出口商品结构构成中，工业制成品出口占比一直占据 90% 以上的份额，并在 2015 年达到峰值为 95.43%，在出口贸易中占据绝对的主导地位；而初级产品的出口则一直低于 10%，最低达到 2015 年的 4.57%，其比重一直稳定在 5% 左右。若依照通行的初级产品、工业制成品两大分类法将中国出口结构与其他世界主要贸易国家进行比较分析，中国出口工业制成品的比重不仅高于同为发展中国家的巴西等国，而且高于美国等主要发达

---

① 对外贸易商品结构，即进出口商品结构，是指一定时期内一国对外贸易中各类商品的组成，即某类商品的进出口贸易额与进出口贸易总额的比值。它可以反映一国的经济发展水平、产业结构状况及第三产业的发展水平。

② 范杨：《美国次贷危机对中国出口贸易的影响分析》，西南财经大学，硕士学位论文，2010 年。

国家①。

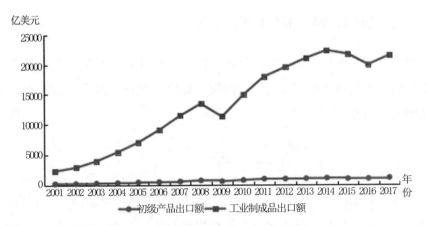

图1-3 2001—2017年中国出口商品结构

数据来源：根据历年《中国统计年鉴》和《中国海关统计年鉴》中的数据整理绘制
　　　　所得。

借鉴联合国《国际贸易标准分类》（SITC），把出口贸易产品分为10类，来进一步分析出口产品的内部结构。为了便于分析，我们将SITC0—SITC4类的出口原始产品定义为自然资源密集型产品，将SITC6和SITC8类的出口工业制成品定义为劳动密集型产品，将SITC5和SITC7类的出口工业制成品定义为资本技术密集型产品，由于SITC9较为复杂，为此我们不将其归为上述三类中的任何一种②。经过对应的计算整理绘制得图1-4，2001—2017年自然资源密集型出口产品占比逐渐下降，由2001年的9.9%下降到2017年的5.2%，近年来自然资源密集型出口产品均低于10%；劳动密集型出口产品在内部结构构成中呈现出先下降后稳定的发展态势，2001—2010年呈现稳步下降态势，并于2010年占比达到最低39.72%，2011年之后基本稳定在40%—42%之间；资本技术密集型出口产品的地位在2001—2017年间呈稳步

---

① 阎志军：《中国对外贸易概论》，科学出版社2011年版。
② 刘佳：《政治经济学视角下我国转型期贸易结构调整研究》，东北财经大学，硕士学位论文，2011年。

提升发展态势，加入世界贸易组织（WTO）之后，资本技术密集型产品出口越发表现出其优势，稳稳占据出口商品半壁江山，新常态以来，资本技术密集型产品维持在52%左右。从总体上看，我国劳动密集型产品、自然资源密集型产品的出口比例都呈现下降趋势，表明我国贸易结构的完善、产业结构的升级，愈发依赖资本技术密集型产品的出口，这对我国应对日益复杂的全球化竞争有积极作用，但是我国资本技术密集型产业仍处于低级水平，其附加值也远低于发达国家的相应水平。

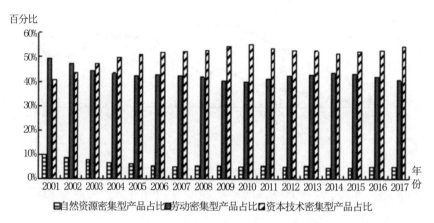

图1-4 2001—2017年中国出口商品内部结构构成

数据来源：根据历年《中国统计年鉴》和《中国海关统计年鉴》中的数据整理绘制所得。

从初级产品和工业制成品进口结构变化来看，我国进口产品结构变化较小。从图1-5中可以看出，初级产品进口额呈波动式上升，由2001年的457.43亿美元到2017的5770.64亿美元，其中在2013年达到峰值6580.81亿美元，年均增长率为17.17%，其比重基本在20%—35%之间，在2012年达到峰值34.91%，在2002年达到最小值16.69%。我国对初级产品的需求主要体现在粮食、橡胶、糖类等产品，且需求量日趋扩大。而工业制成品进口额由2001年的1978.1亿美元增长到2017年的12639.18亿美元，其中在2014年达到峰值13122.95亿美元，年均增长率为12.29%，其比重主要在

65%—85%之间浮动，在 2002 年达到最大值 83.31%，在 2012 年达到最小值 65.08%；出口额增长较快，工业制成品进口额在 2002 年首次突破 2000 亿美元，工业制成品的需求远大于初级产品的需求，这是我国建设现代化经济体系的必然选择和必经之路。

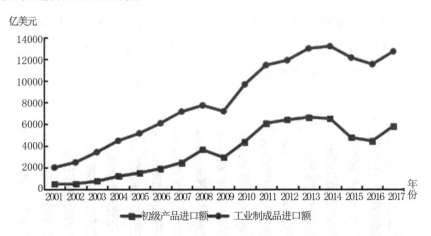

图 1-5　2001—2017 年中国进口商品结构

数据来源：根据历年《中国统计年鉴》和《中国海关统计年鉴》中的数据整理绘制所得。

同样，借鉴联合国《国际贸易标准分类》（SITC）对进口产品进行分类探析其内部结构，进口产品分为自然资源密集型产品、劳动密集型产品、资本技术密集型产品。从图 1-6 可知，2001—2017 年，自然资源密集型产品进口占比从 2001 年的 17.78%增长到 2017 年的 31.35%，且占比呈现波动上升的趋势，稳中有进；在此期间，劳动密集型进口产品占比呈缓慢下降趋势，自然资源密集型进口产品占比在 2005 年再度超过劳动密集型进口产品，并一路上扬至 2017 年；资本技术密集型进口产品占比则继续保持其优势地位，在 2002 年达到顶峰 59.64%后，其余年份基本维持在 45%—55%，其进口额则由 2001 年的 1391.19 亿美元增长到 2017 年的 9285.89 亿美元，年均增长 12.60%。截至 2017 年，自然资源密集型产品、劳动密集型产品及资本技术密集型产品分别占有 31.35%、14.63%、50.44% 的比重，进口额分别为 5770.64 亿美元、2692.50 亿美元和 9285.89 亿美元。其中，铁矿砂及其精矿进口 107474 万吨，上涨 5 个百分点，进口额增长 35%；原油进口 41957 万吨，增长 10.1%，进口额增长 42.7%；初级形状的塑料进口 2868 万吨，增长 11.5%，进口额增长 20.1%；大豆进口 9553 万吨，增长 13.8%，进口额增长 19.6%；机电产品进口额达到 57785 亿元，增长 13.3%，高新技术产品进口额达到 39501 亿元，增长 14.1%[①]。2017 年我国商品进口额与近三年相比均有明显的回升，其中自然资源密集型产品和资本技术密集型产品的进口额与近三年相比取得了进一步的突破，并且随着我国工业化进程的不断发展，对资本技术密集型产品和自然资源密集型产品的需求也会进一步增长。

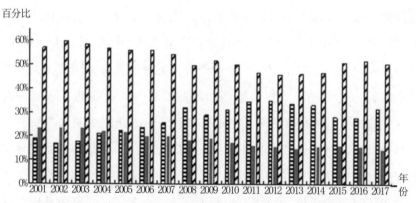

图 1-6　2001—2017 年中国进口商品内部结构构成

数据来源：根据历年《中国统计年鉴》和《中国海关统计年鉴》中的数据整理绘制所得。

（二）中国贸易方式的结构

我国在加入世界贸易组织（WTO）以后，对外贸易得到了快速发展，进出口贸易规模稳步扩大，通过灵活采用国际通行的多元化贸易方式，使对外

---

① 商务部综合司、商务部国际贸易经济合作研究院：《中国对外贸易形势报告》，2018 年 5 月 7 日，见 http://zhs.mofcom.gov.cn/article/cbw/201805/20180502740111.shtml。

贸易商品结构不断优化，对我国经济建设发挥了重要作用。

从中国出口贸易方式结构的变化来看，通过图 1-7 可以看出，2001—2017 年，一般贸易出口额和加工贸易出口额都得到稳步提升，加工贸易由 2001 年的 1118.1 亿美元增长到 2017 年的 12309.0 亿美元，年均增长率为 15.80%，占比也由 41.83% 稳步回升到 54.34%；加工贸易由 2001 年的 1474.3 亿美元增长到 2017 年的 7588.3 亿美元，年均增长为 10.78%。2001—2005 年，加工贸易出口始终维持在 55% 左右，但从 2006 年开始一般贸易比重开始试图缩小与加工贸易差异，这主要得益于在 2003 年末党的十六届三中全会审议通过的《中共中央关于完善社会主义市场经济体制若干问题的决定》，提出进一步提高加工贸易的技术水平，提高出口加工贸易产品的附加值，鼓励支持和引导技术密集型的外商企业来华投资，优化我国对外贸易的结构①。《中共中央关于完善社会主义市场经济体制若干问题的决定》旨在引导外资企业的加工贸易的产业升级，更好地发挥外国资金与技术对我国经济增长与技术进步的积极推动作用，提高内资企业的一般贸易发展空间，深化我国贸易的硬实力②。在此基础上，国家开始编制加工贸易禁止类产品目录，同时对高新技术类外资企业和研发项目给予足够的优惠政策，以此形成对加工贸易类外资企业产业升级的刚性约束和柔性引导。相关的政策实施取得了显著的成效，如图 1-7 所示，第一，我国的一般贸易比重从 2001 年的 42.04% 上升到 2017 年的 54.34%，外资企业出口额中的加工贸易比重也从 21 世纪初的 80% 左右下降到 2017 年的 66.7%，这说明我国加工贸易企业技术升级取得了初步成就；第二，从 2005 年开始，加工贸易和一般贸易在出口总额中的占比出现转折点，加工贸易挤占一般贸易的趋势得到一定程度的遏制。

---

① 吴思远：《我国加工贸易政策变化影响与建议》，《对外经贸》2012 年第 6 期，第 20—21 页。

② 刘国晖、张如庆：《论困境倒逼下的我国对外贸易发展方式转变》，《经济学家》2014 年第 2 期，第 59—66 页。

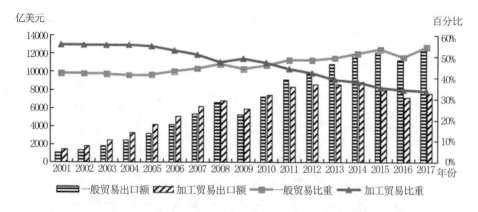

图 1-7　2001—2017 年中国出口贸易方式结构及占比

数据来源：根据历年《中国统计年鉴》《中国海关统计年鉴》《中国对外贸易形势报告》中的数据整理绘制所得。

从中国进口贸易方式结构的变化来看，通过图 1-8 可知，2001—2017 年，一般贸易进口额超过加工贸易进口额，成为拉动进口的主导力量，到 2017 年，一般贸易进口额达到 10827.6 亿美元，占比为 58.81%，加工贸易进口额达到 4312.2 亿美元，占比降低到 23.42%。2017 年，一般贸易进口较上年增长 20.45%，加工贸易进口较上年增长 8.51%，而加工贸易类的进口占比显著减少，从 2001 年的 38.6% 下降到 2017 年的 23.4%，这主要得益于我国工业体系的完备，对一般类产品的需求更加注重国内企业的供应。

从加工贸易和一般贸易的盈余和赤字来看，我国的加工贸易是我国弥补一般贸易赤字、创造对外贸易盈余的主要来源，加工贸易在我国外贸中的地位与其对经济的拉动作用依然无法代替，一般贸易盈余虽在 2014 年之后呈现较快增长，但仍然远低于加工贸易的盈余。因此，可以看出尽管我国的加工贸易转型升级的步伐较为缓慢，但是加工贸易在缓解就业压力、创造贸易盈余方面的作用依然很强，这意味着加工贸易将继续黏附在我国当前和今后一段时期的经济发展路径上。从结果上看，加工贸易所占比重较大，一般贸易对产业的拉动力不足，然而我们越是希望摆脱对加工贸易的依赖，越证明了加工贸易对我国经济发展的重要性①②。

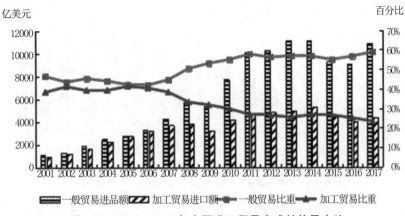

图 1-8　2001—2017 年中国进口贸易方式结构及占比

数据来源：根据历年《中国统计年鉴》《中国海关统计年鉴》《中国对外贸易形势报告》中的数据整理绘制所得。

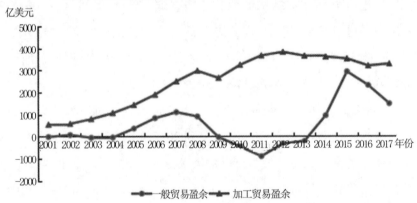

图 1-9　2001—2017 年中国进口贸易盈余

数据来源：根据历年《中国统计年鉴》《中国海关统计年鉴》《中国对外贸易形势报告》中的数据整理绘制所得。

---

① 刘国晖、张如庆：《论困境倒逼下的我国对外贸易发展方式转变》，《经济学家》2014年第 2 期，第 59—66 页。

② 李慢：《低碳经济条件下我国对外贸易发展方式的转变》，《时代金融》2015 年第 21期，第 184—185 页。

（三）中国进出口国家（地区）的结构

从我国进出口贸易洲别来看，在 2001—2017 年，我国对外贸易发展势头强劲，然而对外贸易市场则过分依赖亚洲、欧洲和北美洲市场（见表 1-1）。中国加入世界贸易组织（WTO）以后，在国际市场拥有更多的发展机遇，外贸市场不断组建拓展，潜在的合作地区增多，因此进出口贸易在传统的亚洲市场份额在逐年下降，由 2001 年 67.70%下降到 2017 年的 51.79%，但始终保持在 50%以上，进出口贸易额也稳步增长，由 2002 年的 3630.30亿美元稳步提升到 2017 年的 27257.2 亿美元，年均增长率达到 8.8%；欧洲市场目前是中国第二大进出口地区，进出口贸易额由 2001 年的 976.18 亿美元增长到 2017 年 7558.90 亿美元，年均增长 13.65%，欧洲市场在总进口占比维持在 13%—20%之间，其中受 2008 年美国次贷危机影响，该年度中国在欧洲市场的进出口贸易份额达到最大值 19.95%；北美洲市场占比呈先下降后上升的态势，同样变化幅度不大，稳定在 12%—17%之间，并于 2001年达到最小值 12.02%，进出口贸易额由 878.76 亿美元增长至 6357.20 亿美元，年均增长 13.16%；非洲市场所占份额一直低于 5.5%，大洋洲及太平洋群岛市场一直低于 4%，尽管这些地区所占份额较低，但一直存在增长趋势；拉丁美洲市场呈现稳步上升趋势，由 2002 年的 178.24 亿美元增长到2578.50 亿美元，年均增长 19.50%，并于 2012 年占比达到最大为 6.76%。贸易市场过于集中不利于对外贸易风险的规避，所以近几年我国对其他地区贸易市场的进出口规模在稳步提升，多元化的贸易市场结构正在形成。

表 1-1　2001—2017 年中国进出口贸易在各洲占比　　（单位：亿美元/%）

年份		2001	2002	2003	2004	2005	2006	2007	2008
亚洲	进出口	5096.51	3630.30	4954.78	6649.06	8078.87	9810.94	11878.01	13667.05
	占比	69.70%	58.48%	58.22%	57.59%	56.82%	55.73%	54.64%	53.32%
欧洲	进出口	976.18	1102.46	1578.65	2113.86	2620.59	3302.27	4275.21	5114.81
	占比	13.35%	17.76%	18.55%	18.31%	18.43%	18.76%	19.67%	19.95%
北美洲	进出口	878.76	1051.46	1363.94	1852.61	2308.31	2860.36	3325.23	3683.42
	占比	12.02%	16.94%	16.03%	16.05%	16.23%	16.25%	15.30%	14.37%
非洲	进出口	107.99	123.88	185.42	294.59	397.44	554.60	736.57	1072.07
	占比	1.48%	2.00%	2.18%	2.55%	2.80%	3.15%	3.39%	4.18%
拉丁美洲	进出口	149.38	178.24	268.07	400.01	504.66	702.03	1026.50	1434.06
	占比	2.04%	2.87%	3.15%	3.46%	3.55%	3.99%	4.72%	5.59%
大洋洲及各群岛	进出口	103.66	121.23	158.90	235.04	309.01	373.33	495.15	661.14
	占比	1.42%	1.95%	1.87%	2.04%	2.17%	2.12%	2.28%	2.58%

续表

年份		2009	2010	2011	2012	2013	2014	2015	2016	2017
亚洲	进出口	11721.71	15669.11	19031.23	20451.05	22240.08	22734.78	20944.09	19469.10	21257.20
	占比	53.11%	52.71%	52.26%	52.88%	53.47%	52.85%	52.98%	52.83%	51.79%
欧洲	进出口	4266.95	5730.58	7007.46	6830.89	7299.16	7749.56	6963.06	6777.63	7558.90
	占比	19.33%	19.28%	19.24%	17.66%	17.55%	18.02%	17.61%	18.39%	18.42%
北美洲	进出口	3281.12	4229.20	4944.22	5362.76	5754.67	6105.64	6131.15	5657.24	6357.20
	占比	14.87%	14.23%	13.58%	13.87%	13.84%	14.19%	15.51%	15.35%	15.49%

续表

年份		2009	2010	2011	2012	2013	2014	2015	2016	2017
非洲	进出口	910.66	1270.46	1663.23	1985.61	2102.54	2216.66	1787.99	1489.62	1700.00
	占比	4.13%	4.27%	4.57%	5.13%	5.06%	5.15%	4.52%	4.04%	4.14%
拉丁美洲	进出口	1218.63	1836.40	2413.88	2612.88	2613.90	2632.78	2358.93	2170.07	2578.50
	占比	5.52%	6.18%	6.63%	6.76%	6.28%	6.12%	5.97%	5.89%	6.28%
大洋洲及各群岛	进出口	675.91	990.35	1298.22	1365.34	1533.09	1560.39	1333.54	1281.62	1362.60
	占比	3.06%	3.33%	3.56%	3.53%	3.69%	3.63%	3.37%	3.48%	3.32%

数据来源：根据历年《中国统计年鉴》和《中国海关统计年鉴》中的数据整理测算所得。

从中国与主要贸易伙伴贸易情况来看，21 世纪以来，中国已经与世界 220 多个国家和地区产生了贸易往来，贸易市场向全球化不断转变，正在形成多元化的市场格局①。

通过表 1-2 我们可以看出，在 2001—2017 年，美国、欧盟、日本、中国香港、东盟一直是中国前 5 大出口市场。其中，2006 年之前，美国一直位居中国出口贸易的榜首，但从 2007 年之后由欧盟和中国香港相继取代其位置，此后，除 2012 年、2016 年、2017 年美国代替欧盟再次成为中国出口国家的榜首，其余年份均排在第二的位置，可见美国市场对中国出口贸易的重要性，这也是近期美国单方面挑起贸易摩擦的主要因素。在 2001—2017 年期间，中国出口欧盟总额呈现了稳步提升趋势，并且在 2007—2011 年、2014—2015 年基本保持在榜首的地位，欧盟是中国外贸长期合作的主要地区，双方有着共同利益。中国香港在 2001—2017 年期间基本处于中国出口总额第三的位置，值得注意的是，中国香港在 2013 年超过欧盟和美国占据榜首位置，尚属首次。2001—2008 年之间，东盟一直稳居中国出口地区第五

———————————

① 安江:《低碳经济对中国出口贸易发展的影响研究》，辽宁大学，博士学位论文，2012 年。

名的位置，2009—2013 年取代日本晋升为第四名，在 2014 年又取代中国香港继而成为中国第三大出口地区，2016 年至今，东盟回落至我国第四大出口地区。日本在 2008 年之前基本保持在我国第四大出口地区的位置，而从 2009 年至今均保持在第五名的位置上。从总体上看，中国五大出口国家（地区）在总出口中所占比重呈现下降趋势，而在 2015 年其比重首次跌破 60%，这可以间接说明中国的出口贸易结构日益多元化，中国正在以更加活跃的姿态融入世界市场当中，与更多国家和地区贸易的互信互利得到了进一步提升。

表 1-2　2001—2017 年中国 5 大出口市场情况

年份	前 5 大出口市场国家（地区）					累计占比（%）
2001 年	美国	中国香港	日本	欧盟	东盟	78.4
2002 年	美国	中国香港	日本	欧盟	东盟	76.4
2003 年	美国	中国香港	欧盟	日本	东盟	75.6
2004 年	美国	欧盟	中国香港	日本	东盟	75.7
2005 年	美国	欧盟	中国香港	日本	东盟	74.9
2006 年	美国	欧盟	中国香港	日本	东盟	73.1
2007 年	欧盟	美国	中国香港	日本	东盟	70.5
2008 年	欧盟	美国	中国香港	日本	东盟	67.5
2009 年	欧盟	美国	中国香港	东盟	日本	68.9
2010 年	欧盟	美国	中国香港	东盟	日本	67.9
2011 年	欧盟	美国	中国香港	东盟	日本	66.7
2012 年	美国	欧盟	中国香港	东盟	日本	66.6
2013 年	中国香港	美国	欧盟	东盟	日本	67.1
2014 年	欧盟	美国	东盟	中国香港	日本	63.6
2015 年	欧盟	美国	东盟	中国香港	日本	56.0
2016 年	美国	欧盟	中国香港	东盟	日本	66.6
2017 年	美国	欧盟	中国香港	东盟	日本	66.2

数据来源：根据中国海关统计数据库中的数据整理测算所得。

2001—2017 年，进入到我国前 5 大进口市场的国家（地区）则是日本、欧盟、中国台湾、韩国、东盟和美国（如表 1-3）。2010 年之前，日本一直稳居我国进口市场首位，中国对日本电子产品技术的需求使得日本成为中国长期的主要贸易伙伴，但在钓鱼岛事件以后，两国政治关系影响到两国贸易发展，2011 年之后日本则被欧盟取而代之，逐渐跌落到中国进口市场第五名的位置，2016—2017 年稍有提升，回升至第四名。欧盟在 2010 年之前基本保持在第二名的位置，从 2011 年开始超过日本成为中国第一大进口市场并保持至今。中国台湾在 2004 年之前保持在中国第三进口市场的位置，从 2005 年开始逐渐下滑至第五名，并于 2012 年首次退出前五名，虽然在 2013 年再次进入前五，但在 2014 年、2015 年再次退出前五，极不稳定。东盟在 17 年间，地位稳步提升，2002—2004 年保持在第四名的位置，在随后的两年里超过韩国与中国台湾跃居第三名，并保持至 2011 年，在 2012 年超过日本继而跃居第二名并保持至今。韩国在 2004 年之前一直处于中国第五大进口市场的位置，从 2007—2012 年连续六年保持第四名的位置，并从 2013 年开始连续五年保持三甲的位置，但值得注意的是，韩国在 2005 年冲到第二名的位置。而美国于 2001 年首次进入前五名，但直到 2012 年才再次进入前五，2015 年上升至第三名，随后两年又退出前五行列，如果在考虑转口贸易的情况下，中美贸易顺差将更大，这也给美国对我国挑起贸易战提供了理由和口实①。

表 1-3　2001—2017 年中国 5 大进口市场情况

年份	前 5 大进口市场国家（地区）					累计占比（%）
2001	日本	欧盟	中国台湾	美国	韩国	72.1
2002	日本	欧盟	中国台湾	东盟	韩国	64.3
2003	日本	欧盟	中国台湾	东盟	韩国	64.7
2004	日本	欧盟	中国台湾	东盟	韩国	63.2
2005	日本	韩国	东盟	中国台湾	欧盟	60.7

---

① 郭周明：《新形势下我国对外贸易发展面临的困境及其对策》，《当代财经》2013 年第 5 期，第 99—108 页。

年份	前5大进口市场国家（地区）					累计占比（%）
2006	日本	欧盟	韩国	东盟	中国台湾	59.7
2007	日本	欧盟	东盟	韩国	中国台湾	58.4
2008	日本	欧盟	东盟	韩国	中国台湾	54.4
2009	日本	欧盟	东盟	韩国	中国台湾	55.1
2010	日本	欧盟	东盟	韩国	中国台湾	54.0
2011	欧盟	日本	东盟	韩国	中国台湾	50.8
2012	欧盟	东盟	日本	韩国	美国	48.8
2013	欧盟	东盟	韩国	日本	中国台湾	47.2
2014	欧盟	东盟	韩国	日本	美国	49.2
2015	欧盟	东盟	韩国	美国	日本	51.7
2016	欧盟	东盟	韩国	日本	中国台湾	53.4
2017	欧盟	东盟	韩国	日本	中国台湾	53.2

数据来源：根据中国海关统计数据库中的数据整理测算所得。

（四）中国进出口贸易经营主体的结构

我国进出口贸易经营主体的结构变化始终与融入世界市场、完善社会主义市场经济的伟大历程相伴而行。由"市场发挥主体作用"走向"市场发挥决定作用"的成熟的社会主义市场经济；由思想封闭到加入世界贸易组织（WTO）；由单一进出口贸易到国际市场营销。这些方面交互作用的结果，使得我国公有制占经营主体的外贸结构转化成多元化外贸经营主体结构①。2004年，《对外贸易经营者备案登记办法》与新修订的《对外贸易法》同时颁布实施，以法律的形式取消民营企业、集体所有制企业的外贸管制②。从目前发展的情况来看，国有企

---

① 钟山、郑志海：《淡化所有制形态——中国加入 WTO 后外贸经营主体发展问题研究》，《国际贸易》2001 年第 9 期，第 4—11 页。

② 杜荣：《建国 60 年我国对外贸易发展回顾与启示》，《国际经贸探索》2009 年第 10 期，第 4—8 页。

业是我国外贸的战略支撑，外商企业是我国对外贸易的重要力量，民营企业是迅速崛起的新生力量，即国有企业和外商投资企业是我国外贸领域最重要的主导力量，而私营企业则是迅速成长的生力军①，三者相辅相成。

从中国出口贸易经营主体的结构来看，自 2001 年中国加入世界贸易组织（WTO）以来，中国出口贸易经营主体的结构主要经历了两个阶段的变化。如图 1-10 和图 1-11 所示②，第一阶段是 2001—2014 年：外商投资企业出口比重占据我国出口贸易经营主体的主导地位，国有企业出口所占比重逐年下降，民营企业出口比重逐年上升。90 年代以来，中国国有企业在经济转型中的企业经营理念落后、经营效率低下等问题逐渐暴露出来，无法适应新的国际竞争形势，政府迫于安置国有企业部门的劳动力就业压力，鼓励外商投资，外商投资较国内投资享受更多的税收优惠政策。基于以上发展需求，国有企业出口比例由 2001 年的 44.9%下降到 2017 年的最小值为 10.2%，出口额则由 2001 年的 1132 亿美元增长到 2017 年的 2312.3 亿美元，年均增长率只有 4.57%；外商投资企业出口额增长比国有企业更为明显，由 2001 年的 1332.2 亿美元增长到 2017 年的 9775.6 亿美元，年均增长率 16.57%，在 2014 年达到该阶段最高的 10744.2 亿美元；相比国有企业和外商投资企业，民营企业可谓一路飙升，由 2001 年的 54.6 亿美元增长到 2017 年的 10547.3 亿美元，年均增长高达 38.95%，占比也由 2.17%增长到 43.2%，2006 年民营企业出口额达到 2118.3 亿美元，占比为 21.9%，首次超过国有企业的 19.7%，这是由于国有企业改革基本完成，民营企业部门可以更加灵活引导民众就业，解决失业率③，出口导向战略更倾向于扶持中小企业商品出口。第二阶段是 2015 年至今：2015 年以来，民营企业出口规模反超外商投资企

---

① 董秘刚：《加入 WTO 对陕西出口贸易的影响》，《延安大学学报》（社会科学版）2002 年第 4 期，第 66—69 页。

② 由于数据限制等原因，与 2002—2008 年中民营企业出口额仅包括私营企业和集体企业出口额不同，2009 年和 2010 年的民营企业出口额还包括了其他企业的出口额。

③ 田素华：《商务成本的地区间差异与独资 FDI 进入中国——基于省级横截面数据的实证分析》，《中央财经大学学报》2011 年第 12 期，第 91—96 页。

业，占据主导地位，而国有企业占比最低。2015 年民营企业出口额为 10278.3 亿美元，所占比重为 45.2%，2016 年其出口额为 9650.9 亿美元，所占比重为 46%，2017 年达到最高，出口额为 10547.3 亿美元，占比 46.6%。外商企业出口额比重逐渐下降，这主要是外商在华建厂生产成本逐渐上升，无利可图，相关产业逐渐转移到其他发展中国家和地区；国有企业出口比重维持在 10% 左右，近年来无较大变化。

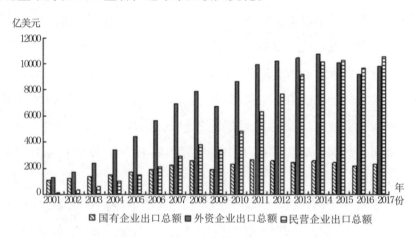

图 1-10　2001—2017 年中国各经营主体出口贸易总额

数据来源：根据历年《中国口岸年鉴》、中国海关统计数据库中的数据整理绘制所得。

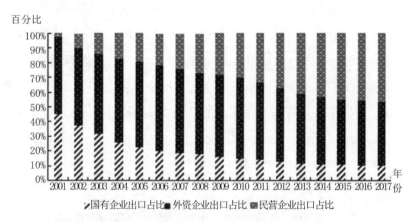

图 1-11　2001—2017 年中国各经营主体出口贸易占比

数据来源：根据历年《中国口岸年鉴》、中国海关统计数据库中的数据整理绘制所得。

从中国出口贸易经营主体的结构来看，2001 年以后，国有企业、外商企业和民营企业的进口总量都得到了较快发展，这主要是因为在加入世界贸易组织（WTO）以后，中国出口总额的飞速增长给中国带来了一定的贸易摩擦，尤其是 2008 年全球金融危机的爆发造成了中国经济外需乏力，出口受阻，中国逐渐放弃了"奖出限入"的老思路，将扩大进口贸易视为平衡经济增长的切入点，与此同时，人民币的升值也相应刺激中国进口总额增加。如图 1-12 和 1-13 所示，在 2001—2017 年间，国有企业进口额得到稳步提升，由 2001 年的 1035.1 亿美元增长到 2017 年的 4374.4 亿美元，年均增长率为9.43%，并于 2013 年达到最大值 4989.9 亿美元。但在此期间国有企业占比呈现下降趋势，由 2001 年的 43.9%下降到 2017 年的 23.8%。外商投资企业的进口额同样有明显的增长，由 2002 年的 1602.7 亿美元增长达到 2017 年的8615.8 亿美元，年均增长 11.87%，在这期间虽然受金融危机影响，2009 年出口额较 2008 年有所减少，但在三大经营主体中始终保持绝对优势地位；而占比呈现先上升后下降的态势，并且在 2006 年达到最高 59.7%，随后转向回落，2014 年和 2015 年出现了明显的反弹之后又走向回落，到 2017 年降至 46.8%，仍旧保持 40%以上的占比优势。民营企业在这三大经营主体中增速最为明显，2001—2017 年，其基本一直处于上升态势，由 2.6%增长到29.4%，并在 2013 年达到最高 29.6%，首次超过国有企业，并且保持至今，2017 年进口额达到 5419.7 亿美元，较上年增长 18.99%。

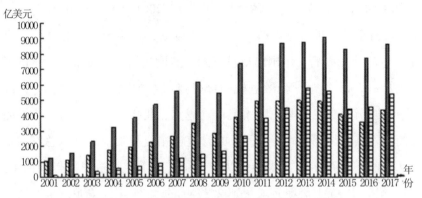

图 1-12 2001—2017 年中国各经营主体进口贸易总额

数据来源：根据历年《中国口岸年鉴》、中国海关统计数据库中的数据整理绘制所得。

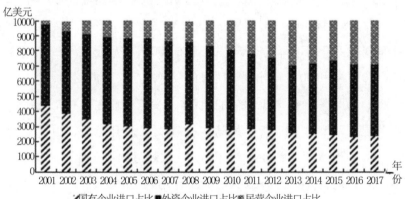

图 1-13 2001—2017 年中国各经营主体进口贸易占比

数据来源：根据历年《中国口岸年鉴》、中国海关统计数据库中的数据整理绘制
所得。

第二节　我国产业结构演进概况

一、我国三次产业结构总体概况

自改革开放以来，我国国民经济得到了迅速发展，经济增长方式也由粗放型向集约型转变。根据"配第—克拉克定理"，产业结构一般是按照从"农业产出为主→工业产出为主→第三产业产出为主"的脉络依次发展[①]。中国产业结构历史演进路径也大致是按此模式发展的，表现出以下基本特征，如表1-4所示：从我国产业发展的总体角度来看，2001年我国的GDP为110863.2亿元，2017年达到827121.7亿元，较2001年增长6.46倍，增长了716258.5亿元，年均增长率为13.38%左右；与此同时，我国三次产业结构比重由14∶44.8∶41.2调整到7.9∶40.5∶51.6，顺利实现了三次产业从"二三一"向"三二一"的升级转型。总体而言，我国的产业结构格局渐进向合理和优化状态靠拢，不断优化升级。从我国产业政策来看，加入世贸组织以来，为了保持国内经济平稳发展，我国政府更加频繁运用产业政策对产业结构进行优化调整，化解产能过剩的问题。2005年我国颁布《关于发布实施促进产业结构调整暂行规定的决定》，此后，我国相应配套制定了国家产业发展目录，从财政、税收等角度，逐步淘汰落后企业、削减过剩产能，对国家战略产业进行政策性引导。2014年，新常态以来，我国的产业政策也相应发生变化，以往的产业政策只注重产业发展的规模和企业引进数量，忽视产业发展质量的水平。因此，党的十九大报告中明确指出我国经济已由高速增长阶段转向高质量发展阶段，正处在转变发展方式、优化经济结构、转换增长动力的攻关期，建设现代化经济体系是跨越关口的迫切要求和我国发

---

① 于刃刚：《配第—克拉克定理评述》，《经济学动态》1996年第8期，第63—65页。

展的战略目标，有利于不断增强我国经济创新力和竞争力①②。

从第一产业角度来看，第一产业产值从 2001 年的 15502.5 亿元上升到 2017 年的 65467.6 亿元，增长了 3.2 倍，年均增长率接近 9.42%，并且第一产业的比重从 2001 年的 14%下降到 2017 年的 7.9%，符合库兹涅茨理论中第一产业产值比重将随着时间推移和经济发展而逐渐降低。虽然从事第一产业的劳动力比重从 2001 年的 50%下降到 2017 年的 27%，但是第一产业的人口比重远远高于其在 GDP 中的占比，第一产业劳动力臃肿问题是束缚劳动力向第二、第三产业转移的原因，这主要是因为我国劳动力素质低下且人口基数大，使得国内粮食自给自足问题愈发困难，传统农业在第一产业比重过高，2001—2017 年传统农业在第一产业中占比始终在 50%—55%之间波动，而经济型作物和生态农业比重仍然较小，农业机械化和优质高效品种推广迟滞，不足以支撑第一产业结构的转型。

从第二产业角度来看，第二产业产值从 2001 年的 49660.7 亿元增加到 2017 年的 334622.6 亿元，增长了 5.7 倍，年均增长率为 12.66%。第二产业的比重经历了先上升后下降的过程，在 2001—2007 年，第二产业比重持续上升，从 2001 年的 44.8%上升到 2007 年的 46.9%。进入 21 世纪以来，随着汽车和家电等产品成为居民主要消费产品，基础设施建设脚步加快，因此，机械加工、化工、橡胶、建筑等领域发展较快，重工业成为发展的主要方向，工业产品以劳动密集型产品为主，故第二产业劳动力比重从 2001 年的 22.3%上升到 2007 年的 26.8%。在 2008—2017 年，第二产业比重持续下降，从 2008 年的 46.9%下降到 2017 年的 40.5%，这是由于中国虽然仍处在以加工组装工业为主的发展阶段，但已逐步向技术密集型产业过渡，特别是工业产业发展更加注重内在素质提高，工业结构比例失调问题基本解决，下

---

① 迟福林：《以高质量发展为核心目标建设现代化经济体系》，《行政管理改革》2017 年第 12 期，第 4—13 页。

② 谢地：《深化供给侧结构性改革是我国经济"强起来"的关键步骤》，《政治经济学评论》2018 年第 1 期，第 43—46 页。

一步将重点解决产业结构升级问题①。

从第三产业角度来看，第三产业在加入世界贸易组织（WTO）背景下开始逐渐发展壮大，从 2001 年的 45700 亿元增长到 2017 年的 427031.5 亿元，增长了 8.34 倍，年均增长率接近 15.00%，各项发展指标远高于第一和第二产业。第三产业劳动力占比从 2001 年的 27.7% 上升到 44.9%，这要得益于国民经济发展水平的提高，其中计算机服务业、互联网和大数据产业等新兴的产业发展较快，房地产、金融和旅游业保持快速发展的势头，但传统的生活性服务业，例如运输、邮电等占比依然很大，第三产业仍有较大升级空间。

表 1-4　2001—2017 年中国三次产业 GDP 及比重和劳动力比重

年份	GDP（亿元）			占 GDP 比重（%）			劳动力比重（%）		
	第一产业	第二产业	第三产业	第一产业	第二产业	第三产业	第一产业	第二产业	第三产业
2001	15502.5	49660.7	45700.0	14.0	44.8	41.2	50.0	22.3	27.70
2002	16190.2	54105.5	51421.7	13.3	44.5	42.2	50.0	21.4	28.6
2003	16970.2	62697.4	57754.4	12.3	45.6	42.0	49.1	21.6	29.3
2004	20904.3	74286.9	66648.9	12.9	45.9	41.2	46.9	22.5	30.6
2005	21806.7	88084.4	77427.8	11.6	47.0	41.3	44.8	23.8	31.4
2006	23317.0	104361.8	91759.7	10.6	47.6	41.8	42.6	25.2	32.2
2007	27788.0	126633.6	115810.7	10.3	46.9	42.9	40.8	26.8	32.4
2008	32753.2	149956.6	136805.8	10.3	46.9	42.8	39.6	27.2	33.2
2009	34161.8	160171.7	154747.9	9.8	45.9	44.3	38.1	27.8	34.1
2010	39362.6	191629.8	182038.0	9.5	46.4	44.1	36.7	28.8	34.6
2011	46163.1	227038.8	216098.6	9.4	46.4	44.2	34.8	29.5	35.7
2012	50902.3	244643.3	244821.9	9.4	45.3	45.3	33.6	30.3	36.1
2013	55329.1	261956.1	277959.3	9.3	44.0	46.7	31.4	30.1	38.5
2014	58343.5	277571.8	308058.6	9.1	43.1	47.8	29.5	29.9	40.6

---

① 杨年松:《珠江三角洲制造业产业升级战略定位与基本路径选择》,《特区经济》2005 年第 7 期, 第 84—85 页。

续表

年份	GDP（亿元）			占 GDP 比重（%）			劳动力比重（%）	
	第一产业	第二产业	第三产业	第一产业	第二产业	第三产业	第一产业	第二产业
2015	60862.1	282040.3	346149.7	8.8	40.9	50.2	28.3	29.3
2016	63670.7	296236.0	384220.5	8.6	39.8	51.6	27.7	28.8
2017	65467.6	334622.6	427031.5	7.9	40.5	51.6	27	28.1

注：本表中的 GDP 和比重按当年价格计算，增长率则按不变价格计算。

数据来源：根据历年《中国统计年鉴》、2017 年国民经济和社会发展统计公报数据整理测算所得。

二、三次产业对我国经济增长的贡献度与拉动度

中国产业结构的优化升级对经济发展产生强有力的推动作用。通过表 1-5，我们可知，就贡献度而言，在 2001—2017 年，第一产业贡献率均是三次产业中最低的，均不足 10%，但我国仍然是农业大国，农业、农村、农民问题是关系国计民生的根本性问题，是全党工作重中之重。第一产业的农业、林业、渔业和牧业仍有较大的发展潜力，促进农村三次产业共同发展，鼓励农民创业，引导农业向机械化迈进，拓宽农民增收渠道是我国未来发展的主要方向[1]。第二产业贡献率基本一直占据着重要地位，从长期来看，第二产业的贡献率呈现先上升后下降的趋势，2001—2010 年，第二产业对经济贡献率呈现上升趋势，由 2001 年的 46.4% 上升到 2010 年的 57.4%，我国通过近 30 年的改革开放和发展走完了西方资本主义国家上百年的工业化道路，初步建成自己的工业体系，建筑业、化工业、钢铁业等产业部门迸发出巨大的发展动能，推动中国 GDP 的飞速发展，如上文所述，人口红利被进一步激发，劳动密集型的第二产业部门成为该阶段发展的主要动力，其中工业对经济贡献度尤为明显，于 2003 年达到历史最大 51.6%。2011—2017 年，第

---

① 习近平：《决胜全面建成小康社会 夺取新时代中国特色社会主义伟大胜利》，《人民日报》2017 年 10 月 28 日。

二产业的贡献度呈现下降趋势，从 2011 年的 52.0%下降到 2017 的 36.3%，因此 2017 年工业贡献率直逼历史最低值，我国经济已由高速增长阶段转向高质量发展阶段，正处在转变发展方式、优化经济结构、转换增长动力的攻关期，建设现代化经济体系是跨越关口的迫切要求和我国发展的战略目标①②。第三产业贡献率呈现波动式上升的过程，从 2001 年的 49.0%上升到 2017 年的 58.8%，2015 年以来第三产业贡献率持续超过第二产业贡献率，在国民经济中的地位不断上升，成为推动我国建立现代化经济体系的主要推动力。

表 1-5 2001—2017 年中国三次产业对 GDP 的贡献率　　　　（单位:%）

年份	第一产业	第二产业		第三产业
		总额	其中：工业	
2001	4.6	46.4	42.0	49.0
2002	4.1	49.4	44.3	46.5
2003	3.1	57.9	51.6	39.0
2004	7.3	51.8	47.6	40.8
2005	5.2	50.5	43.1	44.3
2006	4.4	49.7	42.3	45.9
2007	2.7	50.1	43.8	47.3
2008	5.2	48.6	43.4	46.2
2009	4.0	52.3	40.7	43.7
2010	3.6	57.4	49.6	39.0
2011	4.2	52.0	45.9	43.8
2012	5.2	49.9	41.9	44.9
2013	4.3	48.5	40.5	47.2

---

①　曹亚芳:《习近平理论创新的方法论研究》,《社会主义研究》2017 年第 6 期,第 1—7 页。

②　逄锦聚:《以十九大精神为指导构建新时代中国特色社会主义政治经济学》,《政治经济学评论》2018 年第 1 期,第 15—20 页。

续表

年份	第一产业	第二产业		第三产业
		总额	其中：工业	
2014	4.7	47.8	39.2	47.5
2015	4.6	42.4	35.4	52.9
2016	4.3	38.2	31.9	57.5
2017	4.9	36.3	30.4	58.8

数据来源：根据历年《中国统计年鉴》、2017年国民经济和社会发展统计公报数据整理测算所得。

就拉动度而言，第一产业的拉动最为乏力，长期在0.4%左右波动，2013年拉动度仅为0.3%；从长期来看，第二产业拉动度与其贡献度一样，呈现先上升后下降的趋势，并于2007年达到历史最大值7.1%，2016年和2017年，其拉动度达到历史最低值；2001年第三产业拉动度首次超过第二产业拉动度并于2015年再次超过第二产业拉动度，连续三年第一。从长期来看，第一产业拉动度呈现明显的下降趋势；第二产业拉动度呈现先上升后下降的趋势，近年来拉动效果较为乏力；第三产业拉动度有明显的上升势头，成为拉动我国经济增长的主要动力，说明我国的产业结构正在进行逐步优化，这与我国发展现状也相吻合。

表1-6　2001—2017年中国三次产业对GDP的拉动度　　（单位:%）

年份	第一产业	第二产业		第三产业
		总额	其中：工业	
2001	0.4	3.9	3.5	4.1
2002	0.4	4.5	4.0	4.2
2003	0.3	5.8	5.2	3.9
2004	0.7	5.2	4.8	4.1
2005	0.6	5.8	4.9	5.0
2006	0.6	6.3	5.4	5.8

年份	第一产业	第二产业		第三产业
		总额	其中：工业	
2007	0.4	7.1	6.2	6.7
2008	0.5	4.7	4.2	4.5
2009	0.4	4.9	3.8	4.1
2010	0.4	6.1	5.3	4.2
2011	0.4	5.0	4.4	4.2
2012	0.4	3.9	3.3	3.5
2013	0.3	3.8	3.1	3.7
2014	0.3	3.5	2.9	3.5
2015	0.3	2.9	2.4	3.7
2016	0.3	2.5	2.1	3.9
2017	0.3	2.5	2.1	4.0

数据来源：根据历年《中国统计年鉴》、2017年国民经济和社会发展统计公报数据整理测算所得。

第三节　我国能源储量分布及消耗特点

一、我国化石能源资源储量及分布情况

目前，我国正处于社会主义现代化经济体系的建设当中，能源需求量与日俱增，因此，为满足能源需求，相关能源产量必须跟上经济发展的步伐。从能源产量排名来看，目前，我国的能源产量各项指标数据都位居世界前列。自2010年以来，我国一次能源产量、煤炭产量、电力居世界第一；原油产量2010—2015年一直保持在第4位，2016年、2017年连续两年下降，2017年产量1.92亿吨，同比下降3.1%，整体变化不大；天然气产量在世界排名不断上升，从2005年的第13位上升到2017年的第6位。从能源产量来

看，煤炭产量从 2001 年的 14.72 亿吨上升到 2017 年的 35.2 亿吨，增加了 1.39 倍；原油产量从 1.64 亿吨上升到 2017 年的 1.92 亿吨，增加了 0.17 倍；天然气增产最高，增长了 3.88 倍，从 2001 年的 303.3 亿立方米上升到 2017 年的 1480.3 亿立方米，年均增长率为 10.42%；发电量从 2001 年的 1480.8 万亿瓦特上升到 2017 年的 6495.14 万亿瓦特，年均增长率为 9.68%。

表 1-7　2001—2017 年中国分品种能源产量

年份	煤/亿吨	原油/亿吨	天然气/亿立方米	发电量/万亿瓦特
2001 年	14.72	1.64	303.3	1480.8
2002 年	15.50	1.67	326.6	1654.0
2003 年	18.35	1.69	350.2	1910.6
2004 年	21.23	1.75	414.6	2203.3
2005 年	23.65	1.81	493.2	2500.3
2006 年	25.70	1.84	585.5	2865.7
2007 年	27.60	1.86	692.4	3281.6
2008 年	29.03	1.90	803.0	3495.8
2009 年	31.15	1.89	852.7	3714.7
2010 年	34.28	2.03	957.9	4207.2
2011 年	37.64	2.02	1053.4	4713.0
2012 年	39.45	2.07	1106.1	4987.6
2013 年	39.74	2.10	1208.6	5431.6
2014 年	38.74	2.11	1301.6	5794.5
2015 年	37.47	2.14	1346.1	5810.6
2016 年	34.11	1.99	1368.7	6142.5
2017 年	35.20	1.92	1480.3	6495.1

数据来源：根据历年《中国统计年鉴》、2017 年国民经济和社会发展统计公报数据整理测算所得。

相对于我国能源产量的快速增长，我国各式能源储备却相对贫瘠。受制于地理条件和自然分布，我国化石能源储量分布呈现"富煤、贫油、少气"的资源特点，具体表现如下：

（一）煤炭资源

2016 年，预测资源量 38796 亿吨，煤炭查明资源储量 15980.01 亿吨，增长 2.0%，剩余技术可采储量 2492 亿吨。如表 1-8 所示，2010—2017 年中国前 5 名产煤省（区）分别是内蒙古、山西、陕西、贵州和新疆。其中，内蒙古原煤产量位居全国第一，2010—2017 每年平均产量为 9.23 亿吨，而山西、陕西、贵州和新疆分别维持在 8.86 亿吨、4.73 亿吨、1.72 亿吨和 1.42 亿吨。2016 年，在新疆、贵州和内蒙古等地区，先后发现 10 处煤炭矿产聚集地，初步探明煤炭存量 800 多亿吨，数量较为可观①。2015 年我国煤炭查明资源储量为 390 亿吨，2016 年我国煤炭查明资源储量为 607 亿吨，2017 年煤炭勘查新增查明资源储量 815 亿吨，2017 年全国煤炭勘查新增超过 50 亿吨的煤炭矿区 3 个，都分布在西部地区，说明我国需要加大对西部资源密集地区矿产的探查力度。总之，我国煤炭勘查新增查明资源储量不断上升，这对缓解我国能源危机具有重要意义。

表 1-8　2010—2017 年中国前 5 名产煤省（区）原煤产量　　　　（单位：亿吨）

省份	2010 年	2011 年	2012 年	2013 年	2014 年	2015 年	2016 年	2017 年	平　均
内蒙古	7.87	9.79	10.62	10.31	9.08	9.01	8.38	8.79	9.23
山西	7.41	8.72	9.14	9.63	9.77	9.53	8.16	8.54	8.86
陕西	3.56	4.05	4.28	4.93	5.15	5.02	5.12	5.7	4.73
贵州	1.60	1.56	1.81	1.91	1.85	1.70	1.67	1.66	1.72
新疆	1.03	1.2	1.39	1.47	1.43	1.56	1.58	1.67	1.42

数据来源：根据历年《中国统计年鉴》、中国煤炭工业协会公布的数据整理测算所得。

---

① 刘晓慧：《自然资源部再亮矿产资源家底》，《中国矿业报》2018 年 7 月 11 日。

（二）石油资源

2016 年，我国原油地质资源量 1257 亿吨，可采资源量 301 亿吨，剩余技术可采储量 35.01 亿吨，增长 0.1%；油沙地质资源量 60 亿吨，可采资源量 23 亿吨；油页岩技术可采资源量 2432 亿吨，可回收页岩油 120 亿吨。石油新增探明地质储量 9.14 亿吨，石油地质资源量 1257 亿吨、可采资源量 301 亿吨。我国的原油加工能力位居世界第二，仅次于美国。原油产量居世界第六位，为 2.00 亿吨，下降 7.7%。目前，我国石油加工的主要产品是汽油、煤油、柴油和燃料油。其中，我国柴油在石油加工产品中占比最高，占比靠近 50%；汽油产量占比持续升高，从 2000 年的 29.2% 上升到 2017 年的 34.5%，这与我国私家车数量增多、交通运输行业快速发展有较大联系；燃料油比重持续下降，从 2000 年的 14.5% 下降到 2017 年的 7.0%，在众多产品中占比最低。石油剩余技术可采储量增幅从 2013 年的 6.3%、2014 年 2.0% 和 2015 年的 1.8% 降至 2016 年的 0.1%。鄂尔多斯盆地石油储存量较为可观，可满足我国部分石油需求①，陇东地区新增南梁和环江两个亿吨级油田；在塔里木盆地的顺北地区石油勘探取得重大突破，塔中东部中古 58 井寒武系潜山勘探获重大发现。准噶尔盆地玛湖东坡二叠系、三叠系石油勘探取得重要发现，具备亿吨级储量规模。渤海海域新增石油探明地质储量超 1 亿吨。2017 年石油查明资源储量增长 1.2%，2017 年石油勘查新增探明地质储量从 2012 年的 15.22 亿吨降至 8.77 亿吨，新增亿吨级油田 8 个②。

---

① 吴启华：《全国油气资源勘查开采投资触底回升》，《中国矿业报》2018 年 7 月 14 日。
② 黄晓芳：《我国累计页岩气探明储量超万亿立方米》，《经济日报》2018 年 7 月 11 日。

表1-9 2000—2017年中国原油加工主要产品占比 （单位:%）

年份	2000	2010	2013	2014	2015	2016	2017
汽油	29.2	27.7	30.6	32.2	33.4	34.5	34.5
煤油	6.2	6.2	7.8	8.8	9.8	10.7	11.0
柴油	50.0	57.0	53.7	51.6	50.1	47.9	47.6
燃料油	14.5	9.1	7.9	7.4	6.6	6.9	7.0

数据来源：根据历年《中国统计年鉴》、中国煤炭工业协会公布的数据整理测算所得。

（三）天然气资源

2016年，天然气储量54365.46亿立方米，增幅从2013年的22.8%降至2016年的4.7%。2016年，天然气新增探明地质储量7265.6亿立方米。天然气地质资源量90万亿立方米、可采资源量50万亿立方米。苏里格气田新增天然气探明地质储量3111亿立方米，占全国新增天然气储量的50%。与此同时，四川盆地安岳气田天然气探明储量1528亿立方米，逐步成为万亿方级大气区。2016年，天然气产量居世界第六位，为1368.3亿立方米，增长1.7%，消费量2103.4亿立方米。2017年天然气查明资源储量增长1.6%，天然气从2012年的9610亿立方米降至5554亿立方米。页岩气是一种较为清洁、能源转换效率高的矿产资源，我国页岩气的使用越来越多，在能源结构中占比愈发重要。我国页岩气资源蕴藏量巨大，但我国勘探技术尚不能支持对页岩气的大规模勘探，因此，加快发展页岩气产业，对于提高我国能源资源保障能力，优化能源结构，改善生态环境，构建清洁低碳、安全高效的能源体系，具有重要的战略意义[1]。2016年，页岩气剩余技术可采储量1224.13亿立方米，较上年下降6.0%，页岩气埋深4500米以浅地质资源量122万亿立方米，可采资源量22万亿立方米[2]。2017年页岩气剩余技术可采

---

① 杜鑫：《我国页岩气探明地质储量超万亿立方米》，《工人日报》2018年7月11日。

② 郭焦锋：《天然气替代：改善环境质量的根本之策》，《绿叶》2017年第5期，第6—17页。

储量增长 62.0%，近五年来，我国页岩气勘查取得了重要进展。截至 2017 年底，累计探明地质储量 9168 亿立方米，到今年 4 月份已经超过了万亿立方米。2017 年勘查新增探明地质储量超过千亿立方米的页岩气田 2 个，分别为四川盆地涪陵页岩气田和威远页岩气田。2014 年 9 月到 2018 年 4 月，不到 4 年时间，在四川盆地探明涪陵、威远、长宁、威荣 4 个整装页岩气田，页岩气累计新增探明地质储量突破万亿方，产能达 135 亿立方米，累计产气 225.80 亿立方米。我国已成为第二个大规模开发页岩气，并将其作为下一代能源储备的国家。全国页岩气有利区的技术可采资源量 21.8 万亿立方米，目前探明率仅 4.79%，资源潜力巨大①。

（四）可再生能源

我国的可再生能源利用主要是水电、太阳能、风力发电、农村沼气、地热利用以及生物质和垃圾发电，具体如表 1-10 所示：得益于我国"西高东低"的地理条件，水电成为我国可再生能源的主体，三峡水电站、葛洲坝水电站、溪洛渡水电站、向家坝水电站、锦东水电站、糯扎渡水电站、锦西水电站、小湾水电站是我国最主要水电站，且主要集中在西部地区。风力发电保持高速发展态势，2000—2016 年，太阳能从 3.1Mtce 上升到 75.1Mtce，年均增长率为 20.04%。风力发电从 2000 年的 0.2Mtcc 上升到 2016 年的 86.8Mtcc，年均增长率为 46.16%，增长速度极为可观。农村沼气是我国农村地区兴起的一种实用的可再生能源，随着科技的发展，农村沼气的安全系数逐渐提高，成为大型养殖户循环利用动物排泄物的主要工具。生物质和垃圾发电从 2000 年的 1.3Mtcc 上升到 2016 年的 27.3Mtcc，年均增长率为 20.96%。地热能利用从 2000 年的 0.7Mtcc 上升到 2016 年的 31.3Mtcc，年均增长率为 26.81%。

---

① 刘晓慧：《自然资源部再亮矿产资源家底》，《中国矿业报》2018 年 7 月 11 日。

表1-10　中国可再生能源开发利用量（百万吨标准煤 Mtce）

年份	2000	2005	2010	2013	2014	2015	2016
水电	88.2	136.2	225.3	276.2	319.3	335.6	352.1
太阳能	3.1	9.6	22.6	44.5	55.6	64.6	75.1
风力发电	0.2	0.7	22.5	48.4	60.1	74.6	86.8
农村沼气	1.6	6.1	10.4	11.3	11.4	12.0	12.4
生物质和垃圾发电	1.3	3.0	9.0	11.6	12.6	20.4	27.3
地热利用	0.7	1.2	6.7	14.4	17.6	24.1	31.3
总计	95.1	156.8	296.5	406.4	476.6	531.3	585.0

数据来源：根据历年《中国统计年鉴》《中国能源统计年鉴》、国家发展改革委、国家能源局、水利部、农业部、国土资源部、中国电力企业联合会、中国太阳能学会、中国农村能源行业协会、中国资源综合利用协会、中国风能协会、国家地热能中心公布的数据整理测算所得。

二、我国主要能源消耗情况

2001—2017年，我国国内生产总值由110863.2亿元飙升到827121.7亿元，经济发展稳步提升，动力转换和结构调整不断加快，但经济的快速增长是一把"双刃剑"：一方面，我国从落后的农业大国转变成全球第二大经济体、综合国力不断提升；另一方面也消耗大量的化石能源，排放了大量的碳污染，很大程度上阻碍着我国可持续发展和"生态文明"的建设进程。如表1-11所示，我国能源消耗主要表现出两个特征，具体如下：

第一，能源消费总量不断上升，能源强度不断下降。2001—2017年，我国能源消费总量从150406万吨标煤增长到449000万吨标煤，增长了近2倍，年均增长率为7.07%，这导致我国能源对外依存度上升较快，特别是石油对外依存度从21世纪初的32%上升至2017的68%。国际能源市场价格波动增加了保障国内能源供应难度。因此，为了可持续发展，我国相继修订出台了《节约能源法》《可再生能源法》《循环经济促进法》《石油天然气管道保护法》《民用建筑节能条例》《公共机构节能条例》等法律法规，也取得了一定成果，我国的能源强度从2001年的135.7吨标准煤/万元下降到2017年的54.3吨标准煤/万元，下降了近60%。近年来，尤其是2017年中国的能源消耗情况有较大改观，能耗增长速度与此前相比逐渐放缓，能源强度下降速度远高于世界平均水平2倍多，能源利用效率有较快提升。

第二，我国的能源消耗以煤炭为主，一次电力及其他能源比重上升速度较快。受限于能源供应，我国历史上就是煤炭的生产和使用大国，2001—2017年，我国的煤炭消费占整个能源消费的60%—70%之间，其中2009年我国煤炭占比最高，达到了70.4%，高出世界平均水平近40个百分点。作为世界最大煤炭消费国，中国的煤炭消费量占到了全世界的一半左右[①]，过度的使用煤炭，同时也造成了中国碳排放量和酸雨的急剧增加，是中国大气环境严重污染的主要原因之一。2001年起，石油比重稳中略有下降，主要是由于世界油价的持续攀高造成的。中国石油消费总量逐年增加，主要原因是我国交通运输业快速发展和居民消费水平的显著提高，我国汽车数量每年以10%以上的速度增加；2001—2017年，我国天然气消费占比一直较小，低于10%，2017年才达到最高值7.1%，但与全球约28%的平均水平差距很大。在石油对外依存度过高的背景下，天然气作为一种利用效率较高，碳排放较小的清洁能源，国内需求增长快速，"西气东输"等工程的建设，将进一步改善我国的能源消费结构，缓解东部地区能源匮乏的危机，减少碳排放；一次电力及其他能源比重上升速度很快。据2018年《世界能源统计年鉴》统计分析，中国的可再生能源发电增长了2500万吨油当量，与此同时，如果把2017年所有国家不同能源品种的增量进行排序，中国的天然气和可再生能源将分列第一和第二位[②]。全球能源消费增量的80%左右来自发展中国家，仅中国就贡献了能源消费增量的三分之一。2017年，一次电力及其他能

---

① 欧阳超:《中国区域产业转移与能源消费关系研究》，华北电力大学，硕士学位论文，2010年。

② 马明轩:《"双引擎"拉动全球能源增长》，《中国石化报》2018年8月10日。

源在中国能源消费结构中的比重已上升到 13.8%，较 2001 年增长了 74%，在所有能源品种中增速最快。

表 1-11　2001—2017 年中国能源消费结构

年份	能源消费总量（万吨标煤）	能源强度（吨标准煤/万元）	能源消费总量（万吨标煤）	占能源消费总量的比重（%）			
				煤炭	石油	天然气	一次电力及其他能源
2001	150406	135.7	150406	66.7	22.9	2.6	7.9
2002	159431	131.0	159431	66.3	23.4	2.6	7.7
2003	183792	133.7	183792	68.4	22.2	2.6	6.8
2004	213456	131.9	213456	68.0	22.3	2.6	7.1
2005	235997	126.0	235997	69.1	21.0	2.8	7.1
2006	258676	117.9	258676	69.4	20.4	3.0	7.2
2007	280508	103.8	280508	69.5	19.7	3.5	7.3
2008	291448	91.2	291448	70.3	18.3	3.7	7.7
2009	306647	87.8	306647	70.4	17.9	3.9	7.8
2010	324939	78.7	324939	68.0	19.0	4.4	8.6
2011	387043	79.1	387043	70.2	16.8	4.6	8.4
2012	402138	74.4	402138	68.5	17.0	4.8	9.7
2013	416913	70.0	416913	67.4	17.1	5.3	10.2
2014	425806	66.1	425806	66.0	17.1	5.7	11.2
2015	429905	62.4	429905	63.7	18.3	6.9	12.1
2016	436000	58.6	436000	62.0	18.3	6.4	13.3
2017	449000	54.3	449000	60.4	18.7	7.1	13.8

数据来源：根据历年《中国统计年鉴》数据整理测算所得。

从主要能源消耗的情况来看，如图 1-14 所示，2001—2017 年间，农、林、牧、渔业平均能耗占比为 2.63%；建筑业平均占比为 1.56%；交通运输、仓储和邮政业平均占比为 2.29%；工业平均占比最大为 70.56%，其中制造业，电力、煤气及水的生产和供应业是工业部门能源消耗最大的两个部门，平均能耗为 54.49% 和 7.14%，以 2016 年为例，制造业中钢铁耗能72570 万吨标煤，电解铝耗能 13190 万吨标煤，水泥耗能 32590 万吨标煤，铜冶炼耗能 320 万吨标煤，建筑陶瓷耗能 7650 万吨标煤，墙体材料和平板玻璃耗能 62 万吨标煤，炼焦、炼油、乙烯、合成氨、烧碱、电石等耗能25640 万吨标煤，造纸业耗能 4100 万吨标煤，14 种产品能源消费量约占制造业能源消费量的 70%。其他行业平均能耗占比为 4.26%，生活能源消费占比一直维持在 10% 左右。

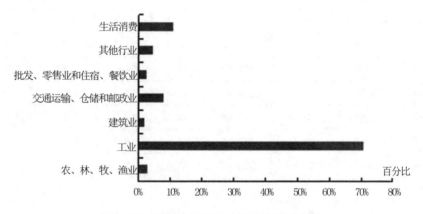

图 1-14　2001—2017 年中国能源消费结构

数据来源：根据历年《中国统计年鉴》数据整理绘制所得。

从煤炭消耗来看，火电、钢铁、建材、化工是中国最主要的煤炭消费行业，如表 1-12 所示，火电是煤炭消费的主要部门，历年消费量远远大于钢铁、建材、化工其他三个行业消费总量。2012—2016 年，火电、钢铁和建材三个行业耗煤呈现先递增后下降的趋势，这与我国新常态以来去除落后产能、淘汰小火电、整合钢铁企业等政策相符合，真正开始发挥市场配置资源的决定作用。

表 1-12　2012—2016 年中国四大煤炭用户煤炭消费量　　（单位：Mt）

年份	2012	2013	2014	2015	2016
火电	1974	2029	1960	1839	1845
钢铁	594	629	620	596	588
建材	542	576	570	525	521
化工	192	209	230	249	259

数据来源：根据历年《中国统计年鉴》、中国煤炭运销协会、中国煤炭工业协会、中国电力企业联合会公布的数据整理测算所得。

从天然气消耗来看，主要集中于发电、化工、工业、交通和建筑行业。从各个行业的天然气消耗总量来看，这五个行业用量都在显著提高，这主要是因为天然气在我国能源消费结构中占比日趋上升，各行业逐渐认识到天然气的重要性。其中建筑业天然气占比最高，维持在 30% 左右；交通运输业天然气消耗比例从 2013 年的 11.2% 上升到 2016 年的 12.5%，这与国家提倡油气混合动力汽车政策有直接联系；化工和工业天然气消耗比例都有所下降。

表 1-13　2013—2016 年中国天然气消费量及结构

	2013 年		2014 年		2015 年		2016 年	
	亿立方米	占比（%）	亿立方米	占比（%）	亿立方米	占比（%）	亿立方米	占比（%）
发电	302	18.0	352	18.8	395	20.5	446	21.4
化工	218	13.0	264	14.1	245	12.7	254	12.2
工业	469	28.0	480	25.7	454	23.5	493	23.6
交通	188	11.2	224	12.0	243	12.6	261	12.5
建筑	499	29.8	549	29.4	594	30.7	631	30.3

数据来源：根据历年《中国统计年鉴》、国家能源局、中国资源综合利用协会公布的数据整理测算所得。

从电力消耗来看，农业和民用消耗总量和占比都几乎保持不变，农业占比维持在 2.1% 左右，民用维持在 14%—15% 之间。我国是世界上最大的发展中国家，因此工业是电力消耗的主要部门，占比在 68% 左右，远远超过其他部门。商业耗电量和占比都有所上升，这是建立现代化经济体系的必然结果，能够保障第三产业的健康发展。

表 1-14 2013—2016 年中国分部门终端用电量及结构

	2013 年		2014 年		2015 年		2016 年	
	消耗量（TWh）	占比（%）	消耗量（TWh）	占比（%）	消耗量（TWh）	占比（%）	消耗量（TWh）	占比（%）
农业	102.69	2.2	101.34	2.1	103.98	2.1	109.19	2.1
工业	3150.69	67.1	3276.83	67.1	3459.27	69.1	3550.39	66.8
交通运输	100.09	2.1	92.58	1.9	98.2	2.0	109.11	2.1
民用	678.92	14.5	693.61	14.2	728.52	14.5	807.06	15.2
商业	187.69	4.0	199.56	4.1	212.2	4.2	232.38	4.4
其他	475.14	10.1	519.18	10.6	407.23	8.1	503.47	9.5

数据来源：根据历年《中国统计年鉴》、中国电力企业联合会公布的数据整理测算所得。

第四节 本章小结

本章主要涉及中国对外贸易发展现状、中国产业组成结构以及能源储量与消耗现状等几个方面，具体如下：

一、我国对外贸易发展速度较快

从我国对外贸易发展概况来看，中国对外贸易得到了快速发展，2001 年至 2017 年，中国对外贸易总额增长了将近 8.05 倍。我国对外贸易的发展可分为四个阶段：第一阶段是 2001—2004 年，即我国对外贸易的全面改革阶段，中国在法律与政策框架、贸易许可经营、非关税壁垒、贸易知识产权等方面制定一系列措施扩大对外开放。第二阶段是 2005—2008 年，即我国对外贸易方式的转变阶段，强调维持市场秩序、加强国际合作。第三阶段是 2009—2011 年，即经济危机阶段，也是我国外贸的低谷阶段，各项进出口指标都有所下降。第四阶段是 2012 年至今，即我国外贸的盘整阶段。中国政府坚持出口和进口并重，进一步完善了进口促进政策，拓宽了进口渠道，把全面建设现代化经济体系作为我国现阶段的主要目标，标志着我国外贸发展迈向新的台阶。从初级产品和工业制成品出口结构变化来看，工业制成品出口占比一直占据主导地位，而初级产品的出口则一直较低。从初级产品和工业制成品进口结构变化来看，我国进口产品结构变化显得较小。初级产品进口额呈波动式上升趋势，而工业制成品的需求远大于初级产品的需求，这是我国建设现代化经济体系的必然选择和必经之路。从中国贸易方式的结构来看，一般贸易出口额和加工贸易出口额都得到稳步提升，但加工贸易占据主导地位，从 2005 年开始，加工贸易和一般贸易在出口总额中的占比出现转折点，加工贸易挤占一般贸易的趋势得到一定程度的遏制。从中国进口贸易方式结构的变化来看，一般贸易进口额超过加工贸易进口额，成为拉动进口的主导力量。从加工贸易和一般贸易的盈余和赤字来看，我国的加工贸易是我国弥补一般贸易赤字的主要来源，加工贸易在我国外贸中的地位与其对经济的拉动作用依然无法代替。从中国进出口国家（地区）的结构来看，对外贸易市场则过分依赖亚洲、欧洲和北美洲市场，但近几年，我国对其他地区贸易市场的进出口规模在稳步提升，多元化的贸易市场结构正在形成。从中国进出口贸易经营主体的结构来看，国有企业和外商投资企业是我国外贸领域最重要的主导力量，而私营企业则是迅速成长的生力军。

二、我国三次产业结构进一步优化

2001—2017 年我国三次产业结构比重由 14.0：44.8：41.2 调整到 7.9：40.5：51.6，顺利实现了三次产业从"二三一"向"三二一"的升级转型。

总体而言，我国的产业结构格局不断优化升级，渐进向合理状态靠拢。从我国产业政策来看，为了保持国内经济平稳发展，我国政府能够灵活运用产业政策对产业结构进行优化调整，其中第一产业产值比重将随着时间推移和经济发展而逐渐降低，第二产业的比重经历了先上升后下降的过程，第三产业在加入世界贸易组织（WTO）以后开始逐渐发展壮大，仍有较大升级空间。就贡献度而言，在 2001—2017 年，第一产业贡献率均是三次产业中最低的，第二产业在 2001—2010 年对经济贡献率呈现上升趋势，2011—2017 年，第二产业的贡献度呈现下降趋势，第三产业贡献率呈现波动式上升的过程，2015 年以来第三产业贡献率持续超过第二产业贡献率，在国民经济中的地位不断上升，是推动我国建立现代化经济体系的主要推力。就拉动度而言，第一产业的拉动最为乏力，第二产业拉动度呈现先上升后下降的趋势，第三产业拉动度有明显的上升势头。

三、 我国能源消费呈上升趋势

受制于地理条件，我国化石能源分布呈现"富煤、贫油、少气"的资源特点。从能源消耗角度来看，2001—2017 年，能源消费总量不断上升，能源强度不断下降。受制于能源供应，中国的能源消费长期以来一直呈现以煤炭为主的基本特征。石油比重稳中略有下降，但中国对石油进口依赖度显著提高。天然气比重保持上升，但消费量都很小，国内对天然气需求的增长强劲，这也有助于缓解中国环境污染的压力。一次电力及其他能源比重上升速度很快。从主要产业能源消耗的情况来看，农、林、牧、渔业、建筑业平均占比为 1.56%，交通运输、仓储和邮政业等行业能源消耗平均占比较小，而工业平均占比最大，其中制造业，电力、煤气及水的生产和供应业是工业部门能源消耗最大的两个部门。

第二章 贸易开放下我国产业部门隐含碳排放的测算

　　《巴黎协定》的签署展示了人类应对全球气候变化的坚定决心和毅力，中国积极签署这一协定，充分展示了我国应对全球气候变化的坚强意志。自2001年12月正式加入世界贸易组织（WTO）以来，我国对外贸易取得快速增长；同时，国内产业部门的碳排放量也在攀升，那么，在开放经济视角下，我国产业部门整体的隐含碳排放量究竟是多少呢？各个产业部门的隐含碳排放量以及三次产业的隐含碳排放量又是多少呢？同时，与此对应的碳排放强度又是怎样的情况呢？这些都是值得研究的问题。基于此，本章基于2002年、2005年、2007年、2010年、2012年以及2015年投入产出表和投入产出延长表以及能源消耗等数据，构建出贸易开放下我国产业部门非竞争型投入产出隐含碳排放模型，测度开放经济条件下我国总体产业部门、28个产业部门以及三次产业隐含碳排放的动态变化情况，以期为我国相关职能部门提供客观科学的碳排放数据。

第一节 隐含碳和碳泄漏的基本内涵

一、隐含碳

（一）隐含碳的内涵界定

根据《联合国气候变化框架公约》（UNFCCC）的相关内容和界定，隐含碳（Embodied Carbon）被定义为"商品从原料的取得、制造加工、运输直到成为消费者手中所购买的商品，这段过程所排放的 CO_2"[1]。任何一种产品的生产，都会直接和间接地产生碳排放，通常将整个生产链中所排放的 CO_2 被称之为"隐含碳"。早在 1974 年，为了对生产某种产品或提供某种服务所直接和间接消耗的资源总量进行更为精确的计算，国际高级研究机构联合会（International Federation of Institutes of Advanced Study，IFIAS）在一次能源分析工作会议上曾指出，可以使用"Embodied"这一概念[2][3]。Brown & Herendeen（1996）通过研究得出结论，"Embodied"后面的连接词可以是污染排放物，如：CO_2、SO_2、CO 等，也可以是资源，如：土地、水、劳动力等，以此来对生产某种产品或提供某种服务所直接和间接消耗的资源总量以及排放的污染物总量进行更为精确的计算[4]。隐含碳指的是在生产某种商品或提供某种服务过程中产生的 CO_2，这一概念是由"隐含流"的含义发展而来。齐晔、李惠民和徐明（2008）认为从对外贸易的角度上来讲"隐含碳"

---

① Odum H. T.，"Environmental Accounting Emergy and Environmental Decision Making"，*Wiley*，1996.

② 齐晔、李惠民、徐明：《中国进出口贸易中的隐含碳估算》，《中国人口·资源与环境》2008 年第 3 期，第 8—13 页。

③ 黄敏、刘剑锋：《外贸隐含碳排放变化的驱动因素研究——基于 I-O SDA 模型的分析》，《国际贸易问题》2011 年第 4 期，第 94—103 页。

④ Brown M. T. and Herendeen R. A.，"Embodied Energy Analysis and Emergy Analysis：A Comparative View"，*Ecological Economics*，Vol. 3，No. 19（1996），pp. 219-235.

和"转移排放"的含义基本相同，但"隐含碳"更具有科学性[①]。闫云凤（2011）认为隐含碳是在生产某种商品或提供某种服务的过程中直接和间接产生的 CO_2 总量，并将其作为一个环境领域中的重要衡量指标，来描述在商品从原材料生产到被加工成为最终产品的过程中对生态环境直接和间接造成的所有污染[②]。陈曦（2011）认为"隐含碳"在本质上和"碳转移排放"这一概念的含义基本相同，只不过在衡量国际贸易过程中的 CO_2 排放量的时候，"隐含碳"这一概念能够更为准确地进行描述，而且带有"隐含"二字也是遵循了世界对国际贸易污染责任的认定原则[③]。李惠民、冯潇雅和马文林（2016）认为，任何一种产品的生产，都会直接或间接地产生碳排放，为了得到某种产品，而在整个生产链中所排放的 CO_2，称之为隐含碳[④]。

（二）贸易隐含碳及其国别研究

对外贸易中的隐含碳排放包括出口和进口两个方面：出口隐含碳是指在国际贸易过程中，出口国先在本国生产商品然后将商品出口到进口国家和地区，其中在本国生产过程中所排放的 CO_2，整个过程实际上将进口国的碳排放转移到了出口国，反之则称为进口隐含碳；而出口隐含碳总量减去进口隐含碳总量的净值就是隐含碳净出口。对于隐含碳的研究，国外部分学者侧重于从产品的生命周期角度对其进行研究，但全球大部分学者还是基于投入产出的视角进行剖析。在我国，研究者对对外贸易隐含碳的核算主要包括几方

[①] 齐晔、李惠民、徐明:《中国进出口贸易中的隐含碳估算》,《中国人口·资源与环境》2008 年第 3 期, 第 8—13 页。

[②] 闫云凤:《中国对外贸易隐含碳研究》, 华东师范大学, 博士学位论文, 2011 年。

[③] 陈曦:《中国对外贸易的隐含碳排放研究》, 暨南大学, 硕士学位论文, 2011 年。

[④] 李惠民、冯潇雅、马文林:《中国国际贸易隐含碳文献比较研究》,《中国人口·资源与环境》2016 年第 5 期, 第 46—54 页。

面的内容：中国分国别的双边贸易研究①②③④⑤⑥⑦⑧；隐含碳的时间序列研究以及单一年份的研究⑨⑩⑪⑫⑬。

二、碳泄漏

（一）碳泄漏的内涵界定

碳泄漏（Carbon Leakage）是指某些国家因实施碳减排政策而导致该国以外其他国家或地区温室气体（GHG）排放增加的情形，即由于具有减排义

① Shui B. and Harriss R. C.，"The Role of CO_2 Embodiment in US - China Trade"，*Energy Policy*，Vol. 18 No. 34（2006），pp. 4063–4068.

② Li Y. and Hewitt C. N.，"The Effect of Trade between China and the UK on National and Global Carbon Dioxide Emissions"，*Energy Policy*，Vol. 6 No. 36（2008），pp. 1907–1914.

③ 张晓平：《中国对外贸易产生的 CO_2 排放区位转移分析》，《地理学报》2009 年第 2 期，第 234—242 页。

④ 张友国：《中国贸易含碳量及其影响因素——基于（进口）非竞争型投入产出表的分析》，《经济学》（季刊）2010 年第 4 期，第 1287—1310 页。

⑤ Yunfeng Y. and Laike Y.，"China's Foreign Trade and Climate Change：A Case Study of CO_2 Emissions"，*Energy Policy*，Vol. 1 No. 38（2010），pp. 350–356.

⑥ Liu X. and Ishikawa M.，Wang Cet et al.，"Analyses of CO_2 Emissions Embodied in Japan - China Trade"，*Energy Policy*，Vol. 3 No. 38（2010），pp. 1510–1518.

⑦ 马晶梅、王新影、贾红宇：《中日贸易隐含碳失衡研究》，《资源科学》2016 年第 3 期，第 523—533 页。

⑧ 江洪：《金砖国家对外贸易隐含碳的测算与比较——基于投入产出模型和结构分解的实证分析》，《资源科学》2016 年第 12 期，第 2326—2337 页。

⑨ Liu L.，Ma X.，"CO_2 Embodied in China's Foreign Trade 2007 with Discussion for Global Climate Policy"，*Procedia Environmental Sciences*，Vol. 5（2011），pp. 105–113.

⑩ 马晓微、崔晓凌：《基于投入产出分析的中国对外贸易中隐含碳排放变化研究》，《中国地质大学学报》（社会科学版）2012 年第 5 期，第 18—23 页。

⑪ Ren S.，Yuan B.，Ma X.，et al.，"International Trade，FDI（Foreign Direct Investment）and Embodied CO_2 Emissions：A Case Study of Chinas Industrial Sectors"，*China Economic Review*，Vol. 28（2014），pp. 123–134.

⑫ Qi T.，Winchester N.，Karplus V. J.，et al.，"Will Economic Restructuring in China Reduce Trade-Embodied CO_2 Emissions?"，*Energy Economics*，Vol. 42（2014），pp. 204–212.

⑬ 盛仲麟、何维达：《中国进出口贸易中的隐含碳排放研究》，《经济问题探索》2016 年第 9 期，第 110—116 页。

务的国家或地区的富碳产品生产成本与价格高于没有强制减排义务的国家或地区的国外产品，从而致使国内的部分生产会外流到生产成本相对较低的国家或地区，造成已在国内得到减排的 CO_2 在国外无限制地排放，其直接后果是国内相关行业劳动需求降低，而国外该行业的劳动需求量增加，也就是通常所讲的由于单边国家或地区采取更为严格的碳减排规制带来的产业转移，或一般环境意义上的"环境避难假设"[1][2][3][4]。

（二）碳泄漏的形成机制

谢来辉和陈迎[5]，张淑静[6]等学者认为，《京都议定书》第一承诺期减排目标主要是针对附件Ⅰ的国家，非附件Ⅰ的国家尚未承担减排义务，而这种规定会产生碳泄漏，即碳泄漏将会流入非附件Ⅰ的国家及部分附件Ⅰ的国家（如拒签《京都议定书》的美国等），也有部分学者[7][8][9]认为碳泄漏主要流向中国、中东、南非、南美洲等发展中国家或地区，尤其是同为经济贸易大国和煤炭消费大国的中国，其对碳泄漏的"贡献"将独占鳌头。Reinaud

---

① Wyckoff A. W., Roop J. M.,"The Embodiment of Carbon in Imports of Manufactured Products: Implications for International Agreements on Greenhouse Gas Emissions", *Energy policy*, Vol. 03 No. 22 (1994), pp. 187-194.

② Schaeffer R., de Sá A. L.,"The Embodiment of Carbon Associated with Brazilian Imports and Exports", *Energy Conversion and Management*, Vol. 06 No. 37 (1996), pp. 955-960.

③ Reinaud J.,"Issues behind Competitiveness and Carbon Leakage:Focus on Heavy Industry", *Paris: IEA Information Paper*, Oct 2008.

④ 曹静、陈粹粹:《"碳关税":当前热点争论与研究综述》,《经济学动态》2010年第1期，第79—83页。

⑤ 谢来辉、陈迎:《碳泄漏问题评析》,《气候变化研究进展》2007年第4期，第214—219页。

⑥ 张淑静:《南北气候合作必须坚持"共同但有区别的责任"之基本原则》,《探索》2010年第3期，第81—86页。

⑦ Babiker M., Jacoby H. D.,"Developing Country Effects of Kyoto-type Emissions Restrictions", *Massachusetts: MIT Joint Program on the Science and Policy of Global Change*, Oct 1999.

⑧ Paltsev S. V.,"The Kyoto Protocol:Regional and Sectoral Contributions to the Carbon Leakage", *The Energy Journal*, Vol. 4, No. 22 (2001), pp. 53-79.

⑨ Babiker M. H.,"Climate Change Policy, Market Structure, and Carbon Leakage", *Journal of International Economics*, Vol. 2, No. 65 (2005), pp. 421-445.

（2008）认为碳泄漏在降低减排政策有效性的同时还增加控制温室气体排放量的成本[1]。因此，随着国际贸易的日趋频繁，关于碳泄漏的问题也越来越引起广大学者的关注。张海燕和彭德斌指出，碳泄漏问题是环境与贸易冲突在气候变化领域中的体现，其中因素错综复杂，而导致碳泄漏产生的渠道主要包括四种类型：竞争力驱动、能源密集型产业国际转移、化石燃料价格下跌和低碳原料价格上涨[2]。赵玉焕、范静文和易瑾超[3]，方修琦等[4]等学者认为一个国家通过进口商品来代替国内生产，就可"避免"大量温室气体排放，而其他国家就不得不为出口的 CO_2 "买单"，这显然有失公平，而且以"生产者负责"为基础的国际贸易碳排放的计算，还可能对气候变化协议产生消极影响，这些影响由于附件 I 国家可能对非附件 I 国家产生"碳泄漏"。杨姝影、蔡博峰和曹淑艳（2011）认为发达国家或地区实施碳税也是造成碳泄漏的重要因素，原因在于实施碳税的国家或地区，由于燃料成本升高，国内市场的投入要素成本上升，导致能源密集型部门产品价格上涨（相对未实施碳税的国家），若国内价格上升，且该价格由国内市场定价，则意味产品出口价格也随之上升，致使能源密集型进口产品变得相对便宜[5]。肖雁飞、万子捷和刘宏光（2014）[6] 运用区域间投入产出模型对 2002 年、2007 年的国内产业转移导致的碳排放转移做了相关的测算，还深入研究了沿海产业转移是否存在"碳泄漏"现象。张云和唐海燕（2015）对工业行业碳泄漏问题进行了相关的实证检验，发现低净出口隐含碳行业在进出口贸易过程中没

---

① Reinaud J.,"Climate Policy and Carbon Leakage: Impacts of the European Emissions Trading Scheme on Aluminium", *IEA Information Paper*, 2008.

② 张海燕、彭德斌:《碳泄漏问题评析》,《价格月刊》2011 年第 6 期, 第 86—90 页。

③ 赵玉焕、范静文、易瑾超:《中国—欧盟碳泄漏问题实证研究》,《中国人口·资源与环境》2011 年第 8 期, 第 113—117 页。

④ 方修琦、王媛、魏本勇等:《中国进出口贸易碳转移排放测算方法分析与评价》,《地球科学进展》2011 年第 10 期, 第 1101—1108 页。

⑤ 杨姝影、蔡博峰、曹淑艳:《国际碳税研究》,化学工业出版社 2011 年版。

⑥ 肖雁飞、万子捷、刘红光:《我国区域产业转移中"碳排放转移"及"碳泄漏"实证研究——基于 2002 年、2007 年区域间投入产出模型的分析》,《财经研究》2014 年第 2 期, 第 75—84 页。

有发生碳泄漏问题，但通过虚拟变量的检验发现"污染避难"假说可能在工业中存在①。薛利利和马晓明（2016）从碳泄漏的基本概念出发，对目前关于碳泄漏的研究进行了综述，侧重于分析碳泄漏产生的路径，详细梳理了国内外关于碳泄漏产生路径认识的变迁过程，并且最终得出关于碳泄漏发生的共识②。实施碳税的国家或地区和不实施碳税国家或地区的碳泄漏过程如图2-1所示。

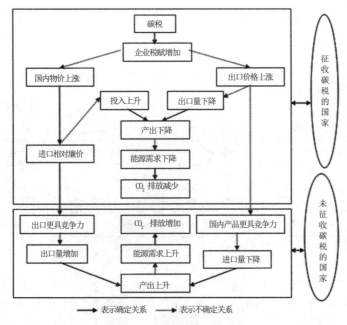

图 2-1　碳泄漏的理论过程

资料来源：根据相关文献资料绘制所得。

（三）碳泄漏的经验评估

目前，对碳泄漏的评估主要采用可计算一般均衡（Computable General

---

① 张云、唐海燕:《经济新常态下实现碳排放峰值承诺的贸易开放政策——中国贸易开放环境效应与碳泄漏存在性实证检验》,《财贸经济》2015 年第 7 期, 第 96—108 页。

② 薛利利、马晓明:《碳泄漏产生的路径及中国应对的启示》,《生态经济》2016 年第 1 期, 第 43—46 页。

Equilibrium，CGE）模型分析，也有学者采用局部均衡（Partial Equilibrium，PE）模型进行分析的。衡量碳泄漏的一个重要指标就是碳泄漏率，即非减排国家的排放增加量与减排国家的减排量的比值①。碳泄漏率是一个相对量，其描述的是减排国家的减排政策所带来的国外增排的边际效应，碳泄漏率可以是产业层面或项目层面的，也可以是国家层面的。当前，诸多学者应用各种模型对碳泄漏进行了模拟估算（见表 2-1），虽然其"碳泄漏率"存在差异，但比较相似的结论是：因《京都议定书》对不同国家碳减排的规定必然导致碳泄漏现象存在。

表 2-1　《京都议定书》框架下因模型不同而估算出的碳泄漏率

作者	年份	模型名称	碳泄漏率（%）
Manne & Richels[2]	1998	Merge	20.0
Babiker & Jacoby[3]	1999	EPPA-MIT	6.0
Mckibbin et al. [4]	1999	G-Cubed	6.0
Light et al. [5]	1999	静态一般均衡贸易模型	21.0
Bollen et al. [6]	2000	WorldScan	20.0
Bernard &Vielle[7]	2000	GEM-E3	13.0

①　张文城、彭水军：《不对称减排、国际贸易与能源密集型产业转移——碳泄漏的研究动态及展望》，《国际贸易问题》2014 年第 7 期，第 93—102 页。

②　Manne A. and Richels R.，"Preliminary Analysis of the Costs of the Kyoto Protocol"，*Conference on Global Carbon Dioxide Abatement*，*Geneve*，1998.

③　Babiker M. and Jacoby H. D.，"Developing Country Effects of Kyoto-type Emissions Restrictions"，*Massachusetts*：*MIT Joint Program on the Science and Policy of Global Change*，Oct 1999.

④　McKibbin W. J. and Wilcoxen P. J.，*The Theoretical And Empirical Structure of The G-Cubed Model*，*Economic Modelling*，Vol. 1 No. 16（1999），pp. 123-148.

⑤　Light M. and Kolstad C. D.，"Rutherford T. F.，Coal Markets and the Kyoto Protocol"，*University of Colorado at Boulder Working Paper*，Vol. 99-23（1999）．

⑥　Bollen J.，Manders T. and Timmer H.，"Decomposing Carbon leakage"，*Third Annual Conference on Global Economic Analysis*，2000.

⑦　Bernard A. L. and Vielle M.，"Comment Allouer un Co? t Global d'environnement Entre Pays：Permis Négociables VS Taxes ou Permis Négociables ET Taxes"，*Economie international*，Vol. 2 No. 82（2000），pp. 103-105.

续表

作者	年份	模型名称	碳泄漏率（%）
Paltsev①	2001	GTAP-EG	10.5
Burniaux②	2002	GTAP-E	4.0
Kuik & Gerlagh③	2003	GTAP-E	11.0
Babiker④	2005	GAGE	13.0
Mattoo et al.⑤	2009	ENVISAGE	3.5
Fischer & Fox⑥	2009	GTAP-EG	14.2
Kuik & Hofkes⑦	2010	GTAP-E	10.8
Monjon & Quirion⑧	2011	CASE Ⅱ	4.5
Winchester⑨	2011	GTAP-EG	24.8
Böhringer et al.⑩	2012	SNOW	17.0

注：表中结果都不考虑国际排放贸易（International Emissions Trading，IET）的情景。

资料来源：根据相关文献整理所得。

---

①　Paltsev S. V.，"The Kyoto Protocol：Regional and Sectoral Contributions to the Carbon Leakage"，*The Energy Journal*，Vol. 4 No. 22 （2001），pp. 53-79.

②　Burniaux J. M.，"GTAP-E：An Energy-Environmental Version of GTAP Model"，*GTAP Technical paper*，2002.

③　Kuik O. and Gerlagh R.，"Trade Liberalization and Carbon Leakage"，*The Energy Journal*，Vol. 3，No. 24 （2003），pp. 97-120.

④　Babiker M. H.，"Climate Change Policy, Market Structure, and Carbon Leakage"，*Journal of International Economics*，Vol. 2 No. 65 （2005），pp. 421-445.

⑤　Mattoo A.，Subramanian A.，Van Der Mensbrugghe D.，et al.，"Reconciling Climate Change and Trade Policy"，*The World Bank*，2009.

⑥　Fischer C. and Fox A. K.，"Combining Rebates with Carbon Taxes：Optimal Strategies for Coping with Emissions Leakage and Tax Interactions"，*Washington：Resources for the Future*，May 2009.

⑦　Kuik O. and Hofkes M.，"Border Adjustment for European Emissions Trading：Competitiveness and Carbon Leakage"，*Energy Policy*，Vol. 4 No. 38 （2010），pp. 1741-1748.

⑧　Monjon S. and Quirion P.，"Addressing Leakage in the EU ETS：Border Adjustment or Output-Based Allocation？"，*Ecological Economics*，Vol. 11 No. 70 （2011），pp. 1957-1971.

⑨　Winchester N.，"The Impact of Border Carbon Adjustments under Alternative Producer Responses"，*American Journal of Agricultural Economics*，Vol. 2 No. 94 （2011），pp. 354-359.

⑩　Böhringer C.，Bye B. and Fæhn T.，et al.，"Alternative Designs for Tariffs on Embodied Carbon：A Global Cost-Effectiveness Analysis"，*Energy Economics*，Vol. 34 （2012），pp. 143-153.

第二节　隐含碳排放测算的投入产出模型构建

一、投入产出模型

美国著名经济学家 Wassily Leontief 以新古典学派的 Walras 一般均衡理论为理论基础，于 1936 年研究创立了投入产出分析法。随着投入产出法的日渐成熟，其不止被广泛运用于经济学领域，从 20 世纪 60 年代后期开始，也被延伸到能源和环境领域，例如对隐含碳排放的研究[①]。根据投入产出表的平衡关系，可以建立按行（产品分配流向）的投入产出数学模型，即中间使用+最终使用=总产出，用数学符号来表达为：

$$\sum_{j=1}^{n} x_{ij} + Y_i = X_i \quad (i, j = 1, 2, \cdots, n) \tag{2.1}$$

其中：$\sum_{j=1}^{n} x_{ij}$ 为第 i 产品部门中间投入之和；Y_i 为第 i 产品部门在本期产品中提供的最终使用的价值量；X_i 为第 i 产品部门的总产出。

直接消耗系数记为 a_{ij}（$i, j = 1, 2, \cdots, n$），是生产单位 j 总产出对 i 产品的直接消耗量[②]。常常把直接消耗系数的整体用矩阵的形式表示，这个矩阵称为直接消耗系数矩阵，通常以字母 A 表示[③]，其公式为：

$$a_{ij} = x_{ij}/X_j \quad (i, j = 1, 2, \cdots, n) \tag{2.2}$$

将（2.2）式改写为：

$$x_{ij} = a_{ij} X_j \tag{2.3}$$

将（2.3）式带入（2.1）式中，可得：

---

① 胡剑波、郭风:《对外贸易碳排放竞争力指数构建与应用——基于中国投入产出数据的实证研究》,《中央财经大学学报》2018 年第 1 期, 第 121—128 页。

② 丛建辉、常盼、刘庆燕:《基于三维责任视角的中国分省碳排放责任再核算》,《统计研究》2018 年第 4 期, 第 41—52 页。

③ 邓祥征、刘纪远:《中国西部生态脆弱区产业结构调整的污染风险分析——以青海省为例》,《中国人口·资源与环境》2012 年第 5 期, 第 55—62 页。

$$\sum_{j=1}^{n} a_{ij}X_j + Y_i = X_i \tag{2.4}$$

其中（2.4）式可以当作是由 n 个线性方程所组成的线性方程组，根据矩阵和线性方程组的对应关系，以 A 表示直接消耗系数矩阵，I 表示 n 阶单位矩阵，X 和 Y 表示各产品部门总产出列向量和最终使用的列向量，则有：

$$A = \begin{bmatrix} a_{11} & a_{12} & \cdots & a_{1,n-1} & a_{1n} \\ a_{21} & a_{22} & \cdots & a_{2,n-1} & a_{2n} \\ \cdots & \cdots & & \cdots & \cdots \\ a_{n-1,1} & a_{n-1,2} & \cdots & a_{n-1,n-1} & a_{n-1,n} \\ a_{n1} & a_{n2} & \cdots & a_{n,n-1} & a_{nn} \end{bmatrix} \quad Y = \begin{bmatrix} Y_1 \\ Y_2 \\ \vdots \\ Y_{n-1} \\ Y_n \end{bmatrix}$$

$$I = \begin{bmatrix} 1 & 0 & \cdots & 0 & 0 \\ 0 & 1 & \cdots & 0 & 0 \\ \cdots & \cdots & \cdots & \cdots & \cdots \\ 0 & 0 & \cdots & 1 & 0 \\ 0 & 0 & \cdots & 0 & 1 \end{bmatrix} \quad X = \begin{bmatrix} X_1 \\ X_2 \\ \vdots \\ X_{n-1} \\ X_n \end{bmatrix}$$

那么（2.4）式则可以写成：

$$\begin{bmatrix} a_{11} & a_{12} & \cdots & a_{1,n-1} & a_{1n} \\ a_{21} & a_{22} & \cdots & a_{2,n-1} & a_{2n} \\ \cdots & \cdots & & \cdots & \cdots \\ a_{n-1,1} & a_{n-1,2} & \cdots & a_{n-1,n-1} & a_{n-1,n} \\ a_{n1} & a_{n2} & \cdots & a_{n,n-1} & a_{nn} \end{bmatrix} \begin{bmatrix} X_1 \\ X_2 \\ \vdots \\ X_{n-1} \\ X_n \end{bmatrix} + \begin{bmatrix} Y_1 \\ Y_2 \\ \vdots \\ Y_{n-1} \\ Y_n \end{bmatrix} = \begin{bmatrix} X_1 \\ X_2 \\ \vdots \\ X_{n-1} \\ X_n \end{bmatrix}$$

即：$AX + Y = X$ （2.5）

对（2.5）式进行移项合并可得：

$$X = (I-A)^{-1}Y \tag{2.6}$$

式（2.6）建立了 X 和 Y 间的联系，通过给出的直接消耗系数矩阵，若已知 X 或 Y 中的任何一项，就能求出未知的另一项，这就是投入产出的基本模型。

二、投入产出模型在产业部门隐含碳排放测算中的应用

（一）竞争型隐含碳排放模型构建

若将投入产出模型扩展到环境领域，根据理论分析，产业部门中 CO_2 排

放量可用下式表示：

$$C_i = \sum_{k=1}^{n} C_{ik} = \sum_{k=1}^{n} (\theta_k \times \varphi_k) \quad (i, \ k = 1, \ 2, \ \cdots, \ n) \tag{2.7}$$

其中：C_i 为第 i 产品部门直接消耗能源产生的 CO_2 量；C_{ik} 为第 i 产品部门使用第 k 种能源产生的 CO_2 量；$\sum_{k=1}^{n} C_{ik}$ 为第 i 产品部门消耗 $k=n$ 种能源的 CO_2 排放总量；φ_k 为第 i 产品部门对第 k 种能源的消耗量；$\sum_{k=1}^{n} \theta_k$ 为第 i 产品部门对 $k=n$ 种能源的消耗量；φ_k 为第 k 种能源的 CO_2 排放系数。

记 CO_2 的直接碳排放系数为 Ei（$i, j = 1, \ 2, \ \cdots, \ n$），指第 i 部门每单位产出直接排放的 CO_2 量，其公式为：

$$E_i = C_i/X_i = \sum_{k=1}^{n} C_{ik}/X_i = \sum_{i=1}^{n} (\theta_k \times_k) \tag{2.8}$$

若用行向量 E 来表示 CO_2 的直接碳排放系数矩阵，则为了满足最终需求 Y 而引起的一国隐含碳 C 的计算公式为：

$$C = EX = E \ (I-A)^{-1} Y \tag{2.9}$$

将（2.9）式移项整理可得：

$$C/Y = E \ (I-A)^{-1} \tag{2.10}$$

在此用 F_i（$i = 1, \ 2, \ \cdots, \ n$）表示各产业部门 CO_2 的完全碳排放系数，指第 i 部门每单位产出的直接和间接 CO_2 排放量之和，记行向量 F 为完全碳排放系数矩阵，则有 $F = C/Y$，故各产业部门的完全碳排放系数矩阵就能够表示为：

$$F = E \ (I-A)^{-1} \tag{2.11}$$

（二）非竞争型隐含碳排放模型构建

根据前文的表述，竞争型的投入产出模型可用基本表达式表示，即：$X = (I-A)^{-1} Y$。假设一国经济处于封闭或者半封闭的系统中，此时中间投入中本国生产的部分和国外进口的部分，两者之间是可以完全相互替代的，那么在衡量各产业部门中间投入消耗时，不用特意区分中间投入中哪些来自国内生产，哪些来自国外进口也是合理的。但是封闭经济系统假设是不现实的，而对于开放经济系统而言，则要明确区分中间投入国内生产和国外进口，因此，需要构建非竞争型投入产出模型。此时，对应的直接消耗系数矩阵为：$A=A^d+A^m$，其中，A^d 仍为竞争型的直接消耗系数矩阵；A^m 是进口产品部门直接消耗系数矩阵，对应元素 $a_{ij}{}^m$ 表示生产经营过程中第 j 产品单位总产出直接消耗的第 i 产品部门进口的价值量。Peters & Hertwich（2006）提出一个观点：为准确测量产业部门间 CO_2 排放的具体情况，国内投入及进口部分的直接消耗系数矩阵均计算出来显得尤为重要。通过学习借鉴李小平和卢现祥（2010）、苑立波（2014）、张根能、张珩月和董伟婷（2016）等学者剔除进口中间投入 A^m 的方法，设 $A^m=M×A$，其中，M 为进口系数矩阵，表示进口产品在产业部门中间投入中所占的比重，用以观察衡量产品部门对进口产品依赖程度的大小，并同时假定产业部门对其他所有产业部门的投入

$$M=\begin{bmatrix} m_{11} & 0 & \cdots & 0 \\ 0 & m_{22} & \cdots & 0 \\ \vdots & \vdots & \ddots & \vdots \\ 0 & 0 & \cdots & m_{mm} \end{bmatrix}$$

中所使用的进口中间投入比例相同，于是　　　　　　　　　为一个对角矩阵，对角矩阵元素 $m_{ij}=IM_i/（X_i+IM_i-EX_i）$（$i$，$j=1$，2，$\cdots$，$n$；且当 $i\neq j$ 时，$m_{ij}=0$），其中，X_i 为第 i 产业部门的产出；IM_i 为第 i 产业部门的进口额；EX_i 为第 i 产业部门的出口额。因此，我们可以得到国内的直接消耗系数矩阵，即 $A^d=（I-M）A$。此时各产业部门的完全碳排放系数可以表达为：

$$F=E（I-A^d）^{-1} \tag{2.12}$$

第三节　数据来源及处理

一、行业划分及其调整

为了保证所需数据和资料的翔实、统一以及可靠，本书研究分析主要以

2002 年（42 个产业部门）、2005 年（42 个产业部门）、2007 年（42 个产业部门）、2010 年（41 个产业部门）、2012 年（42 个产业部门）、2015 年（42个产业部门）的全国投入产出调查表（价值型）和投入产出延长表（价值型）① 与 2002 年、2005 年、2007 年、2010 年、2012 年和 2015 年各个产业部门能源消费量作为基础，并辅以 2002 年、2005 年、2007 年、2010 年、2012 年和 2015 年中国进出口产业部门的数据，用于测算贸易开放下我国产业部门的隐含碳排放以及随时间变化的趋势，这些《投入产出表》和《投入产出延长表》来源于国家统计局国民经济核算司（2006 年、2009 年、2011、2013 年、2015 年和 2018 年），《中国统计年鉴》来源于国家统计局（2003 年、2006 年、2008 年、2011 年、2014 年和 2016 年）。《投入产出表》《投入产出延长表》《中国统计年鉴》均以国民经济行业分类标准为依据和基础对能源消耗的产业部门进行分类和整理，但是两者之间稍微存在一定的偏差，为了更好地使不同产业部门类型之间的口径统一以及达到方便处理数据和研究的目的，本书最终将产业部门划分为 28 类（见表 2-3），具体详细的归类、调整和处理参见附表 1。在行业分类的基础上，本书整理计算出对应年份的 28 个产业部门的进出口数据，具体参见附表 2。同时，按照《国民经济行业分类（GB/T4754 — 2017）》标准，我们把 28 个产业部门划分为三次产业，分别归属为第一产业（编号为 1 的产业部门）、第二产业（编号

---

① 1987 年，中国国务院办公厅发出《关于进行全国投入产出调查的通知》，明确规定从 1987 年开始，每逢尾数是 7 和 2 的年份进行一次全国投入产出调查，编制基本投入产出表，每逢尾数是 0 和 5 的年份编制延长投入产出表，于是从 1987 年起，我国就已经编制了 1987 年、1992 年、1997 年、2002 年、2007 年和 2012 年的基本投入产出表以及 1990 年、1995 年、2000 年、2005 年、2010 年和 2015 年的投入产出延长表。因 1987—2000 年中的 3 张投入产出表和 3 张投入产出延长表行业分类较为粗略，而且不同年份行业分类差别较大以及中国在 2001 年加入 WTO 之后对外贸易发展较快，且在我国经济发展中占有十分重要的地位，即贸易依存度较高，而本书研究需要充分考虑进出口贸易对产业结构的影响，基于此，本书以 2002 年的投入产出表为起点，2015 年的投入产出延长（2018 年国家统计局正式公布）表为终点，选取这 6 张投入产出表和投入产出延长表的相关数据，基于非竞争型投入产出模型、LMDI 等模型测度 2002—2015 年贸易开放下中国产业结构变动的隐含碳排放效应。

为 2—25 的产业部门）和第三产业（编号为 26—28 的产业部门)[①]，具体划分情况参见表 2-3。

二、 主要能源碳排放系数估算值

根据 2006 年联合国政府间气候变化专门委员会（IPCC）为《联合国气候变化框架公约》（UNFCCC）以及《京都议定书》所制定的国家温室气体（GHG）清单指南中第 2 卷（能源）第 6 章提供的参考方法，CO_2 排放量可由各种化石能源燃料消费（详见附表 3）导致的 CO_2 排放估算量求和得到，各种化石能源所排放的 CO_2 系数公式为：

$$\varphi_k = NCV_k \times CEF_k \times COF_k \times \left(\frac{44}{12}\right) \quad (k=1,\ 2,\ 3,\ \cdots,\ 8) \tag{2.13}$$

其中：φ_k 表示第 k 种能源消耗排放的 CO_2 系数；NCV_k 表示平均低位发热量（$IPCC$ 称之为净发热值）；CEF_k 表示碳排放系数；COF_k 表示碳氧化因子；44 和 12 分别表示 CO_2 和 C 的分子量；k 为所选取的 8 种消耗较大的化石燃料之一。公式中的数据主要来自 2016 年《中国能源统计年鉴》、2006 年联合国政府间气候变化专门委员会（IPCC）国家温室气体（GHG）清单指南以及通过整理所得，其中 NCV 源于 2016 年《中国能源统计年鉴》附录 4 提供的各种能源折标准煤参考系数，CEF、COF 源于 2006 年的联合国政府间气候变化专门委员会（IPCC），具体数据及计算结果见表 2-2。将公式（3.13）代入公式（3.8）中，我们可得到更加具体的 CO_2 直接碳排放系数，

---

① 编号为 1 的产业部门是：农业；编号为 2—25 的产业部门分别对应的是：煤炭采选业，石油和天然气开采业，金属矿采选业，非金属矿及其他矿采选业，食品制造和烟草加工业，纺织业，纺织服装鞋帽皮革羽绒及其制品业，木材加工及家具制造业，造纸印刷及文教体育用品制造业，石油、炼焦及核燃料加工业，化学工业，非金属矿物制品业，金属冶炼及压延加工业，金属制品业，通用、专用设备制造业，交通运输设备制造业，电气机械及器材制造业，通信设备、计算机及其他电子设备制造业，仪器仪表制造业，其他制造业，电力、热力的生产和供应业，燃气生产和供应业，水的生产和供应业，建筑业；编号为 26—28 的产业部门分别对应的是：交通运输、仓储及邮政业，批发零售业及餐饮业和其他服务业。

具体计算如下公式所示：

$$Ei = \sum_{k=1}^{n} \left[\theta_k \times NCV_k \times CEF_k \times COF_k \times \left(\frac{44}{12} \right) \right] / X_i \; (i = 1, 2, \cdots, 28; k = 1, 2, 3, \cdots, 8) \tag{2.14}$$

表 2-2 NCV、CEF、COF 取值及各种能源的 CO_2 排放系数

	煤 炭	焦 炭	原 油	汽 油	煤 油	柴 油	燃料油	天然气
NCV 取值	0.020908 GJ/kg	0.028435 GJ/kg	0.041816 GJ/kg	0.04307 GJ/kg	0.043070 GJ/kg	0.042652 GJ/kg	0.041816 GJ/kg	0.038931 GJ/m^3
CEF 取值	26.0 kg/GJ	29.2 kg/GJ	20.0 kg/GJ	19.0 kg/GJ	19.6 kg/GJ	20.2 kg/GJ	21.1 kg/GJ	15.3 kg/GJ
COF 取值	1	1	1	1	1	1	1	1
CO_2 排放系数	1.993 kg/kg	3.045 kg/kg	3.070 kg/kg	3.001 kg/kg	3.095 kg/kg	3.159 kg/kg	3.235 kg/kg	2.184 kg/m^3

其中：1GJ（吉焦）= 1000MJ（兆焦）= 1000000000 J（焦耳）；m^3 为立方米；kg 为千克。

三、 贸易开放下我国产业部门的碳排放强度

根据整个研究期间各个产业部门的基础数据资料，运用公式（3.12）和（3.14）和上述表 2-2 中碳排放系数测算值，可以算出 28 个产业部门这 6 年的直接碳排放强度和完全碳排放强度（见表 2-3）。具体分析为：（1）在这 6 年，28 个产业部门直接碳排放强度和完全碳排放强度大体呈现出逐渐递减的态势，这说明我国作为一个负责任的大国积极采取各种有效措施，在碳减排上取得了一定成效。（2）根据这 6 年的直接碳排放强度数值，可知电力、热力的生产和供应业，石油、炼焦及核燃料加工业，煤炭采选业，燃气生产和供应业，金属冶炼及压延加工业，非金属矿物制品业，交通运输、仓储及邮政业，化学工业，石油和天然气开采业这 9 个产业部门的直接碳排放强度在这 6 年内一直位于前十位。这 9 个产业部门根据三次产业划分除了交通运

输、仓储及邮政业属于第三产业外，其他均属于第二产业，这说明第二产业的直接碳排放强度较大。（3）分析这6年的完全碳排放强度发现：电力、热力的生产和供应业，石油、炼焦及核燃料加工业，金属冶炼及压延加工业，煤炭采选业，非金属矿物制品业，化学工业，金属制品业，金属矿采选业这8个产业部门全部属于第二产业，且其完全碳排放强度一直居于前十，可见第二产业的完全碳排放强度较大。其中：电力、热力的生产和供应业以及石油、炼焦及核燃料加工业的完全碳排放强度在这6年内一直位于前2位，究其原因是这2个行业主要是以煤炭作为原料，而煤炭的碳排放因子比较高。（4）28个产业部门总的完全碳排放强度在这6年中呈逐渐下降趋势（见图2-2），2002年，所有行业完全碳排强度为3.14吨/万元，2005年所有行业完全碳排放强度为3.01吨/万元，2007年所有行业完全碳排放强度为2.56吨/万元，2010年所有行业完全碳排放强度为2.03吨/万元，2012年所有行业完全碳排放强度为1.67吨/万元，2015年所有行业完全碳排放强度已经降到1.58吨/万元，由逐渐下降的完全碳排放强度可看出我国碳减排效果比较显著。

表2-3　贸易开放下中国产业部门直接碳排放强度和完全碳排放强度

（单位：吨/万元）

编号	年份 行业	2002		2005		2007	
		直接碳排放强度	完全碳排放强度	直接碳排放强度	完全碳排放强度	直接碳排放强度	完全碳排放强度
1	农业	0.1745	1.6623	0.1967	1.4487	0.1550	1.1461
2	煤炭采选业	4.2980	7.3914	4.0518	7.7308	3.7074	6.5654
3	石油和天然气开采业	4.7217	6.8478	1.3101	3.2601	0.7497	3.1047
4	金属矿采选业	0.5614	5.4720	0.3060	4.8882	0.1813	4.1476
5	非金属矿和其他矿采选业	1.1139	4.3921	0.6983	4.4193	0.4321	3.4095
6	食品制造和烟草加工业	0.5034	2.3098	0.2781	1.8734	0.1873	1.5544

续表

编号	行业 \ 年份	2002		2005		2007	
		直接碳排放强度	完全碳排放强度	直接碳排放强度	完全碳排放强度	直接碳排放强度	完全碳排放强度
7	纺织业	0.4307	3.0003	0.3440	2.7678	0.2407	2.4401
8	纺织服装鞋帽皮革羽绒及其制品业	0.1026	2.2453	0.0762	2.0066	0.0560	1.8853
9	木材加工及家具制造业	0.1859	3.0736	0.1747	2.9356	0.0996	2.3268
10	造纸印刷及文教体育用品制造业	0.6934	3.3857	0.6755	3.5457	0.5435	2.9473
11	石油、炼焦及核燃料加工业	12.0012	16.8350	9.7712	13.3580	6.8850	9.5237
12	化学工业	1.8079	6.2011	1.2041	5.2845	0.8704	4.4580
13	非金属矿物制品业	4.5595	9.0411	2.7409	7.3285	1.9635	5.7324
14	金属冶炼及压延加工业	3.8872	9.6204	3.6740	9.0463	2.1174	6.2134
15	金属制品业	0.2214	5.5883	0.1144	5.2266	0.0723	4.1109
16	通用、专用设备制造业	0.2223	4.0495	0.1631	4.2185	0.1171	3.1621
17	交通运输设备制造业	0.2343	3.5353	0.1421	3.6459	0.0813	2.6391
18	电气机械及器材制造业	0.0940	4.1229	0.0417	3.9988	0.0266	3.2853
19	通信设备、计算机及其他电子设备制造业	0.0426	2.1741	0.0245	2.1491	0.0178	1.5762
20	仪器仪表制造业	0.0813	2.8147	0.0271	2.6919	0.0227	1.8690
21	其他制造业	0.3102	2.4839	0.2483	2.4078	0.1086	1.7703
22	电力、热力的生产和供应业	18.1036	21.4450	10.7050	15.0660	8.6014	15.7300
23	燃气生产和供应业	6.5520	12.7380	4.2168	9.2957	3.0811	5.5011
24	水的生产和供应业	0.1836	5.2493	0.0981	4.6163	0.0832	4.0806
25	建筑业	0.0812	4.2279	0.0770	3.7366	0.0531	3.5764
26	交通运输、仓储及邮政业	1.6427	5.1459	1.4243	4.5380	1.3173	3.9427
27	批发零售业及餐饮业	0.1410	1.8646	0.1513	1.4388	0.1198	1.3280
28	其他服务业	0.1388	1.7327	0.1077	1.7353	0.0960	1.3356

编号	年份 行业	2010		2012		2015	
		直接碳 排放强度	完全碳 排放强度	直接碳 排放强度	完全碳 排放强度	直接碳 排放强度	完全碳 排放强度
1	农业	0.1138	0.9248	0.0952	0.8472	0.1010	0.7861
2	煤炭采选业	2.3211	4.3727	2.3656	4.1197	2.5451	4.7791
3	石油和天然气开采业	0.6731	2.5966	0.5829	2.0235	0.8057	2.8262
4	金属矿采选业	0.1215	3.3472	0.1251	2.5372	0.1500	2.5809
5	非金属矿和其他矿采选业	0.2930	3.1475	0.2548	2.3923	0.3079	2.4817
6	食品制造和烟草加工业	0.1239	1.2470	0.0965	0.9874	0.1064	0.8634
7	纺织业	0.1706	1.7774	0.1180	1.5373	0.2216	1.5281
8	纺织服装鞋帽皮革羽绒及其制品业	0.0374	1.5245	0.0282	1.2481	0.0249	1.0865
9	木材加工及家具制造业	0.0740	2.1255	0.0561	1.5934	0.0496	1.4409
10	造纸印刷及文教体育用品制造业	0.4360	2.4861	0.3241	2.1266	0.2617	2.0686
11	石油、炼焦及核燃料加工业	6.0581	8.0371	5.2398	6.8406	6.6542	9.0760
12	化学工业	0.5958	3.4333	0.5255	3.0674	0.6296	3.2156
13	非金属矿物制品业	1.2766	4.5576	1.1795	3.9692	1.0648	3.7118
14	金属冶炼及压延加工业	1.9583	5.3224	1.6307	4.6386	1.9006	5.5799
15	金属制品业	0.0528	3.6188	0.0439	3.0238	0.0412	3.0724
16	通用、专用设备制造业	0.0824	2.7134	0.0669	2.1211	0.0500	2.0397
17	交通运输设备制造业	0.0523	2.1761	0.0353	1.8346	0.0317	1.6964
18	电气机械及器材制造业	0.0229	2.7821	0.0273	2.4340	0.0274	2.4754
19	通信设备、计算机及其他电子设备制造业	0.0150	1.4780	0.0118	1.1203	0.0073	1.0830

续表

编号	年份 行业	2010		2012		2015	
		直接碳排放强度	完全碳排放强度	直接碳排放强度	完全碳排放强度	直接碳排放强度	完全碳排放强度
20	仪器仪表制造业	0.0210	1.6665	0.0216	1.4154	0.0130	1.2967
21	其他制造业	0.0813	1.4876	0.1591	1.3952	0.1803	2.1886
22	电力、热力的生产和供应业	6.9989	12.5860	7.2421	12.5490	5.7214	11.2895
23	燃气生产和供应业	1.3054	3.1064	0.7634	2.2118	0.2157	2.0870
24	水的生产和供应业	0.0952	3.7389	0.0864	2.7081	0.0501	2.5413
25	建筑业	0.0388	2.7468	0.0300	2.3626	0.0248	2.3231
26	交通运输、仓储及邮政业	1.0121	3.3481	0.9702	2.8354	0.8584	2.5462
27	批发零售业及餐饮业	0.0896	0.8783	0.0734	0.6116	0.0783	0.5751
28	其他服务业	0.0640	1.0367	0.0499	0.8212	0.0478	0.7493

数据来源：根据前述相关公式及数据整理计算所得。

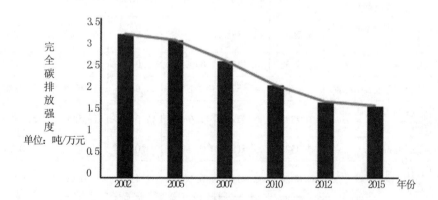

图 2-2 贸易开放下中国产业部门整体的完全碳排放强度走势

数据来源：根据前述相关公式及数据整理计算所得。

第四节 实证结果与分析

一、总体的视角

就隐含碳排放和直接碳排放总量而言（见表2-4）：（1）我国产业部门总的隐含碳排放量在2002年、2005年、2007年、2010年、2012年、2015年呈现持续增长态势，分别达到46.52亿吨、74.99亿吨、86.70亿吨、101.95亿吨、109.53亿吨和129.02亿吨，年均增长率高达8.16%；2005年隐含碳排放较2002年增速为61.20%；2007年较2005年增速为15.62%；2010年较2007年增速为17.59%；2012年较2010年增速为7.44%；2015年较2012年增速为17.79%。可见我国产业部门隐含碳排放在前5年的增速是在逐渐递减的，一方面是因为在这5年间我国最终使用基本上是以递减的速率在增加，另一方面是因为我国各个产业的完全碳排放系数是在逐渐降低的，因此虽然隐含碳排放是在增加的，但增长速度却在逐渐放缓。2015年我国产业部门隐含碳排放增速上升，虽然最终使用增速依旧下降，各个产业的完全碳排放系数也在逐渐降低，但是最终使用量较大，导致2015年我国产业部门隐含碳排放增速上升。（2）2002年直接碳排放量为7.18亿吨，占隐含碳排放比重为15.43%；2005年直接碳排放量为10.16亿吨，占隐含碳排放比重为13.55%，2005年直接碳排放较2002年增速为41.50%；2007年直接碳排放量为9.80亿吨，占比为11.30%，2007年直接碳排放较2005年增速为-3.54%；2010年直接碳排放量为9.53亿吨，占比为9.35%，2010年直接碳排放较2007年增速为-2.76%；2012年直接碳排放量为11.25亿吨，占比为10.27%，2012年直接碳排放较2010年增速为18.05%，2015年直接碳排放量为11.99亿吨，占比为9.29%，2015年直接碳排放较2012年增速为6.58%，2015年直接碳排放量较2002年增速为66.99%。由此可见，在这

6 年我国直接碳排放基本是以递减的速率在逐渐增加的，直接碳排放量占隐含碳排放量的比值变化幅度较小。在这 6 年中，2005 年较 2002 年直接碳排放量的增速最大，这是因为 2005 年较 2002 年的最终使用的增长幅度是最大的。（3）根据实证结果分析，我们可知这 6 年的直接碳排放量都小于间接碳排放量，并且两者之间的差值在逐渐增大，其差值分别为：39.34 亿吨、64.83 亿吨、76.90 亿吨、92.42 亿吨、98.28 亿吨、117.03 亿吨。通过上述各种分析结果，我们可以清晰看到：虽然我国隐含、直接和间接碳排放量都在逐渐增加，但各自的增长率却在逐渐减少，说明我国在节能减排上取得了一定成果，有效控制了碳排放的快速增长。

表 2-4 贸易开放下中国产业部门直接碳排放和隐含碳排放总体情况

（单位：亿吨）

年份	直接碳排放量（亿吨）	占比（%）	增速（%）	隐含碳排放量（亿吨）	增速（%）
2002 年	7.18	15.43	—	46.52	—
2005 年	10.16	13.55	41.50	74.99	61.20
2007 年	9.80	11.30	-3.54	86.70	15.62
2010 年	9.53	9.35	-2.76	101.95	17.59
2012 年	11.25	10.27	18.05	109.53	7.44
2015 年	11.99	9.29	6.58	129.02	17.79

数据来源：根据前述相关公式及数据整理计算所得。

二、28 个产业部门的视角

（一）横向比较

通过表 2-5、表 2-6 和表 2-7 可知，隐含碳排放主要集中在建筑业，其他服务业和通用、专用设备制造业等 10 个产业部门，这 6 年中，这 10 个部门的隐含碳排放量之和在隐含碳排放总量中的占比依次分别为 77.18%、

73.79%、76.64%、80.51%、80.59%和82.13%。隐含碳的具体变化情况如下：（1）在这6年间，隐含碳排放量始终排在前三位的是建筑业，其他服务业和通用、专用设备制造业（见图2-3）。建筑业，其他服务业和通用、专用设备制造业的直接碳排放强度和完全碳排放强度处于中下位置，但是最终使用在28个产业部门中处于前三位置，其余部门与其相比，差距较大，故在最终使用的拉动下，其隐含碳排放量始终占比最大，在这6年中，建筑业在隐含碳排放中占比始终最大，分别为24.88%、19.85%、24.83%、26.54%、27.97%、32.43%。建筑业和通用、专用设备制造业的完全碳排放强度和总产出在整个产业部门中，均位于中间的位置，其中，通用、专用设备制造业的最终使用在2005年和2007年均排名第四，2010年上升至第三，在2015年排名下降至第六，其隐含碳排放在这6年中均位居第三，建筑业的最终使用在这6年中全部排名第二，因其隐含碳排放系数较大，最终带动隐含碳排放在这6年中均位居第一；其他服务业在这6年中完全碳排放强度较小，在28个部门中排名靠后，但是最终使用量一直处于第一位，故其隐含碳排放在这6年中均位居第二。（2）在隐含碳排放位于前十的行业中，第二产业由于是国民经济的支柱产业，通用、专用设备制造业，电力、热力的生产和供应业，化学工业等隐含碳比重在6年的研究中均位于前十。而第三产业中的交通运输、仓储及邮政业和其他服务业也均位于前十。造成这两者的隐含碳排放较高的原因是它们属于第三产业，位于产业链底端，是大多中间投入产品的最终消费终端，其测量计算出来的隐含碳包括从最初的原料开采到制成品生产制造全过程中排放的 CO_2 量。另外，本书中的其他服务业通过合并金融保险业、租赁和商务服务业、房地产业等总共12个分类比较粗的部门形成，故过粗的行业分类再加上几乎囊括了产品的整个生产过程，最终使其他服务业在隐含碳排放方面排名靠前。属于第一产业部门的农业在隐含碳排放方面，仅在2002年挤进前十，其隐含碳排放总量为20291.79万吨，占比为4.36%。

（二）纵向比较

通过表2-5、表2-6和表2-7可知，由于在国民经济生产中对各个产业部门的需求不同加之技术因素等方面的影响，28个产业部门的隐含碳增速、增量变化差异大。具体为：（1）从增速角度看。除2007年相较2005年、2012年相较2010年外，绝大多数产业部门（2005年较2002年共24个，2010年较2007年共20个，2015年较2012年共21个）的隐含碳排放呈现递增的态势，其中增速较大的产业部门几乎全部集中在第二产业，究其原因是第二产业是国民经济的命脉，而工业的发展又离不开大量的能源消耗，进而产生大量的碳排放。2005年较2002年，产业部门隐含碳排放增速排在前5位的分别为：金属矿采选业（2635.49%），石油、炼焦及核燃料加工业（349.47%），金属冶炼及压延加工业（268.84%），仪器仪表制造业（195.95%）及通用、专用设备制造业（133.38%）。

与此同时，石油和天然气开采业，非金属矿和其他矿采选业和电力、热力的生产和供应业的隐含碳排放增速出现不同程度的下降，降幅分别为65.92%、43.86%和11.05%。2007年较2005年，产业部门隐含碳排放增速排在前5位的分别为：金属冶炼及压延加工业（113.39%），石油和天然气开采业（90.67%），电力、热力的生产和供应业（69.13%），木材加工及家具制造业（67.82%）及化学工业（58.83%）。与此同时，金属矿采选业，煤炭采选业，石油、炼焦及核燃料加工业等11个部门的隐含碳排放增速出现不同程度的下降，降幅分别为84.20%、67.83%和48.36%。2010年较2007年，产业部门隐含碳排放增速排在前5位的分别为：水的生产和供应业（157.26%），金属矿采选业（156.35%），燃气生产和供应业（71.98%），交通运输设备制造业（69.61%）及电气机械及器材制造业（43.17%）。与此同时，金属冶炼及压延加工业，煤炭采选业，金属制品业等8个部门的隐含碳排放增速出现不同程度的下降，降幅分别为30.98%、21.47%、20.47%

等。从 2012 年与 2010 年的对比中发现，将近一半的产业部门隐含碳排放的增速出现不同程度的下降，可以看出中国为应对气候变化而做出的积极努力，其中降幅最大的前 5 个部门分别为：金属矿采选业（86.67%），其他制造业（85.10%），非金属矿和其他矿采选业（81.05%），仪器仪表制造业（52.30%）及纺织业（44.18%）。2015 年较 2012 年，产业部门隐含碳排放增速排在前 5 位的分别为：其他制造业（103.63%），煤炭采选业（89.40%），燃气生产和供应业（50.17%），非金属矿和其他矿采选业（46.33%）及建筑业（36.56%）。与此同时，金属矿采选业，金属冶炼及压延加工业，石油和天然气开采业等 7 个部门的隐含碳排放增速出现不同程度的下降，降幅分别为 76.50%、46.60% 和 43.09%。（2）从增量角度看。除 2007 年相较 2005 年、2012 年相较 2010 年外，绝大多数产业部门（2005 年较 2002 年共 24 个，2010 年较 2007 年共 20 个，2015 年较 2012 年共 21 个）的隐含碳排放不断增加。2005 年较 2002 年，产业部门隐含碳排放增量排在前 5 位的分别为：通用、专用设备制造业（41967 万吨），建筑业（33088 万吨），其他服务业（31602 万吨），通信设备、计算机及其他电子设备制造业（25376 万吨）及交通运输、仓储及邮政业（21557 万吨）。2007 年较 2005 年，产业部门隐含碳排放增量排在前 5 位的分别为：建筑业（66407 万吨），金属冶炼及压延加工业（19139 万吨），化学工业（16646 万吨），电力、热力的生产和供应业（15548 万吨）及电气机械及器材制造业（12323 万吨）。2010 年较 2007 年，产业部门隐含碳排放增量排在前 5 位的分别为：建筑业（55300 万吨），交通运输设备制造业（29376 万吨），其他服务业（25366 万吨），通用、专用设备制造业（21015 万吨）及电气机械及器材制造业（19327 万吨）。2012 年相较于 2010 年，有 9 个产业部门的隐含碳排放减少，减少量排在前 5 位的分别为：电气机械及器材制造业（8271 万吨），纺织业（7605 万吨），其他制造业（7521 万吨），通信设备、计算机及其他电子设备制造业（5276 万吨）及仪器仪表制造业（4894 万吨）。2015 年较 2012 年，产业部门隐含碳排放增量排在前 5 位的分别为：建筑业（112014 万吨），其他服务业（35214 万吨），电气机械及器材制造业（12535 万吨），化学工业（10066 万吨）及交通运输设备制造业（7245 万吨）。

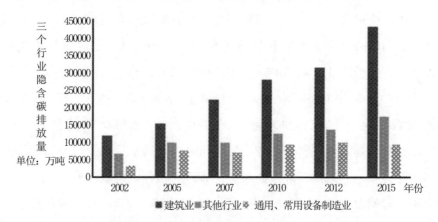

图 2-3　中国三大产业部门隐含碳排放量

数据来源：根据前述相关公式及数据整理计算所得。

表 2-5　贸易开放下中国 28 个产业部门直接碳排放和隐含碳排放

（单位：万吨）

年份 行业	2002		2005		2007	
	直接 碳排放	隐含 碳排放	直接 碳排放	隐含 碳排放	直接 碳排放	隐含 碳排放
农业	2130.38	20291.79	2598.77	19140.30	2201.74	16280.68
煤炭采选业	2305.94	3965.55	4425.88	8444.54	1533.98	2716.54
石油和天然气开采业	830.35	1204.25	164.68	409.79	188.67	781.33
金属矿采选业	21.30	207.59	355.48	5678.54	39.21	896.93
非金属矿和其他矿采选业	195.60	771.25	68.41	432.95	67.10	529.46
食品制造和烟草加工业	4197.08	19256.52	4154.36	27988.85	3661.01	30385.60
纺织业	1538.34	10716.65	2029.04	16324.51	2119.04	21479.26
纺织服装鞋帽皮革羽绒及其制品业	529.87	11601.03	728.92	19193.32	640.90	21590.87
木材加工及家具制造业	219.62	3630.96	345.03	5796.52	416.55	9727.76

续表

年份\行业	2002		2005		2007	
	直接碳排放	隐含碳排放	直接碳排放	隐含碳排放	直接碳排放	隐含碳排放
造纸印刷及文教体育用品制造业	1047.86	5116.51	1712.95	8991.13	1506.91	8172.09
石油、炼焦及核燃料加工业	4257.22	5971.95	19634.39	26841.81	10020.44	13860.76
化学工业	6992.58	23984.20	6447.26	28296.38	8774.65	44942.11
非金属矿物制品业	3788.93	7513.20	4460.47	11926.24	3568.74	10418.61
金属冶炼及压延加工业	1849.11	4576.31	6855.22	16879.04	12274.65	36018.46
金属制品业	390.15	9848.61	320.19	14630.99	366.05	20808.23
通用、专用设备制造业	1727.53	31463.30	2839.64	73430.07	2574.36	69542.95
交通运输设备制造业	1015.34	15318.08	1289.03	33076.81	1300.45	42200.76
电气机械及器材制造业	339.21	14881.89	338.51	32446.00	362.02	44769.17
通信设备、计算机及其他电子设备制造业	390.92	19937.26	517.13	45313.52	495.35	43768.12
仪器仪表制造业	149.65	5181.01	154.17	15333.39	103.36	8516.40
其他制造业	346.43	2774.37	518.68	5030.05	391.71	6383.60
电力、热力的生产和供应业	21342.98	25282.29	15979.21	22488.74	20798.94	38036.30
燃气生产和供应业	1082.53	2104.58	1473.63	3248.52	1008.33	1800.32
水的生产和供应业	26.90	769.10	18.04	848.95	26.81	1314.40
建筑业	2224.59	115759.70	3066.87	148847.38	3197.15	215254.01
交通运输、仓储及邮政业	6191.15	19393.85	12852.55	40951.26	11003.42	32932.19
批发零售业及餐饮业	1445.46	19112.87	2285.60	21736.71	2422.00	26858.29
其他服务业	5174.80	64591.61	5967.69	96193.54	6970.37	96990.36
合计（单位：亿吨）	7.18	46.52	10.16	74.99	9.80	86.70

续表

行业＼年份	2010		2012		2015	
	直接碳排放	隐含碳排放	直接碳排放	隐含碳排放	直接碳排放	隐含碳排放
农业	1968.26	15992.18	2730.38	24286.30	2406.25	18719.89
煤炭采选业	1132.37	2133.30	1306.16	2274.72	2294.43	4308.37
石油和天然气开采业	204.90	790.49	303.90	1055.02	171.18	600.47
金属矿采选业	83.43	2299.24	15.12	306.47	4.19	72.02
非金属矿和其他矿采选业	61.85	664.45	13.41	125.90	22.83	184.23
食品制造和烟草加工业	3883.88	39092.45	4073.71	41693.65	5117.00	41506.22
纺织业	1652.81	17214.76	737.62	9610.07	1677.46	11565.95
纺织服装鞋帽皮革羽绒及其制品业	546.06	22246.11	595.52	26361.24	671.22	29238.61
木材加工及家具制造业	354.24	10172.00	357.95	10159.11	409.80	11904.51
造纸印刷及文教体育用品制造业	1442.00	8222.11	2686.95	17630.65	2963.14	23425.25
石油、炼焦及核燃料加工业	13033.95	17291.81	20610.12	26906.91	23579.53	32161.33
化学工业	8313.05	47904.97	8447.59	49311.03	11625.92	59376.63
非金属矿物制品业	3376.82	12056.05	3669.79	12349.80	4094.40	14272.98
金属冶炼及压延加工业	9146.68	24859.12	7568.42	21528.64	3915.58	11495.91
金属制品业	241.27	16548.50	338.44	23322.03	348.77	26038.38
通用、专用设备制造业	2751.22	90557.60	2996.02	95046.00	2228.37	90908.56
交通运输设备制造业	1719.47	71576.81	1413.01	73362.93	1507.35	80607.58
电气机械及器材制造业	528.07	64096.15	625.85	55825.17	757.67	68360.52
通信设备、计算机及其他电子设备制造业	509.30	50337.83	472.99	45061.58	320.86	47546.23
仪器仪表制造业	117.91	9357.93	68.26	4463.74	53.52	5345.93
其他制造业	483.13	8837.91	150.17	1316.60	220.84	2681.04
电力、热力的生产和供应业	19935.90	35850.57	21219.47	36768.92	20715.21	40875.32
燃气生产和供应业	1301.12	3096.23	1097.71	3180.51	493.56	4776.19

续表

年份 行业	2010		2012		2015	
	直接 碳排放	隐含 碳排放	直接 碳排放	隐含 碳排放	直接 碳排放	隐含 碳排放
水的生产和供应业	86.10	3381.45	64.09	2008.32	53.58	2719.53
建筑业	3826.01	270554.00	3889.83	306394.45	4470.79	418408.62
交通运输、仓储及邮政业	8601.81	28454.87	15840.71	46291.95	14832.43	43996.13
批发零售业及餐饮业	2403.21	23549.70	3093.76	25761.42	4227.66	31032.12
其他服务业	7550.94	122355.97	8080.80	132887.32	10731.26	168100.90
合计（单位：亿吨）	9.53	101.95	11.25	109.53	11.99	129.02

数据来源：根据前述相关公式及数据整理计算所得。

表 2-6　贸易开放下中国 28 个产业部门直接碳排放和隐含碳排放占比

（单位:%）

年份 行业	2002		2005		2007	
	直接碳 排放占比	隐含碳 排放占比	直接碳 排放占比	隐含碳 排放占比	直接碳 排放占比	隐含碳 排放占比
农业	2.97(10)	4.36(6)	2.56(12)	2.55(14)	2.25(12)	1.88(16)
煤炭采选业	3.21(8)	0.85(21)	4.36(8)	1.13(21)	1.56(14)	0.31(23)
石油和天然气开采业	1.16(18)	0.26(25)	0.16(25)	0.05(28)	0.19(24)	0.09(27)
金属矿采选业	0.03(28)	0.04(28)	0.35(21)	0.76(23)	0.04(27)	0.10(26)
非金属矿和其他矿采选业	0.27(25)	0.17(26)	0.07(27)	0.06(27)	0.07(26)	0.06(28)
食品制造和烟草加工业	5.85(6)	4.14(9)	4.09(9)	3.73(9)	3.73(7)	3.50(11)
纺织业	2.14(13)	2.30(14)	2.00(14)	2.18(16)	2.16(13)	2.48(14)
纺织服装鞋帽皮革羽绒及其制品业	0.74(19)	2.49(13)	0.72(18)	2.56(13)	0.65(18)	2.49(13)
木材加工及家具制造业	0.31(24)	0.78(22)	0.34(22)	0.77(22)	0.42(20)	1.12(19)

续表

年份 行业	2002		2005		2007	
	直接碳 排放占比	隐含碳 排放占比	直接碳 排放占比	隐含碳 排放占比	直接碳 排放占比	隐含碳 排放占比
造纸印刷及文教体育用品制造业	1.46(16)	1.10(19)	1.69(15)	1.20(20)	1.54(15)	0.94(21)
石油、炼焦及核燃料加工业	5.93(5)	1.28(17)	19.32(1)	3.58(10)	10.22(4)	1.60(17)
化学工业	9.75(2)	5.16(5)	6.35(5)	3.77(8)	8.95(5)	5.18(4)
非金属矿物制品业	5.28(7)	1.61(16)	4.39(7)	1.59(19)	3.64(8)	1.20(18)
金属冶炼及压延加工业	2.58(11)	0.98(20)	6.75(4)	2.25(15)	12.52(2)	4.15(9)
金属制品业	0.54(21)	2.12(15)	0.32(24)	1.95(18)	0.37(22)	2.40(15)
通用、专用设备制造业	2.41(12)	6.76(3)	2.79(11)	9.79(3)	2.63(10)	8.02(3)
交通运输设备制造业	1.42(17)	3.29(11)	1.27(17)	4.41(6)	1.33(16)	4.87(7)
电气机械及器材制造业	0.47(23)	3.20(12)	0.33(23)	4.33(7)	0.37(23)	5.16(5)
通信设备、计算机及其他电子设备制造业	0.54(20)	4.29(7)	0.51(20)	6.04(4)	0.51(19)	5.05(6)
仪器仪表制造业	0.21(26)	1.11(18)	0.15(26)	2.04(17)	0.11(25)	0.98(20)
其他制造业	0.48(22)	0.60(23)	0.51(19)	0.67(24)	0.40(21)	0.74(22)
电力、热力的生产和供应业	29.75(1)	5.43(4)	15.73(2)	3.00(11)	21.22(1)	4.39(8)
燃气生产和供应业	1.51(15)	0.45(24)	1.45(16)	0.43(25)	1.03(17)	0.21(24)
水的生产和供应业	0.04(27)	0.17(27)	0.02(28)	0.11(26)	0.03(28)	0.15(25)
建筑业	3.10(9)	24.88(1)	3.02(10)	19.85(1)	3.26(9)	24.83(1)
交通运输、仓储及邮政业	8.63(3)	4.17(8)	12.65(3)	5.46(5)	11.22(3)	3.80(10)
批发零售业及餐饮业	2.01(14)	4.11(10)	2.25(13)	2.90(12)	2.47(11)	3.10(12)
其他服务业	7.21(4)	13.88(2)	5.87(6)	12.83(2)	7.11(6)	11.19(2)

续表

年份 行业	2010		2012		2015	
	直接碳 排放占比	隐含碳 排放占比	直接碳 排放占比	隐含碳 排放占比	直接碳 排放占比	隐含碳 排放占比
农业	2.07(12)	1.57(17)	2.43(12)	2.22(14)	2.01(12)	1.45(16)
煤炭采选业	1.19(17)	0.21(26)	1.16(15)	0.21(23)	1.91(13)	0.33(23)
石油和天然气开采业	0.22(24)	0.08(27)	0.27(23)	0.10(26)	0.14(24)	0.05(26)
金属矿采选业	0.09(27)	0.23(25)	0.01(27)	0.03(27)	0.00(28)	0.01(28)
非金属矿和其他矿采选业	0.06(28)	0.07(28)	0.01(28)	0.01(28)	0.02(27)	0.01(27)
食品制造和烟草加工业	4.08(7)	3.83(8)	3.62(7)	3.81(9)	4.27(6)	3.22(9)
纺织业	1.74(14)	1.69(15)	0.66(17)	0.88(20)	1.40(15)	0.90(19)
纺织服装鞋帽皮革羽绒及其制品业	0.57(18)	2.18(13)	0.53(19)	2.41(12)	0.56(18)	2.27(13)
木材加工及家具制造业	0.37(22)	1.00(19)	0.32(21)	0.93(19)	0.34(20)	0.92(18)
造纸印刷及文教体育用品制造业	1.51(15)	0.81(22)	2.39(13)	1.61(17)	2.47(11)	1.82(15)
石油、炼焦及核燃料加工业	13.68(2)	1.70(14)	18.33(2)	2.46(11)	19.66(1)	2.49(11)
化学工业	8.73(5)	4.70(7)	7.51(4)	4.50(6)	9.70(4)	4.60(6)
非金属矿物制品业	3.55(9)	1.18(18)	3.26(9)	1.13(18)	3.41(9)	1.11(17)
金属冶炼及压延加工业	9.60(3)	2.44(11)	6.73(6)	1.97(16)	3.27(10)	0.89(20)
金属制品业	0.25(23)	1.62(16)	0.30(22)	2.13(15)	0.29(21)	2.02(14)
通用、专用设备制造业	2.89(10)	8.88(3)	2.66(11)	8.68(3)	1.86(14)	7.05(3)
交通运输设备制造业	1.81(13)	7.02(4)	1.26(14)	6.70(4)	1.26(16)	6.25(4)
电气机械及器材制造业	0.55(19)	6.29(5)	0.56(18)	5.10(5)	0.63(17)	5.30(5)
通信设备、计算机及其他电子设备制造业	0.53(20)	4.94(6)	0.42(20)	4.11(8)	0.27(22)	3.69(7)

续表

年份 行业	2010		2012		2015	
	直接碳 排放占比	隐含碳 排放占比	直接碳 排放占比	隐含碳 排放占比	直接碳 排放占比	隐含碳 排放占比
仪器仪表制造业	0.12(25)	0.92(20)	0.06(25)	0.41(21)	0.04(26)	0.41(21)
其他制造业	0.51(21)	0.87(21)	0.13(24)	0.12(25)	0.18(23)	0.21(25)
电力、热力的生产和供应业	20.93(1)	3.52(9)	18.87(1)	3.36(10)	17.27(2)	3.17(10)
燃气生产和供应业	1.37(16)	0.30(24)	0.98(16)	0.29(22)	0.41(19)	0.37(22)
水的生产和供应业	0.09(26)	0.33(23)	0.06(26)	0.18(24)	0.04(25)	0.21(24)
建筑业	4.02(8)	26.54(1)	3.46(8)	27.97(1)	3.73(7)	32.43(1)
交通运输、仓储及邮政业	9.03(4)	2.79(10)	14.08(3)	4.23(7)	12.37(3)	3.41(8)
批发零售业及餐饮业	2.52(11)	2.31(12)	2.75(10)	2.35(13)	3.53(8)	2.41(12)
其他服务业	7.93(6)	12.00(2)	7.18(5)	12.13(2)	8.95(5)	13.03(2)

数据来源：根据前述相关公式及数据整理计算所得。

表 2-7　贸易开放下中国 28 个产业部门隐含碳排放增速和增量比较

（单位：万吨、%）

产业部门	2005 年较 2002 年比较		2007 年较 2005 年比较		2010 年较 2007 年比较	
	增速	增量	增速	增量	增速	增量
农业	−5.68% (25)	−1151 (27)	−14.94% (22)	−2860 (22)	−1.77% (21)	−289 (21)
煤炭采选业	112.95% (9)	4479 (16)	−67.83% (27)	−5728 (25)	−21.47% (27)	−583 (22)
石油和天然气开采业	−65.92% (28)	−794 (26)	90.67% (2)	372 (16)	1.17% (19)	9 (20)
金属矿采选业	2635.49% (1)	5471 (14)	−84.20% (28)	−4782 (24)	156.35% (2)	1402 (13)
非金属矿和其他矿采选业	−43.86% (27)	−338 (25)	22.29% (21)	97 (17)	25.50% (11)	135 (18)

续表

产业部门	2005 年较 2002 年比较		2007 年较 2005 年比较		2010 年较 2007 年比较	
	增速	增量	增速	增量	增速	增量
食品制造和烟草加工业	46.83% (20)	8732 (11)	8.56% (16)	2397 (12)	28.65% (8)	8707 (6)
纺织业	45.35% (17)	5608 (13)	31.58% (10)	5155 (8)	−19.85% (25)	−4265 (26)
纺织服装鞋帽皮革羽绒及其制品业	65.45% (13)	7592 (12)	12.49% (15)	2398 (11)	3.03% (18)	655 (16)
木材加工及家具制造业	59.64% (14)	2166 (22)	67.82% (4)	3931 (10)	4.57% (17)	444 (17)
造纸印刷及文教体育用品制造业	75.73% (12)	3875 (19)	−9.11% (20)	−819 (18)	0.61% (20)	50 (19)
石油、炼焦及核燃料加工业	349.47% (2)	20870 (6)	−48.36% (26)	−12981 (28)	24.75% (12)	3431 (8)
化学工业	17.98% (22)	4312 (18)	58.83% (5)	16646 (3)	6.59% (16)	2963 (9)
非金属矿物制品业	58.74% (15)	4413 (17)	−12.64% (14)	−1508 (20)	15.72% (13)	1637 (12)
金属冶炼及压延加工业	268.84% (3)	12303 (9)	113.39% (1)	19139 (2)	−30.98% (28)	−11159 (28)
金属制品业	48.56% (19)	4782 (15)	42.22% (8)	6177 (7)	−20.47% (26)	−4260 (25)
通用、专用设备制造业	133.38% (5)	41967 (1)	−5.29% (19)	−3887 (23)	30.22% (7)	21015 (4)
交通运输设备制造业	115.93% (8)	17759 (7)	27.58% (11)	9124 (6)	69.61% (4)	29376 (2)
电气机械及器材制造业	118.02% (7)	17564 (8)	37.98% (9)	12323 (5)	43.17% (5)	19327 (5)
通信设备、计算机及其他电子设备制造业	127.28% (6)	25376 (4)	−3.41% (18)	−1545 (21)	15.01% (14)	6570 (7)
仪器仪表制造业	195.95% (4)	10152 (10)	−44.46% (24)	−6817 (26)	9.88% (15)	842 (15)
其他制造业	81.30% (11)	2256 (21)	26.91% (12)	1354 (13)	38.45% (6)	2454 (10)

续表

产业部门	2005 年较 2002 年比较		2007 年较 2005 年比较		2010 年较 2007 年比较	
	增速	增量	增速	增量	增速	增量
电力、热力的生产和供应业	−11.05% (26)	−2794 (28)	69.13% (3)	15548 (4)	−5.75% (22)	−2186 (23)
燃气生产和供应业	54.35% (16)	1144 (23)	−44.58% (25)	−1448 (19)	71.98% (3)	1296 (14)
水的生产和供应业	10.38% (24)	80 (24)	54.83% (6)	465 (15)	157.26% (1)	2067 (11)
建筑业	28.58% (21)	33088 (2)	44.61% (7)	66407 (1)	25.69% (10)	55300 (1)
交通运输、仓储及邮政业	111.16% (10)	21557 (5)	−19.58% (23)	−8019 (27)	−13.60% (24)	−4477 (28)
批发零售业及餐饮业	13.73% (23)	2624 (20)	23.56% (13)	5122 (9)	−12.32% (23)	−3309 (24)
其他服务业	48.93% (18)	31602 (3)	0.83% (17)	797 (14)	26.15% (9)	25366 (3)

续表

产业部门	2012 年较 2010 年比较		2015 年较 2012 年比较	
	增速	增量	增速	增量
农业	51.86% (4)	8294 (6)	−22.92% (25)	−5566 (27)
煤炭采选业	6.63% (12)	141 (17)	89.40% (2)	2034 (13)
石油和天然气开采业	33.46% (6)	265 (16)	−43.09% (26)	−455 (24)
金属矿采选业	−86.67% (28)	−1993 (22)	−76.50% (28)	−234 (23)
非金属矿和其他矿采选业	−81.05% (26)	−539 (20)	46.33% (4)	58 (21)
食品制造和烟草加工业	6.65% (11)	2601 (10)	−0.45% (22)	−187 (22)
纺织业	−44.18% (24)	−7605 (27)	20.35% (12)	1956 (14)
纺织服装鞋帽皮革羽绒及其制品业	18.50% (7)	4115 (9)	10.92% (19)	2877 (10)
木材加工及家具制造业	−0.13% (19)	−13 (19)	17.18% (15)	1745 (16)
造纸印刷及文教体育用品制造业	114.43% (1)	9409 (5)	32.87% (7)	5795 (6)

续表

产业部门	2012 年较 2010 年比较		2015 年较 2012 年比较	
	增速	增量	增速	增量
石油、炼焦及核燃料加工业	55.60% （3）	9615 （4）	19.53% （14）	5254 （8）
化学工业	2.94% （14）	1406 （13）	20.41% （11）	10066 （4）
非金属矿物制品业	2.44% （18）	294 （15）	15.57% （16）	1923 （15）
金属冶炼及压延加工业	−13.40% （22）	−3330 （23）	−46.60% （27）	−10033 （28）
金属制品业	40.93% （5）	6774 （7）	11.65% （17）	2716 （11）
通用、专用设备制造业	4.96% （13）	4488 （8）	−4.35% （23）	−4137 （26）
交通运输设备制造业	2.50% （17）	1786 （12）	9.88% （20）	7245 （5）
电气机械及器材制造业	−12.90% （21）	−8271 （28）	22.45% （9）	12535 （3）
通信设备、计算机及其他电子设备制造业	−10.48% （20）	−5276 （25）	5.51% （21）	2485 （12）
仪器仪表制造业	−52.30% （25）	−4894 （24）	19.76% （13）	882 （19）
其他制造业	−85.10% （27）	−7521 （26）	103.63% （1）	1364 （18）
电力、热力的生产和供应业	2.56% （16）	918 （14）	11.17% （18）	4106 （9）
燃气生产和供应业	2.72% （15）	84 （18）	50.17% （3）	1596 （17）
水的生产和供应业	−40.61% （23）	−1373 （21）	35.41% （6）	711 （20）
建筑业	13.25% （8）	35840 （1）	36.56% （5）	112014 （1）
交通运输、仓储及邮政业	62.69% （2）	17837 （2）	−4.96% （24）	−2296 （25）
批发零售业及餐饮业	9.39% （9）	2212 （11）	20.46% （10）	5271 （7）
其他服务业	8.61% （10）	10531 （3）	26.50% （8）	35214 （2）

注：上表中括号里的数字表示各产业部门的排序。

数据来源：根据前述相关公式及数据整理计算所得。

三、三次产业的视角

据表 2-8 和 2-9 的数据我们得出如下结论：（1）2002 年第一产业、第二产业、第三产业的直接碳排放量分别为 2130.38 万吨、56810.03 万吨、12811.41 万吨，分别占本年直接碳排放的比例为 2.97%、79.18%、17.86%；在这一年中三次产业的隐含碳排放量分别为 20291.79 万吨、341836.15 万吨、103098.33 万吨，占本年隐含碳排放的比例依次为 4.36%、73.48%、22.16%。2005 年，第一产业、第二产业、第三产业直接碳排放量为 2598.77 万吨、77897.21 万吨、21105.84 万吨，分别占本年直接碳排放的比例为 2.56%、76.67%、20.77%；在这一年中三次产业的隐含碳排放量分别为 19140.30 万吨、571898.05 万吨、158881.51 万吨，占本年隐含碳排放的比例依次为 2.55%、76.26%、21.19%。2007 年，第一产业、第二产业、第三产业直接碳排放量分别为 2201.74 万吨、75436.37 万吨、20395.79 万吨，分别占本年直接碳排放的比例为 2.25%、76.94%、20.84%；在这一年中三次产业的隐含碳排放量分别为 16280.68 万吨、693914.06 万吨、156780.84 万吨，占本年隐含碳排放的比例依次为 1.88%、80.38%、18.08%。2010 年，第一产业、第二产业、第三产业直接碳排放量分别为 1968.26 万吨、74731.55 万吨、18555.96 万吨，分别占本年直接碳排放的比例为 2.07%、78.45%、19.48%；2010 年，第一产业、第二产业、第三产业隐含碳排放量分别为 15992.18 万吨、829141.85 万吨、174360.54 万吨，分别占本年隐含碳排放的比例为 1.57%、81.33%、17.10%。2012 年，第一产业、第二产业、第三产业直接碳排放量分别为 2730.38 万吨、82722.09 万吨、27015.26 万吨，分别占本年直接碳排放的比例为 2.43%、73.55%、24.02%；在这一年中三次产业的隐含碳排放量分别为 24286.30 万吨、866063.46 万吨、204940.68 万吨，占本年隐含碳排放的比例依次为 1.96%、79.07%、18.71%。2015 年，第一产业、第二产业、第三产业直接碳排放量分别为 2406.25 万吨、87717.19 万吨、29791.36 万吨，分别占本年直接碳排放的比例为 2.01%、73.15%、24.84%；在这一年中三次产业的隐含碳排放量分别为 18719.89 万吨、1028380.37 万吨、243129.15 万吨，占本年隐含碳排放的比例依次为 1.45%、79.71%、18.84%。综上来看，随着时间推移，三次产业总的隐含碳排放呈现递增趋势，究其原因主要是工业仍然是我国经济发展的动力产业，而工业相较于其他产业来说对能源需求量大，因此，导致三次产业的隐含碳排放始终居高不下，但值得高兴的是，随着低碳经济发展模式的普及，第二产业隐含碳排放增量不断递减，表明我国现行低碳减排措施取得初步成效。

（2）在这 6 年中，第二产业不管是直接碳排放，还是隐含碳排放，其值都是最大的，原因在于第二产业的碳排放强度较大以及我国现有产业结构为"二三一"的格局，第二产业每年的碳排放量占比都超过 70%。在三次产业中，第三产业的直接、间接和隐含碳排放都大于第一产业小于第二产业，这主要是因为第一产业的总产值在三次产业中是最小的。

（3）第一产业直接和隐含的碳排放量除 2007 年较 2005 年是减少的，其他年份均在逐渐增加，这是因为 2007 年的直接和完全碳排放强度都小于 2005 年的强度。第二和第三产业的直接和隐含碳排放量均在逐渐增加，其中直接和隐含碳排放增速最快的年份是 2005 年，第二和第三产业直接碳排放增量和增速分别为：216995.08 万吨（53.23%）、14902.54 万吨（42.45%）；第二和第三产业隐含碳排放增量和增速分别为：793371.90 万吨（72.07%）、96586.00 万吨（44.62%）。

表 2-8　贸易开放下中国三次产业直接碳排放和隐含碳排放　（单位：万吨、%）

年份	产业	第一产业	第二产业	第三产业	合计（亿吨）
2002 年	直接碳排放量	2130.38	56810.03	12811.41	7.18
	占比	2.97%	79.18%	17.86%	100%
	隐含碳排放量	20291.79	341836.15	103098.33	46.52
	占比	4.36%	73.48%	22.16%	100%
2005 年	直接碳排放量	2598.77	77897.21	21105.84	10.16
	占比	2.56%	76.67%	20.77%	100%
	隐含碳排放量	19140.30	571898.05	158881.51	74.99
	占比	2.55%	76.26%	21.19%	100%
2007 年	直接碳排放量	2201.74	75436.37	20395.79	9.80
	占比	2.25%	76.94%	20.84%	100%
	隐含碳排放量	16280.68	693914.06	156780.84	86.70
	占比	1.88%	80.38%	18.08%	100%
2010 年	直接碳排放量	1968.26	74731.55	18555.96	9.53
	占比	2.07%	78.45%	19.48%	100%
	隐含碳排放量	15992.18	829141.85	174360.54	101.95
	占比	1.57%	81.33%	17.10%	100%
2012 年	直接碳排放量	2730.38	82722.09	27015.26	11.25
	占比	2.43%	73.55%	24.02%	100%
	隐含碳排放量	24286.30	866063.46	204940.68	109.53
	占比	1.96%	79.07%	18.71%	100%
2015 年	直接碳排放量	2406.25	87717.19	29791.36	11.99
	占比	2.01%	73.15%	24.84%	100%
	隐含碳排放量	18719.89	1028380.37	243129.15	129.02
	占比	1.45%	79.71%	18.84%	100%

数据来源：根据前述相关公式及数据整理计算所得。

表 2-9　贸易开放下中国三次产业部门直接碳排放和隐含碳排放变化趋势

各类碳排放量		直接碳排放量		隐含碳排放量	
		增量（万吨）	增速（%）	增量（万吨）	增速（%）
2005 年较 2002 年	第一产业	468.39	21.99	-1151.49	-5.67
	第二产业	21087.18	37.12	230061.89	67.30
	第三产业	8294.43	64.74	55783.19	54.11
2007 年较 2005 年	第一产业	-397.03	-15.28	-2859.62	-14.94
	第二产业	-2460.84	-3.16	122016.01	21.34
	第三产业	-710.05	-3.36	-2100.67	1.32
2010 年较 2007 年	第一产业	-233.48	-10.60	-288.50	-1.77
	第二产业	-704.82	-0.93	135227.79	19.49
	第三产业	-1839.83	-9.02	17579.70	11.21
2012 年较 2010 年	第一产业	762.12	38.72	8294.12	51.86
	第二产业	7990.54	10.69	36921.61	4.45
	第三产业	8459.30	45.59	30580.14	17.54
2015 年较 2012 年	第一产业	-324.13	-11.87	-5566.40	-22.92
	第二产业	4995.10	6.04	162316.91	18.74
	第三产业	2776.10	10.27	38188.47	18.63

数据来源：根据前述相关公式及数据整理计算所得。

第五节　本章小结

中国自 2001 年 12 月正式加入世界贸易组织（WTO）以来，进出口总额从 2002 年的 51378.20 亿元飙升到 2015 年的 245502.93 亿元，14 年间进出口总量攀升了 4.78 倍，年均增长率高达 12.79%。在我国对外经贸快速增长的同时，中国碳排放也在增加，究其原因主要是中国经济以及对外贸易高速增长是以快速增加的能源消费作为支撑的，而能源尤其是煤炭等化石能源消费是导致 CO_2 排放的主要元凶。随着我国经济快速发展，各产业部门生产过程中中间投入部分的进口产品也在不断增加，但这部分产品产生的 CO_2 并未在我国发生，若这部分碳排放计算在我国碳排放中，无疑会增加我国碳排放总量。基于此，本章利用 2002 年、2005 年、2007 年、2010 年、2012 年以及 2015 年投入产出表和投入产出延长表，构建出非竞争型投入产出隐含碳排放模型，运用 Matlab7.0 计量软件进行了实证研究，较为准确测度开放经济下我国各个产业部门隐含碳排放的动态变化情况。研究结果如下：

一、总体视角

第一，我国分产业部门总的隐含碳排放量在 6 年研究期间呈现持续增长态势，分别达到 46.52 亿吨、74.99 亿吨、86.70 亿吨、101.95 亿吨、109.53 亿吨和 129.02 亿吨，年均增长率高达 22.63%。2005 年隐含碳排放较 2002 年增速为 61.20%；2007 年较 2005 年增速为 15.62%；2010 年较 2007 年增速为 17.59%；2012 年较 2010 年增速为 7.44%；2015 年较 2012 年增速为 17.79%，可见我国产业部门隐含碳排放在前 5 年的增速是在逐渐递减的，虽然我国隐含碳排放量和直接碳排放量都在不断增加，但各自的增长率却是在逐渐减少，这说明我国在控制碳排放的快速增长上取得了一定效果，有效阻止了碳排放的高速增长；第二，所有产业部门总的完全碳排放强度在这 6 年中呈逐渐下降趋势，2002 年，所有行业完全碳排强度为 3.14；2005 年所有行业完全碳排放强度为 3.01；2007 年所有行业完全碳排放强度为 2.56；2010 年所有行业完全碳排放强度为 2.03；2012 年所有行业完全碳排放强度为 1.67；2015 年所有行业完全碳排放强度已经降到 1.58。由逐渐下降的完全碳排放强度可看出我国碳减排效果显著。

二、28 个产业部门的视角

第一，我国产业部门隐含碳主要集中在建筑业，其他服务业和通用、专用设备制造业等 10 个产业部门，这 6 年间，这 10 个部门的隐含碳排放量之和在隐含碳排放总量中占比依次分别为 77.18%、73.79%、76.64%、80.51%、80.59%和82.13%。另外，从隐含碳排放增量和增速的角度看，其变化差异大，但是，总体上来看，随着我国不断推进低碳经济的发展，隐含碳排放增速不断下降、排放量不断减少的部门逐渐增加，节能减排措施凸显成效；第二，除 2007 年相较 2005 年、2012 年相较 2010 年外，绝大多数产业部门（2005 年较 2002 年共 24 个，2010 年较 2007 年共 20 个，2015 年较 2012 年共 21 个）的隐含碳排放呈现递增的态势，其中增速较大的产业部门几乎全部集中在第二产业，究其原因是第二产业作为国民经济的命脉，工业的发展又离不开大量能源消耗，进而造成了大量的碳排放。从增量角度看，除 2007 年相较 2005 年、2012 年相较 2010 年外，绝大多数产业部门（2005 年较 2002 年共 24 个，2010 年较 2007 年共 20 个，2015 年较 2012 年共 21 个）的隐含碳排放不断增加。

三、三次产业的视角

第一，在隐含碳排放位于前十的行业中，由于第二产业是国民经济的支柱产业，因此，其中的通用、专用设备制造业，电力、热力的生产和供应业，化学工业等隐含碳比重在 6 年的研究中均位于前十。而第三产业中的交通运输、仓储及邮政业和其他服务业也均位于前十，造成这两者的隐含碳排放较高的原因是它们属于第三产业，位于产业链底端，是大多中间投入产品的最终消费终端，其测量计算出来的隐含碳包括从最初的原料开采到制成品生产制造全过程中排放的 CO_2 量；第二，在这 6 年中，第二产业不管是直接碳排放，还是隐含碳排放，其值都是最大的，原因在于第二产业碳排放强度较大以及我国现在表现为"二三一"格局的产业结构。第二产业总产出相对较大，故其总的碳排放量也较大，每年的碳排放量占比都超过了70%，这也说明第二产业还有很大的减排空间，这也为未来中国进一步减小碳排放指明了方向。

第三章 贸易开放下我国产业部门隐含碳排放的关联效应

产业部门作为碳排放的主要源头，肩负着节能减排的重要责任[1]。有实践表明：优化产业结构有利于减缓 CO_2 的排放，因此，产业结构调整成为各国碳减排的重要选择之一。经济系统内部产业互相关联，整个经济系统会受某个产业调整的影响。因此，中国在利用调整优化产业结构来减少碳排放时，清楚地知道每一个产业部门和三次产业的影响力系数和感应度系数究竟在中国经济发展中发挥着怎样的作用以及每一个产业部门和三次产业隐含碳排放的影响力系数和感应度系数对其他的产业部门又会产生怎样的影响就显得十分重要，了解各个产业部门的关联性，便可以最大可能地防范因某个产业调整引起的整体波动，进而才更有利于节能减排，从而促进经济社会的可持续发展。基于此，本章基于我国 2002 年、2005 年、2007 年、2010 年、2012 年以及 2015 年投入产出数据以及相关基础数据用以计算我国各产业部门和三次产业的影响力系数和感应度系数，同时测算我国各产业部门和三次产业隐含碳排放的影响力系数和感应度系数，以期为相关职能部门提供产业部门及其碳排放的关联性，进而为利用产业结构调整优化来降低碳排放提供

---

[1] 钱明霞：《产业部门关联碳排放及责任的实证研究》，江苏大学，博士学位论文，2015 年。

数据支撑。

第一节　产业关联的内涵界定

1936 年，美国著名经济学家 Leontief 在其发表的学术论文《美国经济制度中投入产出数量关系》中提出了产业关联[①]。所谓产业关联就是指产业与产业之间通过产品供需而形成的相互关联、相互依存和相互协作的内在联系，产业关联可以分别由影响力系数和感应度系数来测量和评估[②③④⑤]。关联度分为前向关联程度和后向关联程度。前向关联程度主要是反映主导产业部门与作为主导产业部门生产要素的产业之间的联系程度。通常情况下以影响力系数来反映，是列昂惕夫逆矩阵的列元素之和除以全部产业各列系数和的均值。后向关联程度主要是反映了主导产业部门与把主导产业作为最终使用的产业之间的联系程度，一般而言以感应度系数来反映，是列昂惕夫逆矩阵的行元素之和除以全部产业各行系数和的均值[⑥⑦]。

---

① Leontief W., "Quantitative Input and Output Relations in Economics of United States", *Review of Economic Statics*, Vol. 3 No. 8（1936），pp. 105-125.

② 李峰：《产业关联测度及其应用研究》，《山西财经大学学报》2007 年第 11 期，第 34—39 页。

③ 董伶俐：《河南吸引外商直接投资的决定因素分析》，《经济经纬》2008 年第 9 期，第 61—63 页。

④ 尚天成、黄斌：《房地产业与旅游产业关联度省域差异研究》，《山东建筑大学学报》2013 年第 1 期，第 22—26 页。

⑤ 邵丹萍、严先锋：《产业关联互动视角下的商品专业市场发展——基于台州市路桥区的实证研究》，《山东工商学院学报》2014 年第 1 期，第 14—20 页。

⑥ 牟锐、朱伟：《基于 UML 的主导产业关联分析模型研究》，《科技进步与对策》2007 年第 4 期，第 98—101 页。

⑦ 席雪红：《基于感应度系数和影响力系数的主导产业选择研究——以河南省为例》，《探索》2012 年第 3 期，第 120—123 页。

一、产业影响力系数

影响力系数主要反映的是当国民经济某一产业部门增加一个单位最终使用时，对国民经济各产业部门所产生的生产需求波及程度①②③④⑤⑥。当产业部门的影响力系数>1时，表示某一产业部门生产对其他产业部门所产生的波及影响程度超过了社会平均影响水平；当产业部门的影响力系数=1时，表示某一产业部门生产对其他部门所产生的波及影响程度等于社会平均影响水平；当产业部门的影响力系数<1时，表示某一产业部门生产对其他部门所产生的波及影响程度低于社会平均影响水平⑦⑧⑨⑩。

二、产业感应度系数

感应度系数主要是反映国民经济各产业部门均增加一个单位最终使用

---

① 包妍平：《我国产业间技术经济联系分析》，《合作经济与科技》2005年第7期，第56—57页。

② 张立柱：《区域产业结构动态性评价与应用研究》，山东科技大学，博士学位论文，2007年。

③ 陈伟达、金立军：《生产者服务业区域发展及其与其他行业互动发展研究——基于投入产出表分析》，《软科学》2009年第10期，第17—22页。

④ 张晓军、侯汉坡、吴雁军：《基于水资源利用的北京市第三产业结构优化研究》，《北京交通大学学报》（社会科学版）2010年第1期，第19—23页。

⑤ 苏卉：《现代服务业的产业关联与波及效应研究》，《河南理工大学学报》（社会科学版）2011年第2期，第161—165页。

⑥ 李欣婷、胡永进、李秋淮：《安徽物流业投入产出分析及政策建议》，《江淮论坛》2012年第5期，第70—75页。

⑦ 朱洪倩、耿弘：《基于产业关联分析的主导产业（群）选择研究——以浙江制造业为例》，《科研管理》2007年第4期，第155—161页。

⑧ 金梅、张红：《影响力系数、感应度系数与主成分分析方法比较研究——以甘肃省产业关联度为例》，《甘肃社会科学》2010年第4期，第89—91页。

⑨ 张艳、李光明：《投入产出表视角下的兵团经济状况分析》，《新疆农垦经济》2011年第6期，第47—50、88页。

⑩ 栾维新、片峰、杜利楠等：《河北钢铁产业调整的波及效应及节能减排研究》，《中国人口·资源与环境》2014年第12期，第96—102页。

时，某一产业部门由此而受到的需求感应程度①②③④。当产业部门感应度系数>1 时，表示某一产业部门受到的感应程度高于社会平均感应度水平；当产业部门感应度系数=1 时，表示某一产业部门受到的感应程度等于社会平均感应度水平；当产业部门感应度系数<1 时，表示某一产业部门受到的感应程度低于社会平均感应度水平⑤⑥。

第二节　影响力系数与感应度系数的度量

一、竞争型投入产出的产业影响力系数与感应度系数

（一）影响力系数计算公式

影响力系数主要是反映国民经济某一产业部门增加一个单位最终使用时，对国民经济各个产业部门所产生的生产需求波及程度⑦⑧⑨，假设影响力系数为 F_j，其计算公式为：

---

①　庄起善:《世界经济新论》，复旦大学出版社 2001 版。

②　唐晓华、李绍东:《中国装备制造业与经济增长实证研究》，《中国工业经济》2010 年第 12 期，第 27—36 页。

③　张瑾、陈丽珍、陈海波:《江苏省生产性服务业的产业关联研究》，《科技管理研究》2011 年第 1 期，第 75—78 页。

④　路琪、石艳:《生态文明视角下旅游投资效益评估体系的构建》，《宏观经济研究》2013 年第 7 期，第 39—48、111 页。

⑤　卞祖武、吴翔、唐奕:《上海市各产业间技术经济联系的分析》，《上海财经大学学报》2000 年第 10 期，第 36—41 页。

⑥　姚丽、孙苏、尚卫平等:《从产业结构关联看江苏省产业结构的调整方向》，《工业技术经济》2011 年第 8 期，第 21—26 页。

⑦　崔维军、李博然:《制造业对区域经济增长的贡献:基于江苏省投入产出表的实证分析》，《统计与决策》2009 年第 14 期，第 117—119 页。

⑧　张晓军、侯汉坡、徐栓凤:《基于水资源优化配置的北京市第二产业结构调整研究》，《北京工业大学学报》(社会科学)2009 年第 4 期，第 12—18 页。

⑨　李智玲:《会展业的带动效应研究》，《经济管理》2011 年第 6 期，第 125—131 页。

$$F_j = \frac{\sum\limits_{i=1}^{n} \bar{b}_{ij}}{\frac{1}{n}\sum\limits_{i=1}^{n}\sum\limits_{j=1}^{n} \bar{b}_{ij}} \quad (j=1, \ 2, \ \cdots, \ n-1, \ n) \tag{3.1}$$

其中，$\sum\limits_{i=1}^{n} \bar{b}_{ij}$ 为列昂惕夫逆矩阵的第 j 列之和，表示 j 部门增加一个单位最终产品，对国民经济各部门产品的完全需求量，$\frac{1}{n}\sum\limits_{i=1}^{n}\sum\limits_{j=1}^{n} \bar{b}_{ij}$ 为列昂惕夫逆矩阵的列和的算数平均值。如果某一部门对其他部门的中间产品需求越大，则该部门的影响力越大[①]，故常用来分析产业部门的后向关联度，即该部门对其他部门的拉动作用。显然，当影响力系数 F_j 越大，表示第 j 部门对其他部门的拉动作用越大[②][③][④]。若把国民经济中全部产业部门的影响力系数在计算出来之后进行排序，排名位于前列的产业就是支柱产业[⑤]。

（二）感应度系数计算公式

1. 传统的感应度系数。感应度系数是反映国民经济各部门均增加一个单位最终使用时，某一部门由此而受到的需求感应程度[⑥][⑦][⑧][⑨]，假设感应度

① 朱宗尧、李宁、王建会:《上海现代信息服务业关联效应与波及效应研究——基于投入产出模型的实证分析》,《上海经济研究》2012 年第 9 期，第 43—54 页。

② 王燕、王哲:《基于投入产出模型的新疆旅游业产业关联及产业波及分析》,《干旱区资源与环境》2008 年第 5 期，第 112—117 页。

③ 李鑫、胡麦秀:《基于动态 I-O 模型的中国渔业双向产业关联分析》,《广东农业科学》2010 年第 4 期，第 181—185 页。

④ 金永成:《生产者服务业发展的知识化问题——基于上海投入产出表的实证分析》,《中国流通经济》2012 年第 5 期，第 100—105 页。

⑤ 沈利生、吴振宇:《出口对中国 GDP 增长的贡献——基于投入产出表的实证分析》,《经济研究》2003 年第 11 期，第 33—41 页，第 70—92 页。

⑥ 庄起善:《世界经济新论》，复旦大学出版社 2001 年版。

⑦ 唐晓华、李绍东:《中国装备制造业与经济增长实证研究》,《中国工业经济》2010 年第 12 期，第 27—36 页。

⑧ 谢姝琳、房俊峰:《生产性服务业产业关联效应:基于投入产出的分析》,《燕山大学学报》(哲学社会科学版)2011 年第 2 期,第 98—102 页。

⑨ 庄立、刘洋、梁进社:《论中国自然资源的稀缺性和渗透性》,《地理研究》2011 年第 8 期，第 1351—1360 页。

系数为 E_i，其计算公式为：

$$E_i = \frac{\sum_{j=1}^{n} \bar{b}_{ij}}{\frac{1}{n} \sum_{i=1}^{n} \sum_{j=1}^{n} \bar{b}_{ij}}\qquad\qquad(3.2)$$

其中，$\sum_{j=1}^{n} \bar{b}_{ij}$ 为列昂惕夫逆矩阵的第 i 行之和，反映当国民经济各部门均增加一个单位最终使用时，对 i 部门的产品的完全需求；$\frac{1}{n} \sum_{i=1}^{n} \sum_{j=1}^{n} \bar{b}_{ij}$ 为列昂惕夫逆矩阵的行和的算数平均值，反映当国民经济各部门均增加一个单位最终使用时，对全体经济部门产品的完全需求均值[1][2][3][4][5]。显然，当感应度系数越大，表示第 i 部门对其他部门的支撑作用越大。若把国民经济中全部产业部门的感应度系数在计算出来之后进行排序，排名位于前面的产业就是瓶颈产业。瓶颈产业会制约经济的发展，扩大瓶颈产业的供给就可以推动整个经济更快地发展[6][7]。

2. 改进的感应度系数。列昂惕夫逆矩阵的元素能否横向相加成为传统感应度系数计算公式的争议点。刘起运[8]认为可用完全供给系数矩阵 $\bar{D}$ 的行

①　郝晓燕、巩芳：《我国乳业产业关联分析——基于 2007 年中国投入产出表》，《内蒙古财经学院学报》2011 年第 2 期，第 80—84 页。

②　马翠萍：《产业关联视角下的碳关税征收对我国产业经济的影响》，《科技进步与对策》2012 年第 7 期，第 83—87 页。

③　张靖：《我国关键产业部门的识别及产业转型思考》，《中国商贸》2012 年第 30 期，第 227—229 页。

④　宋芳、冯等田：《甘肃经济低增长问题与开放型经济发展》，《甘肃社会科学》2013 年第 3 期，第 211—213 页。

⑤　栾维新、片峰、杜利楠等：《河北钢铁产业调整的波及效应及节能减排研究》，《中国人口·资源与环境》2014 年第 12 期，第 96—102 页。

⑥　沈利生、吴振宇：《出口对中国 GDP 增长的贡献——基于投入产出表的实证分析》，《经济研究》2003 年第 11 期，第 33—41 页，第 70—92 页。

⑦　唐宜红、杨琦：《北京市对外贸易商品结构合理度的实证研究》，《国际经贸探索》2007 年第 9 期，第 48—54 页。

⑧　刘起运：《关于投入产出系数结构分析方法的研究》，《统计研究》2002 年第 2 期，第 40—42 页。

向分析来替代传统感应度系数的分子 $\bar{B}$ 矩阵。完全供给系数 $\bar{D}$ 矩阵对应元素 $\bar{d}_{ij}$ 表示的经济含义是第 j 部门产品的一个单位初始投入对第 i 部门产品的完全供给量，它包括两部分，第一是 i 部门产品对 j 部门产品的完全分配量，第二是 i 部门产品自身增加的一个初始投入量，而 $\bar{D}$ 矩阵同一行元素相加求和表示的经济含义则是第 i 部门产品一个单位初始投入对所有部门产品的完全供给量，即对国民经济整体的推动力[1][2]。完全分配系数 D 的计算公式为：

$$D = (I-H)^{-1}-I \tag{3.3}$$

其中：
$$H=\begin{bmatrix} h_{11} & h_{12} & \cdots & h_{1n} \\ h_{21} & h_{22} & \cdots & h_{2n} \\ \vdots & \vdots & & \vdots \\ h_{n1} & h_{n2} & \cdots & h_{nn} \end{bmatrix}$$
为直接分配系数矩阵，$h_{ij}=\dfrac{x_{ij}}{X_i}$（$i$, j=1, 2, $\cdots$, $n-1$, n）表示第 j 部门消耗的第 i 种中间产品在第 i 种产品总产出中所占比例，完全分配系数 D 对应的元素 d_{ij} 表示的经济含义是第 i 产品部门的一个单位的初始投入向第 j 部门提供的完全分配量[3]。完全分配系数 D 延伸后得到完全供给系数 $\bar{D}$，计算公式为：

$$\bar{D} = (I-H)^{-1} \tag{3.4}$$

在此，我们将完全供给系数矩阵 $\bar{D}$ 引入传统的感应度系数之中，用 $\bar{d}_{ij}$ 替代原有的，于是经过修订后的新的感应度系数 E_i^* 计算公式变为：

$$E_i^* = \frac{\sum_{j=1}^{n}\bar{d}_{ij}}{\frac{1}{n}\sum_{i=1}^{n}\sum_{j=1}^{n}\bar{d}_{ij}} \tag{3.5}$$

① 王燕、宋辉：《影响力系数和感应度系数计算方法的探析》，《价值工程》2007 年第 4 期，第 40—42 页。
② 贺丹、黄涛、姜友雪：《产业结构低碳转型的主导产业选取与发展策略》，《宏观经济研究》2016 年第 11 期，第 131—141 页，第 175 页。
③ 贺丹、黄涛、姜友雪：《产业结构低碳转型的主导产业选取与发展策略》，《宏观经济研究》2016 年第 11 期，第 131—141 页，第 175 页。

其中，$\sum\limits_{j=1}^{n}\bar{d}_{ij}$为完全供给系数矩的第$i$行之和，反映当国民经济各部门均增加一个单位最终使用时，对i部门的产品的完全需求；$\sum\limits_{i=1}^{n}\sum\limits_{j=1}^{n}\bar{d}_{ij}$为完全供给系数矩阵的行和的算术平均值，反映当国民经济各部门均增加一个单位最终使用时，对全体经济部门产品的完全需求均值①②③④⑤⑥⑦。

二、非竞争型投入产出的产业影响力系数与感应度系数

利用影响力系数计算公式（3.1）以及本书第二章中非竞争型隐含碳排放模型构建部分的考虑进口中间投入的国内列昂惕夫逆矩阵公式，我们即可求得在非竞争型投入产出表中的新的影响力系数计算公式为：

$$F_j^d = \frac{\sum\limits_{j=1}^{n}\bar{d}_{ij}^{\,d}}{\frac{1}{n}\sum\limits_{i=1}^{n}\sum\limits_{j=1}^{n}\bar{d}_{ij}^{\,d}} \quad (j=1, 2, \cdots, n-1, n) \tag{3.6}$$

借鉴本书第二章中非竞争型隐含碳排放模型构建部分的进口中间投入的国内直接消耗系数矩阵的思想，国内直接分配系数矩阵$H^d = (I-M) H$，国内完全供给系数矩阵变为：

————————

①　庄立、刘洋、梁进社：《论中国自然资源的稀缺性和渗透性》，《地理研究》2011年第8期，第1351—1360页。

②　马翠萍：《产业关联视角下的碳关税征收对我国产业经济的影响》，《科技进步与对策》2012年第7期，第83—87页。

③　张靖：《我国关键产业部门的识别及产业转型思考》，《中国商贸》2012年第30期，第227—229页。

④　翁钢民：《我国旅游业产业波及线路与效应研究》，《企业经济》2013年第6期，第5—8页。

⑤　陈君、高晓杰、张跃文：《黑龙江省主导产业的选择和调整方向》，《统计与咨询》2013年第3期，第4—6页。

⑥　黄鲁成、张静、吴菲菲：《战略性新兴产业的全局性评价指标及标准》，《统计与决策》2013年第5期，第34—37页。

⑦　蔡之兵：《产业匹配容易度、城市产业结构与增长极效应差异——以京沪与周边区域发展关系为例》，《首都经济贸易大学学报》2018年第2期，第83—91页。

$$\overline{D^d}=\left(I-H^d\right)^{-1}=\begin{bmatrix} \overline{d_{11}^{\ d}} & \overline{d_{12}^{\ d}} & \cdots & \overline{d_{1n}^{\ d}} \\ \overline{d_{21}^{\ d}} & \overline{d_{22}^{\ d}} & \cdots & \overline{d_{2n}^{\ d}} \\ \vdots & \vdots & \cdots & \vdots \\ \overline{d_{n1}^{\ d}} & \overline{d_{n2}^{\ d}} & \cdots & \overline{d_{nn}^{\ d}} \end{bmatrix}$$

$$(3.7)$$

利用改进的感应度系数计算公式（3.5）以及考虑进口中间投入的国内完全供给系数矩阵公式（3.7），我们即可求得在非竞争型投入产出表中的新的感应度系数计算公式为：

$$E_i=\frac{\sum\limits_{j=1}^{n}\bar{d}_{ij}}{\dfrac{1}{n}\sum\limits_{i=1}^{n}\sum\limits_{j=1}^{n}\bar{d}_{ij}} \quad (i=1,\ 2,\ \cdots,\ n-1,\ n)$$

$$(3.8)$$

第三节　我国产业部门隐含碳排放的影响力和感应度系数指标构建

一、我国产业部门隐含碳排放的影响力系数

借鉴上述影响力系数的思想内涵，利用公式（3.6）以及本书第二章中非竞争型隐含碳排放模型构建的完全碳排放系数公式（2.12），则可知中国产业部门隐含碳排放的影响力系数计算公式为：

$$FC_j^d=\frac{\sum\limits_{j=1}^{n}F_i\times\bar{d}_{ij}^{\ d}}{\dfrac{1}{n}\sum\limits_{i=1}^{n}\sum\limits_{j=1}^{n}\left(Fi\times\bar{d}_{ij}^{\ d}\right)} \quad (j=1,\ 2,\ \cdots,\ n-1,\ n)$$

$$(3.9)$$

隐含碳排放影响力系数的经济含义如下：国民经济某一产业部门增加一个单位最终使用时，对国民经济各产业部门所产生的生产需求而引致隐含碳排放的波及程度，即该产业部门对其他部门隐含碳排放的拉动作用[1]。当

①　胡剑波、周葵、安丹:《开放经济下中国产业部门及其 CO_2 排放的关联度分析——基于投入产出表的实证研究》,《中国经济问题》2014 年第 4 期, 第 49—60 页。

$FC_j^d>1$ 时，表示第 j 部门的生产对其他部门所产生隐含碳排放的波及影响程度超过社会平均隐含碳排放影响水平；当 $FC_j^d=1$ 时，表示第 j 部门的生产对其他部门所产生隐含碳排放的波及影响程度等于社会平均隐含碳排放影响水平；当 $FC_j^d<1$ 时，表示第 j 部门的生产对其他部门所产生隐含碳排放的波及影响程度低于社会平均隐含碳排放影响水平。显然，当隐含碳排放影响力系数 FC_j^d 越大，表示第 j 部门对其他部门引致的隐含碳排放的拉动作用越大[1][2]。

二、我国产业部门隐含碳排放的感应度系数

同理，利用公式（3.8）以及本书第二章中非竞争型隐含碳排放模型构建的完全碳排放系数公式（2.12），可求得中国产业部门 CO_2 排放的感应度系数 EC_i^{*d} 计算公式为：

$$EC_i^{*d}=\frac{\sum_{j=1}^{n}\bar{d_{ij}^{d}}\times F_i}{\frac{1}{n}\sum_{i=1}^{n}\sum_{j=1}^{n}(d_{ij}^{d}\times \bar{F_i})} \quad (i=1,2,\cdots,n-1,n) \tag{3.10}$$

隐含碳排放感应度系数的经济含义如下：国民经济各部门均增加一个单位最终使用时，某一部门由此而受到需求而产生的 CO_2 排放的感应程度，即该产业部门产生隐含碳排放对其他部门的支撑作用[3][4][5]。当 $EC_i^{*d}>1$ 时，表示第 i 部门受到的隐含碳排放感应程度高于社会平均隐含碳排放感应度水平；

---

① 张靖：《我国关键产业部门的识别及产业转型思考》，《中国商贸》2012 年第 30 期，第 227—229 页。

② 胡剑波、周葵、安丹：《开放经济下中国产业部门及其 CO_2 排放的关联度分析——基于投入产出表的实证研究》，《中国经济问题》2014 年第 4 期，第 49—60 页。

③ 栾维新、片峰、杜利楠等：《河北钢铁产业调整的波及效应及节能减排研究》，《中国人口·资源与环境》2014 年第 12 期，第 96—102 页。

④ 胡剑波、周葵、安丹：《开放经济下中国产业部门及其 CO_2 排放的关联度分析——基于投入产出表的实证研究》，《中国经济问题》2014 年第 4 期，第 49—60 页。

⑤ 严春晓、刘昊芝、李含悦等：《基于改进关联方法的河北省农产品加工主导产业选择》，《农业工程学报》2018 年第 11 期，第 268—277 页。

当 $EC_i^{*d}=1$ 时，表示第 i 部门受到的隐含碳排放感应程度等于社会平均隐含碳排放感应度水平；当 $EC_i^{*d}<1$ 时，表示第 i 部门受到的隐含碳排放感应程度低于社会平均隐含碳排放感应度水平。显然，当隐含碳排放感应度系数 EC_i^{*d} 越大，表示第 i 部门产生的隐含碳排放对其他部门的支撑作用越大①②。

第四节　数据来源及处理

为了保证数据资料详细、统一性以及可信度，本章研究分析主要以 2002 年、2005 年、2007 年、2010 年、2012 年以及 2015 年的《投入产出表》和《投入产出延长表》与 2002 年、2005 年、2007 年、2010 年、2012 年和 2015 年各产业部门能源消费量为基础，并辅以 2002 年、2005 年、2007 年、2010 年、2012 年和 2015 年进口部门数据，用于测算贸易开放下我国经济发展中产业部门隐含碳排放以及随时间变化的趋势。这些《投入产出表》和《投入产出延长表》来源于国家统计局国民经济核算司（2006 年、2009 年、2011 年、2013 年、2015 年和 2018 年），《中国统计年鉴》来源于国家统计局（2003 年、2006 年、2008 年、2011 年、2013 年和 2016 年）。其中：《投入产出表》《投入产出延长表》《中国统计年鉴》均以国民经济行业分类标准为依据和基础对能源消耗的行业进行分类，但是两者之间稍微存在一定偏差，为了使不同产业部门类型之间的口径统一以及达到方便处理数据的目的，文章最终将产业部门划分为 28 类，具体分类详见本书第二章表 2-3 和附表 1。

---

① 张靖：《我国关键产业部门的识别及产业转型思考》，《中国商贸》2012 年第 30 期，第 227—229 页。

② 胡剑波、周葵、安丹：《开放经济下中国产业部门及其 CO_2 排放的关联度分析——基于投入产出表的实证研究》，《中国经济问题》2014 年第 4 期，第 49—60 页。

第五节　实证结果与分析

一、 我国产业部门隐含碳排放的影响力系数分析

1. 贸易开放下我国产业部门影响力系数测算结果见表 3-1。在 2002 年、2005 年、2007 年、2010 年、2012 年以及 2015 年我国经济发展中产业影响力系数大于 1 的产业部门的个数分别为：16 个、15 个、14 个、17 个、15 个和 14 个。在整个研究期间产业影响力系数大于 1 的个数变化不大，主要是因为我国国民经济基本呈现出稳步发展，没有较大的经济波动。其中，在 2002 年，我国产业部门影响力系数排在前五位的分别为金属制品业（数值为 1.1807），交通运输设备制造业（数值为 1.1492），纺织服装鞋帽皮革羽绒及其制品业（数值为 1.1419），建筑业（数值为 1.1405）以及金属冶炼及压延加工业（数值为 1.1377）；在 2005 年，我国产业部门影响力系数排在前五位的分别为交通运输设备制造业（数值为 1.1675），金属制品业（数值为 1.1555），电气机械及器材制造业（数值为 1.1279），木材加工及家具制造业（数值为 1.1212）以及纺织业（数值为 1.1185）；在 2007 年，我国产业部门影响力系数排在前五位的分别为纺织服装鞋帽皮革羽绒及其制品业（数值为 1.1954），交通运输设备制造业（数值为 1.1898），纺织业（数值为 1.1870），金属制品业（数值为 1.1841）以及电气机械及器材制造业（数值为 1.1733）；在 2010 年，我国产业部门影响力系数排在前五位的分别为纺织服装鞋帽皮革羽绒及其制品业（数值为 1.2015），金属制品业（数值为 1.1899），电气机械及器材制造业（数值为 1.1830），交通运输设备制造业（数值为 1.1783）以及木材加工及家具制造业（数值为 1.1687）；在 2012 年，我国产业部门影响力系数排在前五位的分别为纺织服装鞋帽皮革羽绒及其制品业（数值为 1.2207），纺织业（数值为 1.2098），电气机械及器材制

造业（数值为 1. 2067），金属制品业（数值为 1. 1920）以及交通运输设备制造业（数值为 1. 1892）；在 2015 年，我国产业部门影响力系数排在前五位的分别为农业（数值为 1. 1689），煤炭采选业（数值为 1. 1678），石油和天然气开采业（数值为 1. 1490），金属矿采选业（数值为 1. 1333）以及非金属矿和其他矿采选业（数值为 1. 1300）。

　　通过表 3-1，我们可以发现我国产业部门影响力系数大于 1 的行业主要集中在第二产业，并且以制造业居多。这说明工业特别是制造业对社会生产具有较大的辐射力，对国民经济整体发展具有明显促进作用①。第一产业（农业）影响力系数全部小于 1，并且在这 6 年一直处于 28 个产业部门影响力系数的最后 3 名之内，说明第一产业（农业）对社会辐射能力相对较弱，这主要是因为我国农业生产方法较为传统，机械化程度不高，对其他部门需求较小，且农产品更多是作为消费品直接进入最终产品市场②。第三产业影响力系数在这 6 年中都小于 1 且全部小于第一产业影响力系数，由此可看出我国第三产业对其他产业的影响力小于社会平均水平。原因在于第三产业发展相对比较薄弱和滞后，对其他产业影响力还未完全发挥出来③。

　　2. 贸易开放下我国产业部门隐含碳排放影响力系数测算结果见表 3-1。在 2002 年、2005 年、2007 年、2010 年、2012 年以及 2015 年我国经济发展中的产业隐含碳排放影响力系数大于 1 的产业部门的个数分别为：13 个、15 个、14 个、14 个、13 个、12 个，并且这些部门主要集中在第二产业。其中，2002 年，我国产业部门隐含碳的影响力系数排在前五位的产业部门分别为电力、热力的生产和供应业（数值为 2. 1087），石油、炼焦及核燃料加工业（数值为 1. 8979），燃气生产和供应业（数值为 1. 8113），金属冶炼及压

---

① 蒋燕、胡日东:《中国产业结构的投入产出关联分析》,《上海经济研究》2005 年第 11 期, 第 46—52 页。

② 王丽、徐永辉:《我国产业结构的关联效应研究——基于 2007 年我国投入产出表的分析》,《价值工程》2012 年第 20 期, 第 192—195 页。

③ 徐大丰:《低碳经济导向下的产业结构调整策略研究——基于上海产业关联的实证研究》,《华东经济管理》2010 年第 10 期, 第 6—9 页。

延加工业（数值为1.6322）以及非金属矿物制品业（数值为1.3733）；2005年，我国产业部门隐含碳的影响力系数排在前五位的产业部门分别为电力、热力的生产和供应业（数值为1.8986），金属冶炼及压延加工业（数值为1.6551），石油、炼焦及核燃料加工业（数值为1.6329），燃气生产和供应业（数值为1.5223）以及非金属矿物制品业（数值为1.3810）；2007年，我国产业部门隐含碳的影响力系数排在前五位的产业部门分别为电力、热力的生产和供应业（数值为2.6513），金属冶炼及压延加工业（数值为1.4666），石油、炼焦及核燃料加工业（数值为1.3947），非金属矿物制品业（数值为1.3428）以及金属制品业（数值为1.3428），其中：非金属矿物制品业与金属制品业并列第四位；2010年，我国产业部门隐含碳的影响力系数排在前五位的产业部门分别为电力、热力的生产和供应业（数值为2.5522），金属冶炼及压延加工业（数值为1.4740），金属制品业（数值为1.4141），非金属矿物制品业（数值为1.3867）以及石油、炼焦及核燃料加工业（数值为1.3547）；2012年，我国产业部门隐含碳的影响力系数排在前五位的产业部门分别为电力、热力的生产和供应业（数值为2.9366），金属冶炼及压延加工业（数值为1.5511），金属制品业（数值为1.4216），非金属矿物制品业（数值为1.4126）以及石油、炼焦及核燃料加工业（数值为1.3444）；2015年，我国产业部门隐含碳的影响力系数排在前五位的产业部门分别为电力、热力的生产和供应业（数值为2.7365），金属冶炼及压延加工业（数值为1.7870），石油、炼焦及核燃料加工业（数值为1.7048），金属制品业（数值为1.3983）以及非金属矿物制品业（数值为1.3181）。

电力、热力的生产和供应业在整个研究期间的隐含碳排放影响力系数一直高居第一位，主要是因为该产业在这6年的完全碳排放强度一直处于第一位，都达到了两位数，但是该产业影响力系数都在十名之后（除2015年），并且其隐含碳排放影响力系数都是其产业影响力系数的两倍多。这说明，该产业的影响力远远低于其隐含碳排放的影响力。石油、炼焦及核燃料加工业的隐含碳排放影响力系数在这6年内一直居于前五位，究其原因是该产业的完全碳排放强度在这6年一直处于第二位，其产业影响力系数一直居于十五位之后，并且前者基本是后者的1.5倍。在短期对产业影响力系数小且隐含碳排放的影响力系数较大的产业部门进行调整可有效降低碳排放量，促进经济稳定增长（徐大丰，2010），因此上述两个产业部门可以作为重点行业进行调整。第一产业（农业）的隐含碳影响力系数在这6年中全部是小于1的，并且其完全碳排放系数在28个产业部门中都是处于后两位的，可见第一产业隐含碳排放影响力对其他产业的隐含碳排放影响程度较小。第三产业的隐含碳排放影响力系数也都是小于1的，但是第三产业中的交通运输、仓储及邮政业的隐含碳排放影响力系数大于第三产业中的批发零售业及餐饮业和其他服务业，原因在于交通运输、仓储及邮政业的发展需要较多第二产业的直接投入。

表 3-1　贸易开放下中国 28 个产业部门影响力系数及其隐含碳排放影响力系数

年份 行业	2002		2005		2007	
	F_j^d	FC_j^d	F_j^d	FC_j^d	F_j^d	FC_j^d
农业	0.8063 （27）	0.4033 （28）	0.7643 （27）	0.3818 （28）	0.7442 （28）	0.3669 （27）
煤炭采选业	0.8248 （26）	1.0159 （13）	0.9138 （22）	1.2265 （7）	0.8848 （21）	1.1880 （6）
石油和天然气开采业	0.6877 （28）	0.8189 （17）	0.6749 （28）	0.5772 （24）	0.7574 （27）	0.7633 （19）
金属矿采选业	0.9387 （18）	1.0833 （8）	0.9685 （19）	1.1129 （11）	0.9585 （16）	1.1707 （8）
非金属矿和其他矿采选业	0.9129 （19）	0.8471 （16）	1.0160 （14）	1.0202 （15）	0.9429 （18）	0.9618 （14）
食品制造和烟草加工业	1.0382 （14）	0.5519 （25）	1.0090 （15）	0.5238 （25）	1.0122 （14）	0.5288 （24）
纺织业	1.1143 （9）	0.7427 （21）	1.1185 （5）	0.7704 （20）	1.1870 （3）	0.8589 （16）
纺织服装鞋帽皮革羽绒及其制品业	1.1419 （3）	0.6530 （22）	1.1177 （6）	0.6545 （22）	1.1954 （1）	0.7559 （20）

续表

年份 行业	2002		2005		2007	
	F_j^d	FC_j^d	F_j^d	FC_j^d	F_j^d	FC_j^d
木材加工及家具制造业	1.1276 (7)	0.8030 (18)	1.1212 (4)	0.8450 (18)	1.1297 (7)	0.8407 (18)
造纸印刷及文教体育用品制造业	1.0507 (12)	0.7781 (19)	1.0961 (10)	0.9046 (16)	1.1186 (8)	0.9270 (15)
石油、炼焦及核燃料加工业	0.9602 (17)	1.8979 (2)	0.9629 (20)	1.6329 (3)	0.8826 (22)	1.3947 (3)
化学工业	1.0910 (11)	1.1858 (7)	1.1003 (9)	1.1791 (8)	1.1161 (9)	1.2242 (5)
非金属矿物制品业	1.0445 (13)	1.3733 (5)	1.0812 (12)	1.3810 (5)	1.0779 (13)	1.3428 (4)
金属冶炼及压延加工业	1.1377 (5)	1.6322 (4)	1.1173 (7)	1.6551 (2)	1.1061 (11)	1.4666 (2)
金属制品业	1.1807 (1)	1.3432 (6)	1.1555 (2)	1.3772 (6)	1.1841 (4)	1.3428 (4)
通用、专用设备制造业	1.0966 (10)	1.0200 (12)	1.1036 (8)	1.1510 (9)	1.1158 (10)	1.0810 (11)
交通运输设备制造业	1.1492 (2)	0.9550 (14)	1.1675 (1)	1.0877 (12)	1.1898 (2)	1.0015 (13)
电气机械及器材制造业	1.1367 (6)	1.0683 (9)	1.1279 (3)	1.1363 (10)	1.1733 (5)	1.1537 (9)
通信设备、计算机及其他电子设备制造业	1.0193 (15)	0.6302 (23)	0.9696 (18)	0.6710 (21)	0.9532 (17)	0.6069 (22)
仪器仪表制造业	1.0186 (16)	0.7600 (20)	0.9855 (17)	0.8000 (19)	0.9663 (15)	0.6994 (21)
其他制造业	0.9067 (21)	0.6017 (24)	0.9009 (23)	0.6446 (23)	0.8693 (23)	0.6034 (23)
电力、热力的生产和供应业	0.8561 (24)	2.1087 (1)	0.9887 (16)	1.8986 (1)	1.0791 (12)	2.6513 (1)
燃气生产和供应业	1.1213 (8)	1.8113 (3)	1.0387 (13)	1.5223 (4)	0.8908 (20)	1.0176 (12)
水的生产和供应业	0.8801 (23)	1.0314 (11)	0.9206 (21)	1.0580 (13)	0.8961 (19)	1.1408 (10)
建筑业	1.1405 (4)	1.0522 (10)	1.0914 (11)	1.0264 (14)	1.1413 (6)	1.1724 (7)
交通运输、仓储及邮政业	0.9083 (20)	0.9164 (15)	0.8849 (24)	0.8786 (17)	0.8555 (24)	0.8570 (17)
批发零售业及餐饮业	0.8840 (22)	0.4717 (26)	0.7787 (26)	0.3891 (27)	0.8014 (25)	0.4326 (26)
其他服务业	0.8254 (25)	0.4435 (27)	0.8247 (25)	0.4944 (26)	0.7705 (26)	0.4493 (25)

年份 行业	2010		2012		2015	
	F_j^d	FC_j^d	F_j^d	FC_j^d	F_j^d	FC_j^d
农业	0.7322 (27)	0.3665 (27)	0.7540 (26)	0.3913 (27)	0.7035 (27)	0.3476 (27)
煤炭采选业	0.8562 (23)	1.0135 (13)	0.8414 (22)	1.0688 (11)	0.9769 (17)	1.2589 (6)
石油和天然气开采业	0.7496 (25)	0.7670 (20)	0.7386 (27)	0.7076 (22)	0.7752 (25)	0.8940 (17)
金属矿采选业	0.9528 (18)	1.1588 (9)	0.9077 (19)	1.0387 (12)	0.9968 (15)	1.0709 (10)
非金属矿和其他矿采选业	1.0007 (16)	1.1045 (12)	0.9125 (18)	0.9657 (15)	0.9918 (16)	0.9987 (13)
食品制造和烟草加工业	1.0185 (15)	0.5342 (25)	1.0250 (14)	0.5084 (25)	0.9556 (20)	0.4254 (25)
纺织业	1.1419 (6)	0.7740 (19)	1.2098 (2)	0.8190 (18)	1.1210 (6)	0.7196 (21)
纺织服装鞋帽皮革羽绒及其制品业	1.2015 (1)	0.7482 (22)	1.2207 (1)	0.7439 (20)	1.0826 (14)	0.6039 (23)
木材加工及家具制造业	1.1687 (5)	0.9350 (16)	1.1714 (6)	0.8671 (17)	1.1012 (12)	0.7625 (20)
造纸印刷及文教体育用品制造业	1.1362 (7)	0.9609 (15)	1.1385 (9)	0.9868 (14)	1.1176 (7)	0.9452 (15)
石油、炼焦及核燃料加工业	0.8227 (24)	1.3547 (5)	0.7941 (24)	1.3444 (5)	0.8507 (24)	1.7048 (3)
化学工业	1.1122 (10)	1.1781 (8)	1.1581 (7)	1.2577 (6)	1.1300 (5)	1.2193 (7)
非金属矿物制品业	1.1252 (9)	1.3867 (4)	1.1108 (11)	1.4126 (4)	1.1333 (4)	1.3181 (5)
金属冶炼及压延加工业	1.0797 (13)	1.4740 (2)	1.0979 (12)	1.5511 (2)	1.1678 (2)	1.7870 (2)
金属制品业	1.1899 (2)	1.4141 (3)	1.1920 (4)	1.4216 (3)	1.1689 (1)	1.3983 (4)
通用、专用设备制造业	1.1311 (8)	1.1300 (10)	1.1467 (8)	1.0859 (10)	1.1038 (11)	1.0207 (12)
交通运输设备制造业	1.1783 (4)	1.0081 (14)	1.1892 (5)	1.0098 (13)	1.1163 (9)	0.9058 (16)

续表

年份 行业	2010		2012		2015	
	F_j^d	FC_j^d	F_j^d	FC_j^d	F_j^d	FC_j^d
电气机械及器材制造业	1.1830 （3）	1.1858 （7）	1.2067 （3）	1.2388 （7）	1.1490 （3）	1.1994 （8）
通信设备、计算机及其他电子设备制造业	1.0195 （14）	0.7011 （23）	0.9928 （16）	0.6370 （24）	0.9598 （19）	0.6021 （24）
仪器仪表制造业	1.0003 （17）	0.7614 （21）	1.0139 （15）	0.7660 （19）	0.9676 （18）	0.6927 （22）
其他制造业	0.8809 （21）	0.6211 （24）	0.8472 （21）	0.6466 （23）	1.0833 （13）	0.9923 （14）
电力、热力的生产和供应业	1.0860 （12）	2.5522 （1）	1.0723 （13）	2.9366 （1）	1.1165 （8）	2.7365 （1）
燃气生产和供应业	0.8565 （22）	0.8266 （18）	0.8166 （23）	0.7300 （21）	0.9088 （22）	0.8267 （18）
水的生产和供应业	0.9088 （19）	1.2374 （6）	0.8972 （20）	1.0932 （9）	0.9347 （21）	1.0402 （11）
建筑业	1.1105 （11）	1.1195 （11）	1.1267 （10）	1.1535 （8）	1.1116 （10）	1.1001 （9）
交通运输、仓储及邮政业	0.8878 （20）	0.9086 （17）	0.9271 （17）	0.9093 （16）	0.8712 （23）	0.7944 （19）
批发零售业及餐饮业	0.7263 （28）	0.3504 （28）	0.7094 （28）	0.2934 （28）	0.6804 （28）	0.2684 （28）
其他服务业	0.7428 （26）	0.4279 （26）	0.7815 （25）	0.4152 （26）	0.7244 （26）	0.3663 （26）

注：括号里面的数字表示各产业部门的排序。

资料来源：根据前述相关公式及数据整理计算所得。

二、我国产业部门隐含碳排放的感应度系数分析

（一）贸易开放下我国产业部门感应度系数测算结果分析

见表3-2所示，在2002年、2005年、2007年、2010年、2012年以及2015年我国经济发展中产业感应度系数大于1的产业部门的个数分别为：13个、12个、12个、11个、11个和10个。其中，在2002年，我国产业部门

感应度系数排在前五位的产业部门分别为金属矿采选业（数值为 1.6271），石油和天然气开采业（数值为 1.6205），石油、炼焦及核燃料加工业（数值为 1.3492），煤炭采选业（数值为 1.3344）以及电力、热力的生产和供应业（数值为 1.3046）；在 2005 年，我国产业部门感应度系数排在前五位的产业部门分别为煤炭采选业（数值为 1.8143），石油和天然气开采业（数值为 1.6718），电力、热力的生产和供应业（数值为 1.4210），金属矿采选业（数值为 1.3518）以及金属冶炼及压延加工业（数值为 1.3020）；在 2007 年，我国产业部门感应度系数排在前五位的产业部门分别为石油和天然气开采业（数值为 1.6640），煤炭采选业（数值为 1.6257），金属矿采选业（数值为 1.5285），电力、热力的生产和供应业（数值为 1.5229）以及石油、炼焦及核燃料加工业（数值为 1.3727）；在 2010 年，我国产业部门感应度系数排在前五位的产业部门分别为煤炭采选业（数值为 1.7069），石油和天然气开采业（数值为 1.6981），金属矿采选业（数值为 1.5186），电力、热力的生产和供应业（数值为 1.5154）以及石油、炼焦及核燃料加工业（数值为 1.3862）；在 2012 年，我国产业部门感应度系数排在前五位的产业部门分别为煤炭采选业（数值为 1.6527），石油和天然气开采业（数值为 1.5983），金属矿采选业（数值为 1.5461），电力、热力的生产和供应业（数值为 1.4497）以及非金属矿和其他矿采选业（数值为 1.3872）；在 2015 年，我国产业部门感应度系数排在前五位的产业部门分别为石油和天然气开采业（数值为 2.8027），金属矿采选业（数值为 1.9480），煤炭采选业（数值为 1.4344），非金属矿和其他矿采选业（数值为 1.4008）以及电力、热力的生产和供应业（数值为 1.3720）。

除 2005 年、2007 年、2010 年、2012 年第三产业中的交通运输、仓储及邮政业以及 2015 年的其他服务业的感应度系数大于 1，其他年份的产业感应度系数大于 1 的产业均属于第二产业，并且以制造业居多。这表明：能源及其相关产业对国民经济具有较大推动作用，承受着较大的社会需求压力，容易成为制约国民经济发展的"瓶颈"产业①②。近年来，油价上涨、油荒、电荒等现象，都充分说明了能源紧缺对国民经济的制约作用③。这6年，第一产业（农业）感应度系数是在波动中上涨的，但一直小于1。在整个研究期间，第三产业中的批发零售业及餐饮业和其他服务业的感应度系数小于1，只有交通运输、仓储及邮政业的感应度系数除2007年和2015年小于1，其他年份均大于1，这说明交通运输、仓储及邮政业的感应能力高于社会平均水平，反映国民经济其他产业单位最终使用的增加对交通运输、仓储及邮政业的拉动作用明显④，它的发展主要由其他产业的需求推动，其他产业对它有很强的依赖性⑤。

（二）贸易开放下我国产业部门隐含碳排放感应度系数测算结果分析

见表3-2所示，在2002年、2005年、2007年、2010年、2012年以及2015年我国经济发展中产业隐含碳排放感应度系数大于1的产业部门的个数分别为：9个、10个、9个、10个、9个、8个，并且这些产业部门主要集中在第二产业。其中，在2002年，我国产业部门隐含碳排放感应度系数排在前五位的产业部门分别为电力、热力的生产和供应业（数值为4.4227），石油、炼焦及核燃料加工业（数值为3.5907），金属冶炼及压延加工业（数值为1.9526），燃气生产和供应业（数值为1.7984）以及石油和天然气开采业（数值为1.7542）；在2005年，我国产业部门隐含碳排放感应度系数排在

---

① 李诚：《我国产业结构的投入产出关联测度及应用研究》，《山西财经大学学报》2009年第1期，第43—48页。

② 梁威：《战略性新兴产业与传统产业协调发展研究》，江西财经大学博士学位论文，2016年。

③ 李峰：《产业关联测度及其应用研究》，《山西财经大学学报》2007年第11期，第34—39页。

④ 崔铁宁、胡娜：《基于投入产出分析的北京市交通运输业碳排放关联度研究》，《环境工程》2014年第7期，第170—174页。

⑤ 谭琼、谭娟：《北京市交通运输业碳排放特性变化的投入产出分析》，《生态经济》2016年第10期，第73—78页。

前五位的产业部门分别为电力、热力的生产和供应业（数值为 3.9846），石油、炼焦及核燃料加工业（数值为 3.2104），煤炭采选业（数值为 2.6105），金属冶炼及压延加工业（数值为 2.1921）以及燃气生产和供应业（数值为 1.4851）；在 2007 年，我国产业部门隐含碳排放感应度系数排在前五位的产业部门分别为电力、热力的生产和供应业（数值为 5.3727），石油、炼焦及核燃料加工业（数值为 2.9319），煤炭采选业（数值为 2.3938），金属冶炼及压延加工业（数值为 1.6744）以及金属矿采选业（数值为 1.4218）；在 2010 年，我国产业部门隐含碳排放感应度系数排在前五位的产业部门分别为电力、热力的生产和供应业（数值为 5.3373），石油、炼焦及核燃料加工业（数值为 3.1176），煤炭采选业（数值为 2.0887），金属冶炼及压延加工业（数值为 1.7825）以及金属矿采选业（数值为 1.4224）；在 2012 年，我国产业部门隐含碳排放感应度系数排在前五位的产业部门分别为电力、热力的生产和供应业（数值为 5.9973），石油、炼焦及核燃料加工业（数值为 2.9582），煤炭采选业（数值为 2.2447），金属冶炼及压延加工业（数值为 1.8057）以及金属矿采选业（数值为 1.2932）；在 2015 年，我国产业部门隐含碳排放感应度系数排在前五位的产业部门分别为电力、热力的生产和供应业（数值为 4.9216），石油、炼焦及核燃料加工业（数值为 3.6474），石油和天然气开采业（数值为 2.5168），煤炭采选业（数值为 2.1782）以及金属冶炼及压延加工业（数值为 1.9333）。这些产业部门较高的完全碳排放系数也是造成 CO_2 大量排放的重要原因[①]。我国第一产业（农业）和第三产业的隐含碳感应度系数全部都小于 1，说明第一和第三产业受到其他产业部门需求产生碳排放的感应程度较低。另外第一和第三产业的隐含碳排放强度相对第二产业来说较低，排名比较靠后，这可以作为未来产业结构调整的一个方向。

[①] 李婧:《产业结构升级视角下我国能源产业二氧化碳排放影响及其改进研究》，湖南科技大学，硕士学位论文，2016 年。

表 3-2 贸易开放下中国 28 个产业部门感应度系数及其隐含碳排放感应度系数

年份 行业	2002		2005		2007	
	E_i^{*d}	EC_i^{*d}	E_i^{*d}	EC_i^{*d}	E_i^{*d}	EC_i^{*d}
农业	0.8428 (22)	0.2215 (25)	0.9317 (15)	0.2512 (23)	0.9240 (15)	0.2375 (25)
煤炭采选业	1.3344 (4)	1.5592 (6)	1.8143 (1)	2.6105 (3)	1.6257 (2)	2.3938 (3)
石油和天然气开采业	1.6205 (2)	1.7542 (5)	1.6718 (2)	1.0144 (10)	1.6640 (1)	1.1586 (9)
金属矿采选业	1.6271 (1)	1.4075 (7)	1.3518 (4)	1.2298 (7)	1.5285 (3)	1.4218 (5)
非金属矿和其他矿采选业	1.1090 (9)	0.7700 (13)	1.2694 (7)	1.0441 (9)	1.2291 (6)	0.9399 (11)
食品制造和烟草加工业	0.7398 (23)	0.2701 (22)	0.7536 (23)	0.2628 (22)	0.7754 (23)	0.2703 (22)
纺织业	0.8729 (19)	0.4140 (19)	0.8711 (17)	0.4487 (20)	0.9106 (17)	0.4983 (17)
纺织服装鞋帽皮革羽绒及其制品业	0.5777 (26)	0.2050 (27)	0.5692 (26)	0.2126 (27)	0.6136 (25)	0.2594 (23)
木材加工及家具制造业	0.9711 (15)	0.4718 (18)	0.9241 (16)	0.5049 (18)	0.8795 (18)	0.4589 (19)
造纸印刷及文教体育用品制造业	1.0987 (10)	0.5880 (14)	1.0821 (10)	0.7141 (14)	1.0980 (9)	0.7258 (14)
石油、炼焦及核燃料加工业	1.3492 (3)	3.5907 (2)	1.2913 (6)	3.2104 (2)	1.3727 (5)	2.9319 (2)
化学工业	1.2098 (7)	1.1859 (9)	1.2366 (8)	1.2163 (8)	1.1833 (8)	1.1831 (7)
非金属矿物制品业	0.9798 (14)	1.4003 (8)	0.9554 (14)	1.3031 (6)	0.9168 (16)	1.1786 (8)
金属冶炼及压延加工业	1.2839 (6)	1.9526 (3)	1.3020 (5)	2.1921 (4)	1.2016 (7)	1.6744 (4)
金属制品业	1.0032 (13)	0.8863 (11)	0.9990 (13)	0.9718 (12)	0.9748 (14)	0.8987 (12)
通用、专用设备制造业	0.8596 (20)	0.5503 (16)	0.7712 (22)	0.6055 (16)	0.8299 (19)	0.5886 (15)
交通运输设备制造业	0.9352 (16)	0.5227 (17)	0.8538 (21)	0.5794 (17)	0.7842 (22)	0.4642 (18)

续表

行业 \ 年份	2002		2005		2007	
	E_i^{*d}	EC_i^{*d}	E_i^{*d}	EC_i^{*d}	E_i^{*d}	EC_i^{*d}
电气机械及器材制造业	0.8445 (21)	0.5504 (15)	0.8674 (18)	0.6456 (15)	0.7922 (20)	0.5837 (16)
通信设备、计算机及其他电子设备制造业	0.7166 (24)	0.2463 (24)	0.6214 (25)	0.2485 (24)	0.6030 (26)	0.2132 (27)
仪器仪表制造业	0.4832 (27)	0.2150 (26)	0.3417 (28)	0.1712 (28)	0.5908 (27)	0.2476 (24)
其他制造业	1.0115 (12)	0.3972 (20)	1.0526 (11)	0.4717 (19)	1.0188 (12)	0.4045 (20)
电力、热力的生产和供应业	1.3046 (5)	4.4227 (1)	1.4210 (3)	3.9846 (1)	1.5229 (4)	5.3727 (1)
燃气生产和供应业	0.8931 (18)	1.7984 (4)	0.8584 (19)	1.4851 (5)	1.0521 (11)	1.2981 (6)
水的生产和供应业	1.1737 (8)	0.9739 (10)	1.1612 (9)	0.9977 (11)	1.0846 (10)	0.9926 (10)
建筑业	0.4560 (28)	0.3048 (21)	0.4312 (27)	0.2999 (21)	0.3750 (28)	0.3008 (21)
交通运输、仓储及邮政业	1.0782 (11)	0.8771 (12)	1.0213 (12)	0.8626 (13)	0.9765 (13)	0.8635 (13)
批发零售业及餐饮业	0.9099 (17)	0.2682 (23)	0.8563 (20)	0.2293 (26)	0.7883 (21)	0.2348 (26)
其他服务业	0.7141 (25)	0.1956 (28)	0.7191 (24)	0.2323 (25)	0.6842 (24)	0.2049 (28)

续表

行业 \ 年份	2010		2012		2015	
	E_i^{*d}	EC_i^{*d}	E_i^{*d}	EC_i^{*d}	E_i^{*d}	EC_i^{*d}
农业	0.9792 (12)	0.2534 (26)	0.9601 (12)	0.2681 (23)	0.9250 (12)	0.2310 (23)
煤炭采选业	1.7069 (1)	2.0887 (3)	1.6527 (1)	2.2447 (3)	1.4344 (3)	2.1782 (4)
石油和天然气开采业	1.6981 (2)	1.2339 (6)	1.5983 (2)	1.0662 (9)	2.8027 (1)	2.5168 (3)
金属矿采选业	1.5186 (3)	1.4224 (5)	1.5461 (3)	1.2932 (5)	1.9480 (2)	1.5975 (6)

续表

年份 / 行业	2010		2012		2015	
	E_i^{*d}	EC_i^{*d}	E_i^{*d}	EC_i^{*d}	E_i^{*d}	EC_i^{*d}
非金属矿和其他矿采选业	1.2747 (6)	1.1227 (9)	1.3872 (5)	1.0940 (8)	1.4008 (4)	1.1046 (8)
食品制造和烟草加工业	0.7771 (21)	0.2712 (23)	0.8040 (21)	0.2617 (24)	0.7646 (18)	0.2098 (25)
纺织业	0.9331 (14)	0.4641 (18)	1.0649 (10)	0.5397 (17)	0.9205 (13)	0.4470 (18)
纺织服装鞋帽皮革羽绒及其制品业	0.6281 (27)	0.2680 (24)	0.5566 (27)	0.2290 (26)	0.4841 (27)	0.1671 (26)
木材加工及家具制造业	0.9036 (17)	0.5375 (17)	0.8530 (19)	0.4481 (19)	0.6907 (24)	0.3162 (21)
造纸印刷及文教体育用品制造业	1.1176 (9)	0.7775 (14)	0.9587 (13)	0.6721 (13)	0.8467 (15)	0.5565 (15)
石油、炼焦及核燃料加工业	1.3862 (5)	3.1176 (2)	1.3118 (6)	2.9582 (2)	1.2648 (6)	3.6474 (2)
化学工业	1.1963 (8)	1.1493 (8)	1.2237 (8)	1.2374 (6)	1.1525 (8)	1.1776 (7)
非金属矿物制品业	0.9288 (15)	1.1845 (7)	0.9160 (15)	1.1987 (7)	0.7293 (21)	0.8601 (9)
金属冶炼及压延加工业	1.1968 (7)	1.7825 (4)	1.1808 (9)	1.8057 (4)	1.0904 (9)	1.9333 (5)
金属制品业	1.0455 (11)	1.0587 (10)	0.9350 (14)	0.9321 (11)	0.8175 (16)	0.7981 (11)
通用、专用设备制造业	0.8300 (18)	0.6302 (15)	0.7281 (23)	0.5092 (18)	0.7379 (19)	0.4782 (17)
交通运输设备制造业	0.7190 (23)	0.4378 (19)	0.6616 (25)	0.4002 (20)	0.6030 (26)	0.3250 (20)
电气机械及器材制造业	0.7569 (22)	0.5893 (16)	0.7701 (22)	0.6179 (15)	0.7105 (23)	0.5589 (14)
通信设备、计算机及其他电子设备制造业	0.6344 (26)	0.2624 (25)	0.6536 (26)	0.2414 (25)	0.9075 (14)	0.3123 (22)
仪器仪表制造业	0.6738 (24)	0.3142 (21)	0.8558 (18)	0.3993 (21)	1.0794 (10)	0.4447 (19)
其他制造业	0.9648 (13)	0.4016 (20)	1.2855 (7)	0.5913 (16)	1.2358 (7)	0.8593 (10)

续表

年份 行业	2010		2012		2015	
	E_i^{*d}	EC_i^{*d}	E_i^{*d}	EC_i^{*d}	E_i^{*d}	EC_i^{*d}
电力、热力的生产和供应业	1.5154 (4)	5.3373 (1)	1.4497 (4)	5.9973 (1)	1.3720 (5)	4.9216 (1)
燃气生产和供应业	0.9200 (16)	0.7998 (13)	0.8630 (16)	0.6293 (14)	0.7822 (17)	0.5187 (16)
水的生产和供应业	0.7984 (20)	0.8354 (12)	0.8564 (17)	0.7646 (12)	0.7321 (20)	0.5911 (13)
建筑业	0.3651 (28)	0.2807 (22)	0.3904 (28)	0.3041 (22)	0.2856 (28)	0.2108 (24)
交通运输、仓储及邮政业	1.0525 (10)	0.9861 (11)	1.0029 (11)	0.9374 (10)	0.9361 (11)	0.7574 (12)
批发零售业及餐饮业	0.8100 (19)	0.1991 (27)	0.8123 (20)	0.1638 (28)	0.7175 (22)	0.1311 (28)
其他服务业	0.6691 (25)	0.1941 (28)	0.7217 (24)	0.1954 (27)	0.6284 (25)	0.1496 (27)

注：括号里面的数字表示各产业部门的排序。

数据来源：根据前述相关公式及数据整理计算所得。

第六节 本章小结

本章借鉴产业部门关联度系数分析的思想，在贸易开放条件下构建了中国产业部门隐含碳排放的关联度系数指标。基于 2002 年、2005 年、2007 年、2010 年、2012 年和 2015 年中国的非竞争型投入产出数据对此进行实证分析，通过相关计算，结论如下：

一、贸易开放下我国产业部门影响力系数及其隐含碳排放影响力系数分析

在 2002 年、2005 年、2007 年、2010 年、2012 年以及 2015 年我国经济发展中产业影响力系数大于 1 的产业部门的个数分别为：16 个、15 个、14

个、17 个、15 个和 14 个，在整个研究期间产业影响力系数大于 1 的个数变化不大，主要是因为我国国民经济基本呈现出稳步发展，没有较大的经济波动。影响力系数大于 1 的产业部门主要集中在第二产业，并且以制造业居多。而产业部门隐含碳排放影响力系数大于 1 的分别为：13 个、15 个、14 个、14 个、13 个、12 个，并且也主要集中在第二产业。电力、热力的生产和供应业在整个研究期间的隐含碳排放影响力系数一直高居第一位，主要是因为该产业在这 6 年的完全碳排放强度一直处于第一位，都达到了两位数，但是该产业影响力系数都在十名之后（除 2015 年），并且其隐含碳排放影响力系数都是其产业影响力系数的两倍多，这说明，该产业的影响力远远低于其隐含碳排放的影响力，这主要在于电力、热力的生产和供应业这一行业的特殊性，作为所有产业部门的能源服务型部门，其碳排放强度必然处于较大的水平，但是其经济影响却处于较低水平。石油、炼焦及核燃料加工业的隐含碳排放影响力系数在这 6 年内一直居于前五位，究其原因是该产业的完全碳排放强度在这 6 年一直处于第二位，其产业影响力系数一直居于十五位之后，并且前者基本是后者的 1.5 倍。在短期对产业影响力系数小且隐含碳排放的影响力系数较大的产业部门进行调整可有效降低碳排放量，促进经济稳定增长，因此上述两个产业部门可以作为重点行业进行调整。第一产业（农业）的隐含碳影响力系数在这 6 年中全部是小于 1 的，并且其完全碳排放系数在 28 个产业部门中都是处于后两位的，可见第一产业隐含碳排放影响力对其他产业的隐含碳排放影响程度较小。第三产业的隐含碳排放影响力系数也都是小于 1 的，但是第三产业中的交通运输、仓储及邮政业的隐含碳排放影响力系数大于第三产业中的批发零售业及餐饮业和其他服务业，原因在于交通运输、仓储及邮政业的发展需要较多第二产业的直接投入。

二、贸易开放下我国产业部门感应度系数及其隐含碳排放感应度系数分析

在 2002 年、2005 年、2007 年、2010 年、2012 年以及 2015 年我国经济发展中产业感应度系数大于 1 的产业部门的个数分别为：13 个、12 个、12 个、11 个、11 个和 10 个，其中，除 2005 年、2007 年、2010 年和 2012 年第三产业中的交通运输、仓储及邮政业的感应度系数大于 1 外，其他年份的产业感应度系数大于 1 的产业均属于第二产业，并且以制造业居多。整个研究期间我国经济发展中产业部门隐含碳排放感应度系数大于 1 的个数分别为：9 个、10 个、9 个、10 个、9 个、8 个，且这些产业部门全部集中在第二产业。我国第一产业（农业）和第三产业的隐含碳感应度系数全部都小于 1，说明第一和第三产业受到其他产业部门需求产生碳排放的感应程度较低，另外第一和第三产业的隐含碳排放强度相对第二产业来说较低，排名比较靠后，这可以作为未来产业结构调整的一个方向。

第四章 贸易开放下我国产业部门
隐含碳排放的驱动效应

在全球气候变化的大背景下，世界各国碳排放量快速上升不能简单地认为是因化石能源大量消费导致的，而是应该有着更为深层次的原因①②③。因此，要减少我国产业部门隐含碳的排放，我们不仅需要从宏观层面，即总体视角，还需要从中观层面，即三次产业视角和微观层面，各个产业部门视角，找出导致我国产业部门隐含碳排放增长的驱动因素有哪些？驱动因素的影响程度如何？哪些驱动因素为主要影响因素等。基于此，本章利用 2002年、2005 年、2007 年、2010 年、2012 年以及 2015 年《投入产出表》和《投入产出延长表》的数据，在贸易开放条件下构建出我国产业部门隐含碳排放的驱动因素分解模型，并将驱动因素分解为规模效应、产业结构效应和完全碳排放强度效应。考察样本期间三种要素对我国整体、28 个产业部门和三次产业隐含碳排放的具体影响程度，以期为产业低碳发展政策的制定提供决策支持。

---

① 王锋、吴丽华、杨超：《中国经济发展中碳排放增长的驱动因素研究》，《经济研究》2010 年第 2 期，第 123—131 页。

② 赵志耘、杨朝峰：《中国碳排放驱动因素分解分析》，《中国软科学》2012 年第 6 期，第 175—183 页。

③ 史常亮、揭昌亮、朱俊峰：《中国农业能耗碳排放脱钩的影响因素解析》，《产经评论》2016 年第 4 期，第 116—126 页。

第一节 指数分解法及 LMDI 分解法

指数分解法（Index Decomposition Analysis，IDA）的基本思想是，把一个目标变量变化分解为若干个影响因素变化组合，从而辨别出各驱动因素对目标变量变化影响程度的大小[1][2][3]。当研究数据在可以获得情况下，可以把目标变量变化影响因素逐层分解，最终把各种驱动因素对目标变量变化的影响逐个区分开来[4][5]。

一、IDA 的基本形式

指数分解法的数学语言思路：假设目标变量 V 是 m 个部门之和，即 $V=\sum_{i=1}^{m} V_i$，在 n 维空间里，目标变量 V 可以分解成为 n 个驱动因素的乘积，将其记为 $V_i = x_{1,i} \times x_{2,i} \times x_{3,i} \times \cdots \times x_{n,i}$，则有 $V = \sum_{i=1}^{m} x_{1,i} \times x_{2,i} \times x_{3,i} \times \cdots \times x_{n,i}$。在时间周期 $[0, t]$ 内，目标变量 V 将从 $V_0 = \sum_{i=1}^{m} x_{1,i}^0 \times x_{2,i}^0 \times x_{3,i}^0 \times \cdots \times x_{n,i}^0$ 变化到 $V_t = \sum_{i=1}^{m} x_{1,i}^t \times x_{2,i}^t \times x_{3,i}^t \times \cdots \times x_{n,i}^t$，或者 $\Delta V = V^t - V^0$，则指数分解法的基本表达式（包括乘法和加法）如下所示：

加法表达式为：

---

[1] 李经路、李晓玲：《云南碳排放的变动趋势与影响因素研究》，《环境与可持续发展》2015 年第 5 期，第 172—176 页。

[2] 田雷：《吉林省能源碳排放驱动因素与新常态背景下碳排放趋势研究》，吉林大学，博士学位论文，2016 年。

[3] 丁存振、肖海峰：《中国肉类产量变量特征及因素贡献分解研究》，《世界农业》2017 年第 6 期，第 142—149 页。

[4] 刘学之、孙鑫、朱乾坤等：《中国二氧化碳排放量相关计量方法研究综述》，《生态经济》2017 年第 11 期，第 21—27 页。

[5] 王丽琼：《基于 LMDI 中国省域氮氧化物减排与实现路径研究》，《环境科学学报》2017 年第 6 期，第 2394—2402 页。

$$\Delta V_{tot} = V^t - V^0 = \Delta V_{x1} + \Delta V_{x2} + \Delta V_{x3} + \cdots + \Delta V_{xn} + \Delta V_{rsd} \quad (4.1)$$

乘法表达式为：

$$D_{tot} = \frac{V^t}{V^0} = D_{x1} \times D_{x2} \times D_{x3} \times \cdots \times D_{xn} \times D_{rsd} \quad (4.2)$$

其中：脚标 tot 表示总的变化；

ΔV_{tot} 和 D_{tot} 分别代表目标变量的变化量；

ΔV_{xn}、D_{xn} 分别代表第 n 个驱动因素 xn 的变化量；

ΔV_{rsd} 和分 D_{rsd} 别表示驱动因素分解的残差值。

二、Laspeyres 指数分解法

1864 年，德国学者 Laspeyres 提出拉氏指数分解法，该方法基本假设是在保持其他因素不变情况下，直接把相应的各个驱动因素进行微分，进而求得某一驱动因素变化对目标变量变化的影响[1][2][3]。

Laspeyres 指数分解法的基本表达式（包括乘法和加法）如下所示：

加法表达式为：

$$\Delta V_{xk} = \sum_{i=1}^{m} x_{1,i}^0 \times x_{2,i}^0 \times x_{3,i}^0 \times \cdots \left(x_{k,i}^t - x_{k,i}^0 \right) \cdots \times x_{n,i}^0 = \sum_{i=1}^{m} \frac{V_i^0 x_{k,i}^t}{x_{k,i}^0} - V^0 \quad (i = 1, 2,$$

$$3, \cdots, m; k-1, 2, 3, \cdots, n) \quad (4.3)$$

乘法表达式为：

$$D_{xk} = \frac{\sum_{i=1}^{m} x_{1,i}^0 \times x_{2,i}^0 \times x_{3,i}^0 \times \cdots x_{k,i}^t \cdots \times x_{n,i}^0}{\sum_{i=1}^{m} x_{1,i}^0 \times x_{2,i}^0 \times x_{3,i}^0 \times \cdots x_{k,i}^0 \times \cdots \times x_{n,i}^0} = \frac{\sum_{i=1}^{m} V_i^0 x_{k,i}^t / x_{k,i}^0}{V^0} = \sum_{i=1}^{m} \psi_i^0 x_{k,i}^t / x_{k,i}^0 \quad (i = 1,$$

①　刘红光、刘卫东、范晓梅等：《全球 CO$_2$ 排放研究趋势及其对我国的启示》，《中国人口·资源与环境》2010 年第 2 期，第 84—91 页。

②　诸大建、国平：《基于碳排放的中国人文发展效应分析》，《经济问题探索》2011 年第 4 期，第 29—34 页。

③　李莉：《电力产业节能减排机制设计模型与方法研究》，华北电力大学，博士学位论文，2011 年。

2，3，…，m；k＝1，2，3，…，n；$\psi_i = V_i/V$) (4.4)

但 Laspeyres 指数分解法存在较大缺陷，即其变化量分解不完全，可能存在严重的残差值，从而导致分析结果不合理。

三、Divisia 指数分解法

1924 年，法国数学家 Divisia 提出了迪氏指数分解法，该方法原理是把目标变量分解出来的各个驱动因素都看成是时间 t 的连续可微函数，再对时间 t 进行微分，进而分解出各个驱动因素的变化对目标变量变化的影响[1][2]。根据 Divisia 指数分解方法的思路，我们可以利用目标变量对时间 t 进行微分，其表达式为：

$$\frac{dV^t}{dt} = \sum_{k=1}^{m} \sum_{i=1}^{m} x_{1,i}^t \times x_{2,i}^t \times x_{3,i}^t \times \cdots \times x_{k-1,i}^t \times x_{k+1,i}^t \times \cdots \times x_{n,i}^t \times dx_{k,i}^t / dt = \sum_{k=1}^{m} \sum_{i=1}^{m} V_i^t \times d$$

$(\ln x_{k,i}^t)\ /dt$　　($i = 1$，2，3，…，m；$k = 1$，2，3，…，n) (4.5)

对上式 4.5 的等式两边同时对时间 t 进行积分，则有：

$$\int_0^t \frac{dV^t}{dt} = V^t - V^0 = \sum_{k=1}^{m} \int_0^t \sum_{i=1}^{m} V_i^t \times d\ (\ln x_{k,i}^t)\ /dt$$ (4.6)

根据 IDA 的加法形式，则有：

$$\Delta V_{xk} = \int_0^t \sum_{i=1}^{m} V_i^t \times d\ (\ln x_{k,i}^t)\ /dt$$ (4.7)

同时，将式（4.5）的等式两边同时除以 V^t 之后，再对时间 t 进行积分，可得：

$$\int_0^t \frac{1}{V^t} \times \frac{dV^t}{dt} = \ln\left(\frac{V^t}{V^0}\right) = \sum_{k=1}^{n} \int_0^t \sum_{i=1}^{m} \psi_i^t \times d\ (\ln x_{k,i}^t)\ /dt$$　　($i = 1$，2，3，…，

m；$k = 1$，2，3，…，n；$\psi_i^t = V_i^t/V^t$) (4.8)

---

① 韩颖、马萍、刘璐：《一种能源消耗强度影响因素分解的新方法》，《数量经济技术经济研究》2010 年第 4 期，第 137—147 页。

② 冯博：《建筑业二氧化碳排放及能源环境效率测算分析研究》，天津大学，博士学位论文，2015 年。

对上式（4.8）的等式两边同时以 e 为底的指数进行运算，根据 IDA 的乘法形式，可得：

$$D_{xi} = \exp \left\{ \int_0^t \sum_{i=1}^m \psi_i^t \times d\ (\ln x_{k,i}^t)\ /dt \right\} \tag{4.9}$$

上述 4.7 式和 4.9 式分别为 Divisia 指数分解法的加法形式和乘数形式。

（一）算术平均迪氏指数分解方法（AMDI）的分解模型

加法形式：

$$\Delta V_{xi} = \frac{1}{2} \sum_{i=1}^m\ (V_i^0 + V_i^t)\ ln\ (\frac{x_{k,i}^t}{x_{k,i}^0}) \tag{4.10}$$

乘法形式：

$$D_{xi} = exp\ \left\{ \frac{1}{2}\ (\sum_{i=1}^m \psi_i^0 + \psi_i^t)\ ln\ (\frac{x_{k,i}^t}{x_{k,i}^0})\ \right\} \tag{4.11}$$

因 AMDI 指数分解法同样受到分解过程中残差值的困扰，为消除残差值影响，Ang（2004）等学者在 AMDI 指数分解法的基础上，提出了无残差值的对数平均迪氏指数分解法（LMDI）[1]。

（二）对数平均迪氏指数分解法（LMDI）的分解模型

加法形式：

$$\Delta V_{xk} = \sum_{i=1}^m L\ (V_i^t,\ V_i^0)\ \ln\ (\frac{x_{k,i}^t}{x_{k,i}^0}) = \sum_{i=1}^m \frac{V_i^t - V_i^0}{\ln V_i^t - \ln V_i^0} ln\ (\frac{x_{k,i}^t}{x_{k,i}^0}) \tag{4.12}$$

加法形式对应的总的分解表达式为：

$$\Delta V_{tot} = V^t - V^0 = \Delta V_{x1} + \Delta V_{x2} + \Delta V_{x3} + \cdots + \Delta V_{xn} \tag{4.13}$$

乘法形式：

$$D_{xi} = \exp\ \left\{ \sum_{i=1}^m \frac{l\ (V^t i,\ V_t^0)}{L\ (V^t,\ V^0)} \ln\ (\frac{x_{k,i}^t}{x_{k,i}^0})\ \right\} = \exp\ \left\{ \sum_{i=1}^m \frac{V_i^t - V_i^0 / \ln V_i^t - \ln V_i^0}{V^t - V^0 / \ln V^t - \ln V^0} \times \ln \right.$$

① Ang B. W. DecompositionAnalysis for Policy Making in Energy：Which Is the Preferred Method. *Energy Policy*，Vol. 32，No. 9（2004），pp. 1131-1139.

$$(\frac{x_{k,i}^{t}}{x_{k,i}^{0}}) \quad \}$$ (4.14)

乘法形式对应的总的分解表达式为：

$$D_{tot} = \frac{V^{t}}{V^{0}} = D_{xi} \times D_{x2} \times D_{x3} \times \cdots \times D_{xn}$$ (4.15)

LMDI 分解方法虽然有效解决了残差值问题，但有个不容忽视的缺陷：如何有效处理 0 值问题，即对于像 $\Delta V_X = L (V^t, V^0) \ln (\frac{X^t}{X^0})$ 中的变量 V^0、V^t、X^0、X^t 中的某一个变量为 0 或趋向于 0 时，会导致对数运算出现趋向于无穷的情况。Ang & Liu[①] 对该问题提出了 8 种处理 0 值的办法，具体参见表 4-1。

表 4-1　LMDI 分解法中 0 值处理措施

8 种情况	V^0	V^t	X^0	X^t	$\Delta V_x = L (V^t, V^0) \ ln (\frac{X^t}{X^0})$
1	0	+	0	+	$\Delta V_X = V^t$
2	+	0	+	0	$\Delta V_X = -V^0$
3	0	0	0	0	0
4	0	+	+	+	0
5	+	0	+	+	0
6	0	0	+	+	0
7	0	0	+	0	0
8	+	+	0	+	0

数据来源：Ang B. W., Liu N. 2007. HandlingZero Values in the Logarithmic Mean Divisia Index Decomposition Approach. *Energy Policy*, Vol. 35, No. 1 (2007), pp. 238-246.

① Ang B. W., Liu N., Handling Zero Values in the Logarithmic Mean Divisia Index Decomposition Approach. *Energy Policy*, Vol. 35, No. 1 (2007), pp. 238-246.

第二节　我国产业部门隐含碳排放 LMDI 模型构建

自 1970 年以来，指数分解法被广泛用于环境经济研究领域。Ang（2005）认为 LMDI 没有残差并能有效处理出现 0 值情况，因而是最好的一种方法[①]。基于此，本章根据 Kaya 恒等式[②]，结合对数平均迪氏指数分解法（LMDI）分解模型，构建出本章有关贸易开放下中国产业部门隐含碳排放影响因素的相关模型，具体公式如下所示：

$$C = \sum_{i=1}^{n} C_i = \sum_{i=1}^{n} X \times \frac{X_i}{X} \times \frac{C_i}{X_i} \quad (i=1,\ 2,\ \cdots,\ n) \tag{4.16}$$

其中：C 为贸易开放下我国产业部门隐含碳排放总量；

C_i 为贸易开放下第 i 产业部门的隐含碳排放量；

X 为中国产业部门的最终使用；

X_i 为第 i 产业部门最终使用。

将 4.16 式表示为 $C = \sum_{i=1}^{n} QS_i R_i \ (i=1,\ 2,\ \cdots,\ n)$ （4.17）

其中：$Q = X$ 表示规模总量，即中国产业部门的最终使用；

$S_i = \dfrac{X_i}{X}$ 表示产业结构，即各产业部门最终使用在总最终使用中的占比；

$R_i = \dfrac{C_i}{X_i}$ 表示完全碳排放强度，即每单位最终使用的隐含碳排放量。

公式 4.17 的具体含义为，贸易开放下我国产业部门隐含碳排放量 C 的

---

① Ang B. W., The LMDI Approach to Decomposition Analysis: A Practical Guide. *Energy Policy*, No. 33 (2005), pp. 867-871.

② Kaya Y., Impact of Carbon Dioxide Emission Control on GNP Growth: Interpretation of Proposed Scenarios, Paper Presented at the IPCC Energy and Industry Subgroup. *Response Strategies Working Group*, *Paris France*, 1990.

变化来自 Q 的变化（规模效应）、S_i 的变化（产业结构效应）以及 R_i 的变化（强度效应）[①]。

根据 LMDI 研究方法，我们定义从 0 年到 t 年的贸易开放下我国产业部门隐含碳排放量的变化（总效应）为 ΔC，ΔC 由等式右边的三个影响因素的变化效应共同决定，即规模效应 ΔCq、产业结构效应 ΔCs 和完全碳排放强度效应 ΔCr，各个效应之间的关系可以用以下等式表示：

$$\Delta C = C^t - C^0 = \sum_{i=1}^{n} Q^t S_i^t R_i^t - \sum_{i=1}^{n} Q^0 S_i^0 R_i^0 = \Delta Cq + \Delta Cs + \Delta Cr \tag{4.18}$$

同时，按照 LMDI 方法对各驱动因素贡献值进行分解，我们可以得到：

$$\Delta Cq = \sum_{i=1}^{n} \frac{C_i^t - C_i^0}{\ln C_i^t - \ln C_i^0} ln \ \left(\frac{Q^t}{Q^0} \right) \tag{4.19}$$

$$\Delta Cs = \sum_{i=1}^{n} \frac{C_i^t - C_i^0}{\ln C_i^t - \ln C_i^0} ln \ \left(\frac{S^t}{S^0} \right) \tag{4.20}$$

$$\Delta Cr = \sum_{i=1}^{n} \frac{C_i^t - C_i^0}{\ln C_i^t - \ln C_i^0} ln \ \left(\frac{R^t}{R^0} \right) \tag{4.21}$$

第三节　数据来源及处理

本章涉及的数据主要包括：2002 年、2005 年、2007 年、2010 年、2012 年和 2015 年我国产业部门的最终使用总额、28 个产业部门最终使用额、三次产业最终使用额以及第 4 章计算得出的总体产业部门、28 个产业部门和三次产业的隐含碳排放量和完全碳排放强度。为分析贸易开放下我国产业部门隐含碳排放的影响因素，我们还需计算出 $Q = X$（产业部门最终使用总量）、

　　[①]　此处借鉴了 Krossman & Krueger（1991）所建立的国际贸易环境效应理论框架中国际贸易对环境影响的三种效应：规模效应、结构效应和技术效应。结合本章研究的实际情况分析，"规模效应"指贸易规模扩大对我国产业部门隐含碳排放的影响；"结构效应"指贸易结构的变化对我国产业部门隐含碳排放的影响；"强度效应"指碳排放强度变化对我国产业部门隐含碳排放的影响。

$S_i = \dfrac{X_i}{X}$表示产业结构（各产业部门产出额占最终使用的份额）和 $R_i = \dfrac{C_i}{X_i}$（各产业部门完全碳排放强度）。本章三次产业的分类方式与第 3 章的划分方式相同，具体参见第 3 章的分类方式。

第四节　实证结果与分析

本章基于对数平均迪氏指数分解法（LMDI）模型的思想，对贸易开放下我国产业部门隐含碳排放影响因素进行分解，量化分析了产业规模、产业结构以及碳排放强度这三种因素对产业部门隐含碳排放的影响情况。

一、总体的视角

（一）规模效应

由表 4-2 可知，在研究期间，产业部门最终使用呈现出逐渐递增的态势。从 2002 年的 148200.52 亿元飙升至 2015 年的 815178.89 亿元，增量为 666978.37 亿元，年均增长率高达 14.01%。我国产业部门隐含碳排放从 2002 年的 46.52 亿吨一路攀升至 2015 年的 129.02 亿吨，增幅高达 177.34%。年均增长率为 8.16%。从产业部门最终使用的变化以及我国隐含碳排放的变化可以看出，最终使用规模变化与 CO_2 排放变化的方向一致，为隐含碳排放的增长提供积极的正向作用。因此规模效应对隐含碳排放的贡献值除 2012—2015 年外，一直表现为正值，并且在本章所分解的所有影响因素当中，其贡献值和贡献率最大（见表 4-3）。从贡献值来看，在 2002—2005 年、2005—2007 年、2007—2010 年、2010—2012 年、2012—2015 年的五个时间段内，贡献值分别为 30.63 亿吨、24.45 亿吨、37.08 亿吨、28.24 亿吨以及 -146.12 亿吨，大体上来看，规模效应除在 2007—2010 年的时间段有所上升外，其余的时间段均表现为递减的趋势；从贡献率来看，在 2002—

2005 年、2005—2007 年、2007—2010 年、2010—2012 年、2012—2015 年的五个时间段分别为 107.58%、208.90%、243.14%、372.53%、136.42%。在 2002—2015 年,规模效应贡献值累计为 136.09 亿吨。由此可以说明,最终使用增加的背后伴随着 CO_2 的大量排放,是一种不合理的经济增长方式。究其原因在于,当前中国仍处于工业化进程快速发展阶段,在此阶段中我们可以发现,经济增长对能源消费、原材料等需求较大,且高耗能、高消耗和高排放部门作为中国基础产业部门,还将在未来一段时间内长期存在,这势必会造成隐含碳的大量排放;同时,由于工业化进程中后期需要大规模的生产制造,虽然可以促进经济快速增长,但这势必会对基础设施、生产建筑的需求快速增加,进而通过追加能源和资源的消耗催生碳排放量的增加[1]。

(二)结构效应

由表 4-3 可知,结构效应在 2002—2005 年、2005—2007 年促进隐含碳排放的增加,当进入到 2007—2010 年,结构效应的贡献值开始转变为负值,而且绝对值越来越大,说明结构效应对产业部门隐含碳排放的抑制作用越来越明显。具体表现为在 2007—2010 年,贡献值和贡献率依次为-1.44 亿吨、-9.46%;在 2010—2012 年,贡献值和贡献率依次为-1.78 亿吨、-23.42%;在 2012—2015 年,贡献值和贡献率依次为-28.93 亿吨、27.01%。在 2002—2015 年的整个研究期间,结构效应的累计贡献值为 2.26 亿吨,一方面说明,前部分时间内结构效应对隐含碳排放增长的贡献值太大;另一方面说明,我国产业结构调整作用还没有完全发挥出来,需要我们继续坚定不移地进行产业结构优化升级和经济转型。

---

[1] 陈亚楠:《能源消费碳排放驱动因素分析与实证研究》,天津大学,博士学位论文,2015 年。

（三）强度效应

由表 4-2 看出，我国产业部门的完全碳排放强度在整个研究期间不断下降，在 2002 年、2005 年、2007 年、2010 年、2012 年以及 2015 年分别为 3.14 吨/万元、3.01 吨/万元、2.56 吨/万元、2.03 吨/万元、1.67 吨/万元和 1.58 吨/万元。从 2002 年到 2015 年下降幅度高达 49.68%，这足以看出我国应对气候变化工作取得了显著的成效。在完全碳排放强度不断下降的影响下，从大体上来看，其对隐含碳排放的抑制作用除 2012—2015 年外不断增大（见表 4-3）。具体表现为，在 2002—2005 年、2005—2007 年、2007—2010 年以及 2010—2012 年完全碳排放强度的贡献值和贡献率分别为：-5.48 亿吨和 -19.24%、-14.76 亿吨和 -126.11%、-20.39 亿吨和 -133.68% 以及 -18.88 亿吨和 -249.10%。在 2002—2015 年的整个研究期间，因完全碳排放强度效应减少了 55.87 亿吨 CO_2 排放量。

（四）总效应

由表 4-3 可知，总效应的贡献值除 2012—2015 年外，均为正值，即总效应在整个研究期间大体上都在助推隐含碳排放的增长。主要原因在于规模效应的正向作用要远大于结构效应和强度效应，而总效应又是规模效应、结构效应和强度效应这三者的加总。总效应在 2002—2005 年、2005—2007 年、2007—2010 年、2010—2012 年以及 2012—2015 年 5 个时间段内对隐含碳排放增长的贡献值分别为：28.47 亿吨、11.71 亿吨、15.25 亿吨、7.58 亿吨、-107.11 亿吨。故由于这 5 个阶段的积累，在 2002—2015 年整个研究期间，隐含碳排放量增加了 82.48 亿吨，但值得高兴的是，总效应的正向作用整体在不断降低，并且在 2012—2015 年贡献值为负值，这足以看到我国在低碳减排道路上所做的努力。

表 4-2　中国产业部门最终使用、隐含碳排放及其强度情况

年份	2002	2005	2007	2010	2012	2015
最终使用（亿元）	148200.52	249148.91	338203.95	502201.26	656774.32	815178.89
隐含碳（亿吨）	46.52	74.99	86.70	101.95	109.53	129.02
完全碳排放强度（吨/万元）	3.14	3.01	2.56	2.03	1.67	1.58

数据来源：根据前述相关公式及数据整理计算所得。

表 4-3　贸易开放下中国产业部门隐含碳排放影响因素分解

（单位：亿吨、%）

效应	2002—2005 年		2005—2007 年		2007—2010 年	
	贡献值	贡献率	贡献值	贡献率	贡献值	贡献率
规模效应	30.63	107.58	24.45	208.90	37.08	243.14
结构效应	3.32	11.66	2.02	17.22	-1.44	-9.46
强度效应	-5.48	-19.24	-14.76	-126.11	-20.39	-133.68
总效应	28.47	100	11.71	100	15.25	100

续表

效应	2010—2012 年		2012—2015 年		2002—2015 年	
	贡献值	贡献率	贡献值	贡献率	贡献值	贡献率
规模效应	28.24	372.53	-146.12	136.42	136.09	165.01
结构效应	-1.78	-23.42	-28.93	27.01	2.26	2.74
强度效应	-18.88	-249.10	67.94	-63.43	-55.87	-67.75
总效应	7.58	100	-107.11	100	82.48	100

数据来源：根据前述相关公式及数据整理计算所得。

二、28 个产业部门的视角

（一）规模效应

从贡献值的角度，由表 4-4 可以看出，除在 2012—2015 年外，在

2002—2005 年、2005—2007 年、2007—2010 年、2010—2012 年 4 个时间段内，28 个产业部门的规模效应对隐含碳排放的贡献值均为正数，其中，因规模效应导致隐含碳排放量增加最大的主要集中在建筑业等产业部门。在这 4 个时间段内，跻身前十的产业部门主要为第二产业中的制造业、建筑业以及第三产业中的交通运输、仓储及邮政业和其他服务业。尽管排名前十的产业部门在这 4 个时间段内有所变动，但几乎都属于第二产业，部分第三产业中的如其他服务业等产业部门在各个阶段也都跻身前十。主要原因在于我国仍需要不断推进工业化的进程以促进经济的发展，而工业向来以高能耗、高污染和高排放著称。另外，随着城镇化水平的不断提高，对基础设施和交通等方面的需求也会增大，进而也会刺激工业生产不断增加，最终导致第二产业的隐含碳排放量遥遥领先于第一产业和第三产业产生的隐含碳。从贡献率的角度来看（见表 4-5），规模效应的贡献率相较结构效应和强度效应的贡献率最大的产业部门主要集中在第二产业中的制造业以及第三产业中的其他服务业。进一步分析发现：除在 2010—2012 年，规模效应的贡献值排在第一位的一直都是建筑业，其他服务业在整个研究期间基本都是排在第二位。

（二）结构效应

由表 4-4 我们可得：6 个时间段所对应的 28 个产业部门的结构效应有正有负。其中，为正数和负数的产业部门在 2002—2005 年分别为 15 个和 13 个，在 2005—2007 年分别为 13 个和 15 个，在 2007—2010 年分别为 9 个和 19 个，在 2010—2012 年分别为 14 个和 14 个，在 2012—2015 年分别为 9 个和 19 个。在 2002—2015 年的整个研究期间，结构效应的贡献值为正数的有 11 个，如建筑业，交通运输设备制造业等；负数有 17 个，如农业，纺织业，电力、热力的生产和供应业等。从贡献值来看，5 个时间段内结构效应贡献值跻身前十的产业部门变化较大，其中 2002—2005 年，由于产业结构变动，结构效应贡献值排在前十的产业部门致使隐含碳为 8.26 亿吨。2005—2007

年为 8.67 亿吨，2007—2010 年为 6.79 亿吨，2010—2012 年为 5.65 亿吨，2012—2015 年为 1.49 亿吨。2002—2005 年，石油、炼焦及核燃料加工业的结构效应排在第一，其值为 1.69 亿吨；2005—2007 年，金属冶炼及压延加工业排在第一位（数值为 2.09 亿吨）；2007—2010 年，建筑业的结构效应排在第一位（数值为 2.35 亿吨）；2010—2012 年，交通运输、仓储及邮政业的结构效应排在第一位（数值为 1.41 亿吨）；2012—2015 年，金属冶炼及压延加工业的结构效应排在第一位（数值为 0.90 亿吨）；2002—2015 年，建筑业的结构效应排在第一位（数值为 4.21 亿吨）。由上述的分析可知：产业结构调整对抑制隐含碳排放增加的作用越来越明显，有利于我们继续推进优化产业结构的步伐。另外，从贡献率的角度来看，各产业部门结构效应的贡献率差别较大，并且相同部门在不同时间段内的产业结构效应的贡献率也表现出较大的差别，我们目前要做的是让高碳产业通过技术改造、产业优化升级等方式朝着低碳方向发展。

（三）强度效应

由表 4-4 我们可得：在 2002—2005 年强度效应的贡献值为正数的产业部门有 6 个，如通用、专用设备制造业等产业部门；负数的有 22 个，如建筑业等产业部门。2005—2007 年为正数的产业部门有 1 个（电力、热力的生产和供应业），负数的有 27 个，如其他服务业等；2012—2015 年为正数的产业部门有 17 个，如木材加工及家具制造业等，负数的有 11 个；剩余的 3 个时间段所有产业部门均为负值。从贡献值来看，因强度效应致使产业部门隐含碳排放减少位居前十位的产业部门主要集中在化学工业、建筑业等。其中，2002—2005 年，前十产业部门的隐含碳排放量加总减少 5.23 亿吨，占因强度效应导致的产业部门隐含碳排放减少总量的 95.46%；2005—2007 年减少 11.49 亿吨，占 77.84%；2007—2010 年减少 16.78 亿吨，占 82.31%；2010—2012 年减少 15.95 亿吨，占 84.46%。2002—2005 年，通用、专用设备制造业的强度排在第一位（数值为 0.20 亿吨）；2005—2007 年，电力、热力的生产和供应业的强度排在第一位（数值为 0.13 亿吨）；2007—2010 年，非金属矿和其他矿采选业的强度排在第一位；2010—2012 年，非金属矿和其他矿采选业的强度排在第一位（数值为-0.01 亿吨）；2012—2015 年，木材加工及家具制造业的强度排在第一位（数值为 67.56 亿吨）；2002—2015 年，金属矿采选业的强度排在第一位（数值为-0.01 亿吨）。通过上述数据显示及其分析可知：强度效应对于碳排放具有较大的抑制作用，每万元排放的碳越少，其减排效率就越理想，所以完全碳排放强度越高的产业部门，就是我们需要重点关注的产业部门。只有有效降低其完全碳排放强度，才能更好地节能减排。因此，这些减排潜力巨大的产业部门就是我们未来的工作方向。从贡献率的角度来看，各产业部门的强度效应的贡献率在不同的研究时段内，排名变化大，但贡献率最大的几个部门还是主要集中在第二产业。

（四）总效应

在前 3 个时间段内，绝大部分产业部门的总效应为正值，随着国家对低碳经济发展的愈加重视，越来越多的部门对隐含碳排放增长的总效应不断趋向负值，使得隐含碳排放的增速得到一定的抑制。由表4-4 可知：在 2002—2005 年总效应为正数的产业部门有 24 个，如通用、专用设备制造业等产业部门；负数的产业部门有 4 个，如农业等产业部门。2005—2007 年，为正数的产业部门有 17 个，如建筑业等产业部门；负数的产业部门有 11 个，如煤炭采选业等产业部门。2007—2010 年，为正数的产业部门有 20 个，负数有 8 个。在 2010—2012 年，总效应为负数的产业部门不断增加，达到 9 个，如纺织业，其他服务业等产业部门。正数的产业部门为 19 个，如金融制品业。在 2012—2015 年总效应为正数的产业部门有 16 个，如电力、热力、生产和供应业、交通运输设备制造业等产业部门；负数有 11 个，如煤炭系选业、石油和天然气开采业等。此时，有接近一半的产业部门促使隐含碳排放不断减少。在 2002—2015 年的整个研究期间，由于产业规模效应的正向累计作用大于产业结构效应与碳排放强度效应的综合累计影响，使得在这个时间段内所有产业部门的总效应对隐含碳排放的增长起着促进作用。

表 4-4　贸易开放下中国 28 个产业部门隐含碳排放影响因素分解

（单位：亿吨）

产业部门	2002—2005 年				2005—2007 年				2007—2010 年			
	ΔCq	ΔCs	ΔCr	ΔC	ΔCq	ΔCs	ΔCr	ΔC	ΔCq	ΔCs	ΔCr	ΔC
农业	1.02 (12)	−0.87 (26)	−0.27 (21)	−0.12 (27)	0.54 (16)	−0.41 (22)	−0.41 (15)	−0.29 (22)	0.64 (16)	−0.32 (20)	−0.35 (15)	−0.03 (21)
煤炭采选业	0.31 (21)	0.11 (13)	0.03 (4)	0.45 (16)	0.15 (23)	−0.64 (26)	−0.08 (6)	−0.57 (25)	0.10 (23)	−0.06 (15)	−0.10 (6)	−0.06 (22)
石油和天然气开采业	0.04 (27)	−0.06 (20)	−0.05 (13)	−0.08 (26)	0.02 (27)	0.02 (12)	0.00 (2)	0.04 (16)	0.03 (27)	−0.02 (13)	−0.01 (2)	0.00 (20)
金属矿采选业	0.09 (25)	0.48 (9)	−0.02 (9)	0.55 (14)	0.08 (24)	−0.51 (24)	−0.04 (5)	−0.48 (24)	0.06 (26)	0.11 (9)	−0.03 (4)	0.14 (13)
非金属矿和其他矿采选业	0.03 (28)	−0.06 (21)	0.00 (6)	−0.03 (25)	0.01 (28)	0.01 (13)	−0.01 (3)	0.01 (17)	0.02 (28)	−0.01 (11)	0.00 (1)	0.01 (18)
食品制造和烟草加工业	1.21 (8)	0.15 (10)	−0.49 (25)	0.87 (11)	0.89 (10)	−0.11 (16)	−0.54 (19)	0.24 (12)	1.37 (9)	0.27 (5)	−0.76 (20)	0.87 (6)
纺织业	0.69 (15)	−0.02 (19)	−0.11 (18)	0.56 (13)	0.57 (15)	0.18 (9)	−0.24 (13)	0.52 (8)	0.76 (14)	−0.58 (23)	−0.61 (19)	−0.43 (26)
纺织服装鞋帽皮革羽绒及其制品业	0.78 (13)	0.15 (12)	−0.17 (19)	0.76 (12)	0.62 (13)	−0.26 (20)	−0.13 (7)	0.24 (11)	0.87 (13)	−0.34 (22)	−0.47 (16)	0.07 (16)
木材加工及家具制造业	0.24 (22)	0.00 (17)	−0.02 (10)	0.22 (22)	0.23 (21)	0.34 (8)	−0.18 (11)	0.39 (10)	0.39 (19)	−0.26 (18)	−0.09 (5)	0.04 (17)
造纸印刷及文教体育用品制造业	0.36 (20)	0.00 (16)	0.03 (3)	0.39 (19)	0.26 (20)	−0.19 (18)	−0.16 (9)	−0.08 (18)	0.32 (21)	−0.18 (17)	−0.14 (10)	0.01 (19)
石油、炼焦及核燃料加工业	0.72 (14)	1.69 (1)	−0.32 (22)	2.09 (6)	0.60 (14)	−1.23 (27)	−0.66 (21)	−1.30 (28)	0.61 (17)	−0.01 (12)	−0.26 (13)	0.34 (8)
化学工业	1.35 (6)	−0.51 (24)	−0.42 (24)	0.43 (18)	1.10 (8)	1.18 (3)	−0.61 (20)	1.66 (3)	1.83 (7)	−0.33 (21)	−1.21 (25)	0.30 (9)
非金属矿物制品业	0.50 (17)	0.15 (11)	−0.20 (20)	0.44 (17)	0.34 (19)	−0.22 (19)	−0.27 (14)	−0.15 (20)	0.44 (18)	−0.02 (14)	−0.26 (12)	0.16 (12)
金属冶炼及压延加工业	0.49 (18)	0.80 (5)	−0.06 (14)	1.23 (9)	0.77 (11)	2.09 (1)	−0.95 (24)	1.91 (2)	1.19 (11)	−1.84 (28)	−0.47 (17)	−1.12 (28)
金属制品业	0.63 (16)	−0.07 (22)	−0.08 (16)	0.48 (15)	0.54 (17)	0.50 (7)	−0.42 (16)	0.62 (7)	0.74 (15)	−0.92 (26)	−0.24 (11)	−0.43 (25)

续表

产业部门	2002—2005 年				2005—2007 年				2007—2010 年			
	ΔCq	ΔCs	ΔCr	ΔC	ΔCq	ΔCs	ΔCr	ΔC	ΔCq	ΔCs	ΔCr	ΔC
通用、专用设备制造业	2.57 (3)	1.42 (2)	0.20 (1)	4.20 (1)	2.18 (3)	-0.51 (23)	-2.06 (27)	-0.39 (23)	3.15 (3)	0.17 (6)	-1.22 (26)	2.10 (4)
交通运输设备制造业	1.20 (9)	0.51 (8)	0.07 (2)	1.78 (7)	1.14 (6)	0.98 (4)	-1.21 (25)	0.91 (6)	2.20 (4)	1.81 (2)	-1.07 (24)	2.94 (2)
电气机械及器材制造业	1.17 (10)	0.65 (6)	-0.07 (15)	1.76 (8)	1.17 (5)	0.81 (5)	-0.75 (22)	1.23 (5)	2.13 (5)	0.70 (4)	-0.90 (22)	1.93 (5)
通信设备、计算机及其他电子设备制造业	1.61 (4)	0.97 (4)	-0.04 (11)	2.54 (4)	1.36 (4)	-0.13 (17)	-1.38 (26)	-0.15 (21)	1.86 (6)	-0.90 (25)	-0.30 (14)	0.66 (7)
仪器仪表制造业	0.49 (19)	0.57 (7)	-0.04 (12)	1.02 (10)	0.35 (18)	-0.61 (25)	-0.42 (17)	-0.68 (26)	0.35 (20)	-0.17 (16)	-0.10 (7)	0.08 (15)
其他制造业	0.20 (23)	0.04 (15)	-0.01 (8)	0.23 (21)	0.17 (22)	0.14 (10)	-0.17 (10)	0.14 (13)	0.30 (22)	-0.08 (10)	-0.13 (8)	0.25 (10)
电力、热力的生产和供应业	1.24 (7)	-0.68 (25)	-0.84 (27)	-0.28 (28)	0.90 (9)	0.52 (6)	0.13 (1)	1.55 (4)	1.46 (8)	-0.86 (24)	-0.82 (21)	-0.22 (23)
燃气生产和供应业	0.14 (24)	0.06 (14)	-0.08 (17)	0.11 (23)	0.07 (25)	-0.09 (15)	-0.13 (8)	-0.14 (19)	0.09 (24)	0.17 (7)	-0.14 (9)	0.13 (14)
水的生产和供应业	0.04 (26)	-0.02 (18)	-0.01 (7)	0.01 (24)	0.03 (26)	0.03 (11)	-0.01 (4)	0.05 (15)	0.09 (25)	0.14 (8)	-0.02 (3)	0.21 (11)
建筑业	6.84 (1)	-1.90 (28)	-1.63 (28)	3.31 (2)	5.50 (1)	1.93 (2)	-0.79 (23)	6.64 (1)	9.56 (1)	2.35 (1)	-6.38 (28)	5.53 (1)
交通运输、仓储及邮政业	1.50 (5)	1.02 (3)	-0.36 (23)	2.16 (5)	1.12 (7)	-1.41 (28)	-0.52 (18)	-0.80 (27)	1.21 (10)	-1.16 (27)	-0.50 (18)	-0.45 (27)
批发零售业及餐饮业	1.06 (11)	-0.27 (23)	-0.53 (26)	0.26 (20)	0.74 (12)	-0.03 (14)	-0.19 (12)	0.51 (9)	1.00 (12)	-0.29 (19)	-1.04 (23)	-0.33 (24)
其他服务业	4.12 (2)	-0.97 (27)	0.01 (5)	3.16 (3)	2.95 (2)	-0.34 (21)	-2.53 (28)	0.08 (14)	4.32 (2)	0.99 (3)	-2.77 (27)	2.54 (3)

续表

产业部门	2010—2012 年				2012—2015 年				2002—2015 年			
	ΔCq	ΔCs	ΔCr	ΔC	ΔCq	ΔCs	ΔCr	ΔC	ΔCq	ΔCs	ΔCr	ΔC
农业	0.53 (15)	0.47 (6)	-0.17 (11)	0.83 (6)	-0.10 (23)	0.19 (3)	0.03 (5)	0.12 (8)	3.33 (12)	-2.02 (28)	-1.46 (17)	-0.15 (28)
煤炭采选业	0.06 (25)	-0.03 (15)	-0.01 (3)	0.01 (17)	-0.04 (22)	-0.05 (22)	-0.03 (20)	-0.12 (24)	0.70 (22)	-0.49 (23)	-0.18 (6)	0.03 (22)
石油和天然气开采业	0.02 (27)	0.02 (13)	-0.02 (4)	0.03 (16)	0.00 (12)	-0.02 (17)	0.01 (14)	-0.01 (19)	0.15 (26)	-0.13 (16)	-0.08 (4)	-0.06 (27)
金属矿采选业	0.03 (26)	-0.20 (19)	-0.03 (6)	-0.20 (22)	0.00 (13)	-0.01 (16)	0.00 (17)	-0.01 (18)	0.02 (28)	-0.03 (12)	-0.01 (1)	-0.01 (25)

产业部门	2010—2012 年				2012—2015 年				2002—2015 年			
	ΔCq	ΔCs	ΔCr	ΔC	ΔCq	ΔCs	ΔCr	ΔC	ΔCq	ΔCs	ΔCr	ΔC
非金属矿和其他矿采选业	0.01 (28)	−0.05 (16)	−0.01 (1)	−0.05 (20)	0.00 (14)	0.00 (10)	0.00 (18)	0.00 (17)	0.07 (27)	−0.11 (14)	−0.02 (2)	−0.06 (26)
食品制造和烟草加工业	1.08 (8)	0.12 (11)	−0.94 (23)	0.26 (10)	0.00 (15)	0.00 (9)	0.00 (16)	0.00 (16)	4.94 (10)	0.14 (10)	−2.85 (23)	2.23 (10)
纺织业	0.35 (17)	−0.92 (27)	−0.19 (12)	−0.76 (27)	−0.85 (26)	0.10 (4)	0.02 (8)	−0.73 (26)	1.90 (17)	−1.06 (26)	−0.75 (12)	0.09 (21)
纺织服装鞋帽皮革羽绒及其制品业	0.65 (12)	0.25 (8)	−0.49 (18)	0.41 (9)	0.08 (10)	0.01 (8)	−0.05 (24)	0.04 (12)	3.25 (13)	−0.10 (13)	−1.38 (16)	1.77 (12)
木材加工及家具制造业	0.27 (20)	0.02 (14)	−0.29 (14)	0.00 (19)	145.5 (28)	−29.01 (28)	67.56 (1)	−106.96 (28)	1.19 (20)	0.17 (9)	−0.53 (9)	0.83 (16)
造纸印刷及文教体育用品制造业	0.33 (18)	0.80 (2)	−0.19 (13)	0.94 (5)	0.46 (1)	0.20 (2)	−0.06 (26)	0.60 (1)	2.05 (16)	0.37 (6)	−0.59 (11)	1.83 (11)
石油、炼焦及核燃料加工业	0.58 (14)	0.73 (3)	−0.35 (16)	0.96 (4)	0.18 (6)	−0.26 (26)	0.23 (3)	0.15 (7)	2.65 (15)	0.93 (5)	−0.96 (14)	2.62 (8)
化学工业	1.30 (6)	−0.62 (23)	−0.55 (19)	0.14 (13)	0.28 (3)	−0.10 (24)	0.06 (4)	0.24 (4)	6.66 (5)	−0.55 (25)	−2.56 (22)	3.54 (6)
非金属矿物制品业	0.33 (19)	−0.13 (18)	−0.17 (10)	0.03 (15)	0.25 (4)	−0.01 (13)	−0.08 (27)	0.17 (5)	1.80 (18)	−0.18 (18)	−0.94 (13)	0.68 (18)
金属冶炼及压延加工业	0.62 (13)	−0.64 (24)	−0.32 (15)	−0.33 (23)	−0.19 (24)	0.90 (1)	−0.16 (28)	0.55 (2)	1.28 (19)	−0.18 (17)	−0.41 (8)	0.69 (17)
金属制品业	0.53 (16)	0.50 (5)	−0.35 (17)	0.68 (7)	0.09 (9)	−0.05 (21)	0.01 (12)	0.04 (10)	2.84 (14)	−0.22 (19)	−1.00 (15)	1.62 (13)
通用、专用设备制造业	2.49 (3)	0.24 (9)	−2.28 (26)	0.45 (8)	−0.03 (20)	0.04 (5)	0.01 (13)	0.01 (14)	9.55 (3)	0.24 (8)	−3.84 (26)	5.94 (4)
交通运输设备制造业	1.94 (4)	−0.53 (21)	−1.24 (24)	0.18 (12)	0.11 (7)	−0.02 (18)	−0.04 (21)	0.05 (9)	6.70 (4)	2.71 (2)	−2.89 (24)	6.53 (3)
电气机械及器材制造业	1.61 (5)	−1.63 (28)	−0.80 (21)	−0.83 (28)	0.40 (2)	−0.06 (23)	0.03 (6)	0.38 (3)	5.98 (6)	1.16 (3)	−1.79 (18)	5.35 (5)
通信设备、计算机及其他电子设备制造业	1.28 (7)	−0.49 (20)	−1.32 (25)	−0.53 (25)	0.04 (11)	−0.02 (19)	−0.01 (19)	0.01 (13)	5.42 (8)	−0.44 (21)	−2.21 (21)	2.76 (7)
仪器仪表制造业	0.18 (21)	−0.56 (22)	−0.11 (9)	−0.49 (24)	−0.03 (18)	−0.01 (14)	0.01 (10)	−0.02 (21)	0.90 (21)	−0.47 (22)	−0.41 (7)	0.02 (23)
其他制造业	0.11 (22)	−0.83 (25)	−0.03 (5)	−0.75 (26)	−0.02 (17)	0.00 (12)	−0.04 (22)	−0.07 (22)	0.46 (24)	−0.44 (20)	−0.03 (3)	−0.01 (24)
电力、热力的生产和供应业	0.97 (10)	−0.87 (26)	−0.01 (2)	0.09 (14)	0.09 (8)	0.00 (11)	−0.04 (23)	0.04 (11)	5.53 (7)	−1.89 (27)	−2.08 (19)	1.56 (14)
燃气生产和供应业	0.08 (23)	0.03 (12)	−0.11 (8)	0.01 (18)	−0.04 (21)	−0.04 (20)	0.01 (11)	−0.07 (23)	0.56 (23)	0.30 (7)	−0.59 (10)	0.27 (19)
水的生产和供应业	0.07 (24)	−0.12 (17)	−0.09 (7)	−0.14 (21)	−0.01 (16)	−0.01 (15)	0.00 (15)	−0.02 (20)	0.26 (25)	0.04 (11)	−0.11 (5)	0.20 (20)
建筑业	7.73 (1)	0.19 (10)	−4.34 (28)	3.58 (1)	−0.32 (25)	−0.17 (25)	0.03 (7)	−0.47 (25)	40.15 (1)	4.21 (1)	−14.10 (28)	30.26 (1)

续表

产业部门	2010—2012 年				2012—2015 年				2002—2015 年			
	ΔCq	ΔCs	ΔCr	ΔC	ΔCq	ΔCs	ΔCr	ΔC	ΔCq	ΔCs	ΔCr	ΔC
交通运输、仓储及邮政业	0.98 (9)	1.41 (1)	-0.61 (20)	1.78 (2)	-0.03 (19)	0.02 (7)	0.01 (9)	0.01 (15)	5.12 (9)	-0.55 (24)	-2.11 (20)	2.46 (9)
批发零售业及餐饮业	0.66 (11)	0.45 (7)	-0.89 (22)	0.22 (11)	0.19 (5)	0.03 (6)	-0.05 (25)	0.16 (6)	4.19 (11)	-0.11 (15)	-2.89 (25)	1.19 (15)
其他服务业	3.42 (2)	0.60 (4)	-2.97 (27)	1.05 (3)	-1.12 (27)	-0.57 (27)	0.48 (2)	-1.21 (27)	18.43 (2)	0.97 (4)	-9.08 (27)	10.32 (2)

注：鉴于篇幅，上表中括号里的数字表示各产业部门的排序，由于表中数据取两位小数，在表中一致的数据在取四位小数时，大小不同，故排序不同；另外，为了统一数据，有些值为 0.00 的数据实际值并不等于 0，在对此进行的过程中，我们仍旧按照原来的数值进行测算。

数据来源：根据前述相关公式及数据整理计算所得。

表 4-5　贸易开放下中国 28 个产业部门隐含碳排放影响因素分解的贡献率

（单位：%）

产业部门	2002—2005 年			2005—2007 年			2007—2010 年		
	ΔCq 贡献率	ΔCs 贡献率	ΔCr 贡献率	ΔCq 贡献率	ΔCs 贡献率	ΔCr 贡献率	ΔCq 贡献率	ΔCs 贡献率	ΔCr 贡献率
农业	-889.22 (28)	753.79 (1)	235.42 (2)	-188.85 (24)	144.06 (4)	144.79 (5)	-2211.23 (28)	1110.97 (1)	1200.25 (1)
煤炭采选业	68.73 (16)	25.33 (16)	5.94 (5)	-26.94 (19)	112.54 (6)	14.41 (10)	-163.58 (22)	95.42 (8)	168.16 (4)
石油和天然气开采业	-48.19 (25)	79.34 (6)	68.85 (3)	47.35 (16)	60.21 (20)	-7.57 (13)	3392.84 (2)	-1759.15 (27)	-1533.7 (27)
金属矿采选业	15.70 (24)	87.71 (4)	-3.41 (11)	-16.56 (18)	107.66 (8)	8.90 (11)	42.00 (19)	80.78 (10)	-22.78 (10)
非金属矿和其他矿采选业	-89.97 (26)	191.04 (3)	-1.07 (9)	151.87 (4)	77.05 (16)	-128.92 (24)	174.08 (10)	-38.87 (21)	-35.21 (11)
食品制造和烟草加工业	138.92 (5)	17.08 (19)	-56.00 (24)	371.94 (2)	-44.75 (26)	-227.19 (27)	156.91 (13)	30.54 (17)	-87.45 (18)
纺织业	123.43 (8)	-4.27 (22)	-19.16 (20)	111.36 (8)	34.56 (22)	-45.92 (19)	-178.63 (24)	135.45 (6)	143.18 (5)
纺织服装鞋帽皮革羽绒及其制品业	103.18 (12)	19.14 (17)	-22.32 (21)	259.62 (3)	-106.65 (27)	-52.97 (21)	1322.40 (3)	-511.88 (25)	-710.52 (26)
木材加工及家具制造业	111.06 (11)	-1.24 (21)	-9.82 (16)	59.03 (14)	85.87 (14)	-44.89 (18)	885.35 (4)	-582.72 (26)	-202.64 (24)
造纸印刷及文教体育用品制造业	92.15 (13)	-0.34 (20)	8.19 (4)	-319.95 (26)	226.42 (1)	193.53 (3)	6479.96 (1)	-3590.74 (28)	-2789.22 (28)

续表

产业部门	2002—2005 年			2005—2007 年			2007—2010 年		
	ΔCq 贡献率	ΔCs 贡献率	ΔCr 贡献率	ΔCq 贡献率	ΔCs 贡献率	ΔCr 贡献率	ΔCq 贡献率	ΔCs 贡献率	ΔCr 贡献率
石油、炼焦及核燃料加工业	34.57 (23)	80.83 (5)	-15.39 (17)	-46.24 (20)	95.05 (11)	51.19 (9)	178.75 (9)	-2.02 (19)	-76.73 (17)
化学工业	314.19 (3)	-117.45 (27)	-96.74 (26)	66.06 (13)	70.71 (17)	-36.76 (16)	619.25 (5)	-110.16 (22)	-409.09 (25)
非金属矿物制品业	112.42 (10)	33.03 (14)	-45.45 (22)	-226.12 (25)	144.37 (3)	181.75 (4)	270.84 (8)	-13.73 (20)	-157.11 (23)
金属冶炼及压延加工业	39.80 (22)	64.91 (7)	-4.71 (14)	40.32 (17)	109.24 (7)	-49.56 (20)	-106.62 (21)	164.88 (5)	41.74 (8)
金属制品业	131.25 (6)	-14.34 (23)	-16.91 (19)	86.77 (10)	81.41 (15)	-68.18 (23)	-172.60 (23)	216.94 (4)	55.66 (7)
通用、专用设备制造业	61.30 (20)	33.88 (13)	4.82 (6)	-561.88 (27)	131.91 (5)	529.97 (2)	149.73 (14)	8.23 (18)	-57.96 (16)
交通运输设备制造业	67.48 (17)	28.52 (15)	4.00 (7)	125.45 (7)	107.21 (9)	-132.66 (26)	74.83 (17)	61.68 (12)	-36.51 (12)
电气机械及器材制造业	66.65 (18)	37.27 (12)	-3.92 (12)	94.92 (9)	66.12 (18)	-61.05 (22)	110.17 (16)	36.16 (15)	-46.33 (14)
通信设备、计算机及其他电子设备制造业	63.27 (19)	38.14 (11)	-1.41 (10)	-880.70 (28)	87.22 (13)	-893.47 (1)	282.69 (7)	-136.70 (23)	-46.00 (13)
仪器仪表制造业	47.88 (21)	56.23 (8)	-4.11 (13)	-51.97 (22)	89.92 (12)	62.04 (8)	419.56 (6)	-197.86 (24)	-121.70 (22)
其他制造业	87.31 (14)	17.92 (18)	-5.23 (15)	128.24 (6)	100.83 (10)	-129.06 (25)	121.53 (15)	31.95 (16)	-53.48 (15)
电力、热力的生产和供应业	-443.66 (27)	242.14 (2)	301.52 (1)	58.15 (15)	33.64 (23)	8.21 (12)	-668.03 (27)	391.25 (2)	376.78 (2)
燃气生产和供应业	119.67 (9)	52.90 (9)	-72.58 (25)	-51.78 (21)	62.90 (19)	88.88 (6)	72.91 (18)	132.48 (7)	-105.40 (19)
水的生产和供应业	525.89 (1)	-295.80 (28)	-130.09 (27)	69.91 (12)	58.31 (21)	-28.22 (15)	41.84 (20)	67.42 (11)	-9.25 (9)
建筑业	206.63 (4)	-57.50 (25)	-49.14 (23)	82.84 (11)	29.04 (24)	-11.88 (14)	172.90 (11)	42.52 (13)	-115.42 (21)
交通运输、仓储及邮政业	69.50 (15)	47.32 (10)	-16.82 (18)	-140.23 (23)	175.70 (2)	64.53 (7)	-270.55 (25)	258.68 (3)	111.87 (6)
批发零售业及餐饮业	403.83 (2)	-102.31 (26)	-201.52 (28)	144.44 (5)	-6.57 (25)	-37.88 (17)	-300.74 (26)	86.21 (9)	314.52 (3)
其他服务业	130.43 (7)	-30.81 (24)	0.38 (8)	3704.50 (1)	-430.93 (28)	-3173.56 (28)	170.17 (12)	38.87 (14)	-109.05 (20)

产业部门	2010—2012 年			2012—2015 年			2002—2015 年		
	ΔCq 贡献率	ΔCs 贡献率	ΔCr 贡献率	ΔCq 贡献率	ΔCs 贡献率	ΔCr 贡献率	ΔCq 贡献率	ΔCs 贡献率	ΔCr 贡献率
农业	64.22 (15)	56.75 (19)	−20.97 (13)	−83.65 (25)	155.48 (6)	28.17 (6)	−2168.90 (27)	1318.77 (2)	950.13 (1)
煤炭采选业	418.05 (7)	−225.20 (23)	−92.85 (18)	33.83 (20)	42.93 (11)	23.23 (8)	2058.56 (3)	−1431.90 (27)	−526.67 (26)
石油和天然气开采业	92.96 (13)	93.43 (10)	−86.39 (17)	−38.35 (24)	197.70 (4)	−59.35 (23)	−245.07 (26)	217.89 (3)	127.18 (3)
金属矿采选业	−13.32 (19)	99.57 (9)	13.75 (9)	−14.92 (22)	116.10 (7)	−1.18 (12)	−161.05 (25)	190.06 (4)	70.99 (4)
非金属矿和其他矿采选业	−16.13 (21)	99.64 (8)	16.49 (8)	56.78 (18)	33.62 (14)	9.60 (10)	−119.06 (24)	179.18 (5)	39.88 (5)
食品制造和烟草加工业	416.55 (8)	45.83 (21)	−362.38 (22)	−6313.99 (28)	2525.84 (1)	3888.15 (1)	221.67 (7)	6.13 (15)	−127.80 (21)
纺织业	−46.03 (23)	121.14 (5)	24.89 (6)	116.11 (12)	−13.34 (22)	−2.77 (13)	2211.04 (2)	−1237.13 (26)	−873.91 (27)
纺织服装鞋帽皮革羽绒及其制品业	158.10 (12)	59.76 (17)	−117.86 (19)	207.22 (3)	25.15 (17)	−132.36 (28)	184.29 (13)	−5.90 (17)	−78.40 (17)
木材加工及家具制造业	−21171.75 (28)	−1462.00 (28)	22733.75 (1)	136.04 (7)	27.12 (16)	−63.17 (25)	143.54 (17)	20.22 (12)	−63.76 (14)
造纸印刷及文教体育用品制造业	35.18 (18)	85.30 (13)	−20.48 (12)	76.15 (15)	33.75 (13)	−9.90 (15)	112.09 (20)	20.33 (11)	−32.42 (6)
石油、炼焦及核燃料加工业	60.69 (16)	75.77 (15)	−36.46 (15)	121.08 (8)	−179.58 (27)	158.50 (3)	101.25 (23)	35.44 (8)	−36.69 (8)
化学工业	927.60 (5)	−438.04 (25)	−389.55 (23)	116.35 (11)	−41.74 (24)	25.39 (7)	188.08 (11)	−15.62 (20)	−72.45 (16)
非金属矿物制品业	1114.71 (1)	−440.48 (26)	−574.23 (26)	149.46 (6)	−2.97 (20)	−46.49 (21)	265.74 (6)	−26.95 (24)	−138.79 (23)
金属冶炼及压延加工业	−186.55 (25)	190.95 (4)	95.60 (4)	−34.44 (23)	163.89 (5)	−29.45 (18)	185.09 (12)	−25.95 (23)	−59.14 (12)
金属制品业	78.21 (14)	74.14 (16)	−52.35 (16)	196.00 (5)	−110.52 (26)	14.52 (9)	175.34 (15)	−13.82 (19)	−61.52 (13)
通用、专用设备制造业	554.71 (6)	54.37 (20)	−509.08 (25)	−481.37 (27)	493.31 (2)	88.05 (4)	160.74 (16)	3.96 (16)	−64.69 (15)
交通运输设备制造业	1088.70 (2)	−296.11 (24)	−692.59 (27)	229.85 (2)	−46.35 (25)	−83.50 (26)	102.68 (22)	41.56 (7)	−44.23 (9)
电气机械及器材制造业	−194.22 (26)	197.47 (3)	96.75 (3)	106.83 (13)	−15.01 (23)	8.18 (11)	111.84 (21)	21.65 (10)	−33.49 (7)

产业部门	2010—2012 年			2012—2015 年			2002—2015 年		
	ΔCq 贡献率	ΔCs 贡献率	ΔCr 贡献率	ΔCq 贡献率	ΔCs 贡献率	ΔCr 贡献率	ΔCq 贡献率	ΔCs 贡献率	ΔCr 贡献率
通信设备、计算机及其他电子设备制造业	-242.34 (27)	92.09 (11)	250.25 (2)	401.10 (1)	-238.59 (28)	-62.52 (24)	196.11 (10)	-15.97 (21)	-80.14 (18)
仪器仪表制造业	-36.25 (22)	114.19 (6)	22.06 (7)	120.44 (9)	28.90 (15)	-49.34 (22)	5610.68 (1)	-2956.98 (28)	-2553.7 (28)
其他制造业	-14.09 (20)	110.73 (7)	3.37 (10)	30.39 (21)	6.31 (19)	63.30 (5)	-4965.31 (28)	4969.28 (1)	369.02 (2)
电力、热力的生产和供应业	1060.91 (3)	-949.27 (27)	-11.64 (11)	203.99 (4)	-4.17 (21)	-99.81 (27)	354.83 (4)	-121.30 (25)	-133.53 (22)
燃气生产和供应业	999.19 (4)	365.56 (1)	-1264.75 (28)	53.09 (19)	61.09 (8)	-14.18 (16)	207.93 (9)	112.64 (6)	-220.57 (24)
水的生产和供应业	-51.50 (24)	89.60 (12)	61.91 (5)	71.20 (16)	49.65 (9)	-20.84 (17)	134.95 (18)	22.45 (9)	-57.40 (11)
建筑业	215.70 (11)	5.41 (22)	-121.12 (20)	69.35 (17)	36.07 (12)	-5.43 (14)	132.68 (19)	13.92 (13)	-46.61 (10)
交通运输、仓储及邮政业	55.14 (17)	79.01 (14)	-34.15 (14)	-424.81 (26)	313.30 (3)	211.52 (2)	208.12 (8)	-22.23 (22)	-85.89 (19)
批发零售业及餐饮业	298.94 (10)	204.26 (2)	-403.19 (24)	116.46 (10)	17.02 (18)	-33.48 (19)	352.21 (5)	-9.07 (18)	-243.14 (25)
其他服务业	325.00 (9)	57.24 (18)	-282.14 (21)	92.53 (14)	47.37 (10)	-39.90 (20)	178.53 (14)	9.42 (14)	-87.95 (20)

注：上表中括号里的数字表示各产业部门的排序。

数据来源：根据前述相关公式及数据整理计算所得。

三、三次产业的视角

（一）规模效应

由表 4-7 可以看出：三次产业除 2012—2015 年外，在其余 5 个时间段内所对应的规模效应均为正数。另外，在 2002—2005 年，第二产业因规模效应引起隐含碳排放量增加 22.92 亿吨，占规模效应导致的产业部门隐含碳排放的 74.85%，在同时间段内，第一产业、第三产业规模效应的贡献值分别为 1.02 亿吨（占比 3.34%）和 6.68 亿吨（占比 21.81%）；在 2005—2007 年，第二产业因规模效应致使隐含碳排放增加 19.10 亿吨，占比 78.10%，在同时间段内，第一产业、第三产业规模效应的贡献值分别为 0.54 亿吨（占比 2.21%）和 4.82 亿吨（占比 19.70%）；在 2007—2010 年，第二产业因规模效应致使隐含碳排放增加 29.92 亿吨，占 80.69%，在同时间段内，第一产业、第三产业规模效应的贡献值分别为 0.64 亿吨（占比 1.72%）和 6.52 亿吨（占比 17.59%）；在 2010—2012 年，第二产业因规模效应引起隐含碳排放增加 22.64 亿吨，占 80.17%，在同时间段内，第一产业、第三产业规模效应的贡献值分别为 0.53 亿吨（占比 1.89%）和 5.07 亿吨（占比 17.95%）；在 2002—2015 年，第二产业因规模效应引起隐含碳排放量增加 105.02 亿吨，占比 77.17%，在同时间段内，第一产业、第三产业规模效应的贡献值分别为 3.33 亿吨（占比 2.44%）和 27.74 亿吨（占比 20.39%）；从贡献率上看，几乎在所有年份里，三次产业的规模效应在所分析的三个影响因素中影响最大。

（二）结构效应

由表 4-7 可知：2002—2005 年，第二产业的结构效应贡献值为正数，第三产业和第一产业为负数；2005—2007 年为正数的仍旧是第二产业，其余两个产业为负数；这主要是因为在 2002—2007 年，第二产业的最终使用在三次产业最终使用中的比重不断在增加，具体表现为 2002 年的 57.15%、2005 年的 62.76%以及 2007 年的 65.88%，与此同时，在这 3 年内，第一产业和第三产业的最终使用在三次产业中的比重不断下降，其中，第一和第三产业最终使用的比重依次为 2002 年的 8.24%、34.61%，2005 年的 5.30%、31.93%以及 2007 年 4.20%、29.92%（见表 4-6）。其中，第二产业包括工业和建筑业。目前我国的工业化进程仍不断推进，而工业化过程中主要依赖煤炭资源能源的现状还未改变。另外，随着我国城镇化水平的不断提高，建设规模持续增加，而这必然要以大量的能源资源消耗为代价。此后，随着三次产业结构不断调整，第二产业的比重不断下降，故第二产业的结构效应对隐含碳排放的增长逐渐表现出负向作用。具体表现为：2007—2010 年，三次产业的结构效应均为负数；2010—2012 年，第一产业和第三产业为正数，第二产业为负数；2012—2015 年，第一产业为正数，第二和第三产业为负数。

（三）强度效应

由表 4-7 可知：三次产业除 2012—2015 年外，其余时间段均为负数，且因强度效应致使产业部门隐含碳减少最大的是第二产业。其中，2002—2005 年，第二产业因强度效应致使隐含碳减少 4.33 亿吨，占比 78.99%，其次是第三产业和第一产业，分别减少 0.88 亿吨（占比 16.06%）和 0.27 亿吨（占比 4.95%）；2005—2007 年，第二产业减少碳排放量为 11.11 亿吨，占比 75.25%，其次是第三产业和第一产业，分别减少 3.24 亿吨（占比 21.95%）和 0.41 亿吨（占比 2.80%）；2007—2010 年，第二产业减少隐含排放量为 15.74 亿吨，占比 77.18%，其次是第三产业和第一产业，分别减少 4.31 亿吨（占比 21.13%）和 0.35 亿吨（占比 1.70%）；2010—2012 年，第二产业减少隐含碳 14.23 亿吨，占比 75.39%，其次是第三产业和第一产业，分别减少 4.47 亿吨（占比 23.69%）和 0.17 亿吨（占比 0.92%）；2002—2015 年因强度效应减少的隐含碳从大到小依次为第二产业（40.33 亿吨，占比 72.18%）、第三产业（14.09 亿吨，占比 25.21%）和第一产业（1.46 亿吨，占比 2.61%）。综上可以看出，三次产业中，强度效应对碳减排影响作用从大到小依次为：第二、第三和第一产业，究其原因主要是第二产业的完全碳排放强度最大，然后是第三产业和第一产业（见表 4-6），进而我们可以发现，第三产业和第一产业在促进节能减排领域具有较大的发展潜力。

（四）总效应

由表4-7可得：在6个时间段内第二产业的总效应对隐含碳排放的影响最大。在2002—2005年、2005—2007年、2007—2010年、2010—2012年、2012—2015年以及2002—2015年第二产业因总效应引起的隐含碳排放增加量分别为23.01亿吨、12.20亿吨、13.52亿吨、3.69亿吨、-106.19亿吨以及68.65亿吨。接下来为第三产业，其总效应在这6个时间段的贡献值分别为5.58亿吨、-0.21亿吨、1.76亿吨、3.06亿吨、-1.04亿吨和13.98亿吨，第一产业总效应对隐含碳排放的影响最小。综上可知：对隐含碳排放影响最小的是第一产业，其次是第三产业。因此，在未来经济发展中，我们要适度发展第一产业，重点发展第三产业，调整优化第二产业。

表4-6　贸易开放下中国三次产业最终使用与隐含碳排放情况

产业\年份	第一产业			第二产业			第三产业		
	最终使用（亿元）	隐含碳（亿吨）	完全碳排放强度（吨/万元）	最终使用（亿元）	隐含碳（亿吨）	完全碳排放强度（吨/万元）	最终使用（亿元）	隐含碳（亿吨）	完全碳排放强度（吨/万元）
2002年	12207.06	2.03	1.66	84696.27	34.18	4.04	51297.19	10.31	2.01
2005年	13212.05	1.91	1.45	156371.88	57.19	3.66	79564.98	15.89	2.00
2007年	14205.29	1.63	1.15	222802.03	69.39	3.11	101196.63	15.68	1.55
2010年	17293.52	1.60	0.93	331570.72	82.91	2.50	153337.02	17.44	1.14
2012年	28667.90	2.43	0.85	407835.70	86.61	2.12	220270.73	20.49	0.93
2015年	23813.44	1.88	0.79	495785.37	102.84	2.07	295580.07	24.28	0.82

数据来源：根据前述相关公式及数据整理计算所得。

表 4-7　贸易开放下中国三次产业隐含碳排放影响因素分解

（单位：亿吨、%）

区间	效应	第一产业		第二产业		第三产业	
		贡献值	贡献率	贡献值	贡献率	贡献值	贡献率
2002—2005 年	规模效应	1.02	−889.22	22.92	99.64	6.68	119.75
	结构效应	−0.87	753.79	4.41	19.16	−0.22	−3.98
	强度效应	−0.27	235.42	−4.33	−18.80	−0.88	−15.77
	总效应	−0.12	100%	23.01	100%	5.58	100%
2005—2007 年	规模效应	0.54	−188.85	19.10	156.51	4.82	−2292.63
	结构效应	−0.41	144.06	4.21	34.53	−1.79	850.19
	强度效应	−0.41	144.79	−11.11	−91.04	−3.24	1542.45
	总效应	−0.29	100%	12.20	100%	−0.21	100%
2007—2010 年	规模效应	0.64	−2211.23	29.92	221.28	6.52	371.05
	结构效应	−0.32	1110.97	−0.66	−4.91	−0.46	−26.02
	强度效应	−0.35	1200.25	−15.74	−116.36	−4.31	−245.03
	总效应	−0.03	100%	13.52	100%	1.76	100%
2010—2012 年	规模效应	0.53	64.22	22.64	613.09	5.07	165.71
	结构效应	0.47	56.75	−4.71	−127.57	2.46	80.57
	强度效应	−0.17	−20.97	−14.23	−385.52	−4.47	−146.28
	总效应	0.83	100%	3.69	100%	3.06	100%
2012—2015 年	规模效应	−0.10	−83.65	−145.06	136.60	−0.96	92.23
	结构效应	0.19	155.48	−28.60	26.93	−0.52	50.30
	强度效应	0.03	28.17	67.46	−63.53	0.44	−42.53
	总效应	0.12	100%	−106.19	100%	−1.04	100%
2002—2015 年	规模效应	3.33	−2168.90	105.02	152.97	27.74	198.53
	结构效应	−2.02	1318.77	3.97	5.78	0.32	2.27
	强度效应	−1.46	950.13	−40.33	−58.74	−14.09	−100.80
	总效应	−0.15	100%	68.65	100%	13.98	100%

数据来源：根据前述相关公式及数据整理计算所得。

第五节 本章小结

本章借鉴投入产出模型和对数平均迪氏指数分解法（LMDI）思想，基于 2002 年、2005 年、2007 年、2010 年、2012 年以及 2015 年的中国非竞争型投入产出相关数据，在贸易开放下构建出我国产业部门隐含碳排放影响因素的 LMDI 模型。并对此进行实证研究，进而得出如下结论：

一、总体视角

一是规模效应。在研究期间，产业部门最终使用呈现出逐渐递增的态势，从 2002 年的 148200.52 亿元飙升至 2015 年的 815178.89 亿元，增量为 666978.37 亿元，年均增长率高达 14.01%。从产业部门最终使用的变化以及我国隐含碳排放的变化可以看出：最终使用规模变化与 CO_2 排放变化的方向一致，为隐含碳排放的增长提供积极的正向作用。因此规模效应对隐含碳排放的贡献值除 2012—2015 年外，一直表现为正值，并且在本章所分析的所有影响因素当中，不管是贡献值方面，还是在贡献率方面，都是最大的。二是结构效应。在 2002—2005 年和 2005—2007 年的这个时间段内，结构效应促进了产业部门隐含碳排放的增加，当进入到 2007—2010 年，结构效应的贡献值开始由正值转变为负值，而且绝对值越来越大，说明结构效应对隐含碳排放的抑制作用越来越明显。三是在完全碳排放强度不断下降的影响下，从大体上来看，其对隐含碳排放的抑制作用除 2012—2015 年外不断增大。四是总效应的贡献值。除 2012—2015 年外，均为正值，即总效应在整个研究期间大体上都在助推隐含碳排放的增长，主要原因在于总效应和规模效应、结构效应和强度效应这三个影响因素是密切联系的，总效应即为这三者的加总，同时，其规模效应正向作用要远大于结构和强度效应。

二、28 个产业部门的视角

第一，规模效应。除在 2012—2015 年外，在 2002—2005 年、2005—2007 年、2007—2010 年以及 2010—2012 年 4 个时间段内，28 个产业部门的规模效应对隐含碳排放的贡献值均为正数。其中，因规模效应导致隐含碳排放量增加最大的主要集中在其他服务业、建筑业等产业部门。第二，结构效应。6 个时间段所对应 28 个产业部门的结构效应有正有负，其中，2002—2005 年，正数和负数分别有 17 个产业部门和 11 个产业部门；2005—2007 年，正数和负数分别有 13 个产业部门和 15 个产业部门；2007—2010 年，正数有 9 个产业部门，负数有 19 个产业部门；2010—2012 年，正数有 14 个产业部门，负数有 14 个产业部门；2012—2015 年，正数有 12 个产业部门，负数为有 16 个产业部门。在 2002—2015 年的整个研究期间，结构效应的贡献值为正数的有 11 个，负数有 17 个。第三，强度效应。在 2002—2005 年强度效应的贡献值为正数的产业部门有 6 个，负数的有 22 个；2005—2007 年为正数的产业部门有 2 个，负数的有 26 个；2012—2015 年为正数的产业部门有 19 个，负数的有 9 个；剩余的 3 个时间段所有产业部门均为负值。从贡献值来看，因强度效应致使产业部门隐含碳排放量减少最大的主要集中在食品制造和烟草加工业、化学工业等 10 个产业部门，这主要是因为我国开展环境整治和生态治理面向的就是这些隐含碳排放较大的基础行业部门，特别是 2013 年国务院印发的《关于印发大气污染防治行动计划的通知》，该通知提出的加大综合治理力度，减少多污染的排放，调整优化产业结构，推动产业转型升级，对于减少这些行业的隐含碳排放量做出了重要贡献。第四，总效应。在 2002—2015 年的整个研究期间，由于规模效应的正向累计作用大于结构效应与强度效应的综合累计影响，使得在这个时间段内绝大部分产业部门的总效应对隐含碳排放的增长起着促进作用。

三、三次产业的视角

第一，规模效应。三次产业除 2012—2015 年外，在其余 5 个时间段内所对应的规模效应均为正数。在 2002—2015 年，第二产业因规模效应引起隐含碳排放量增加 105.02 亿吨，占比高达 77.17%，在同时间段内，第一、三产业规模效应的贡献值分别为 3.33 亿吨（占比 2.44%）和 27.74 亿吨（占比 20.39%）。从贡献率上看，几乎在所有年份里，三次产业的规模效应在所分析的三个影响因素中，影响最大。第二，结构效应。2002—2005 年，第二产业的结构效应贡献值为正数，而第一产业和第三产业的结构效应贡献值均为负数；2005—2007 年，第二产业的结构效应贡献值仍为正数，其余两个产业的结构效应均为负数。目前我国的工业化进程仍不断推进，而工业化过程中主要依赖煤炭资源的现状还未改变。另外，随着我国城镇化水平的不断提高，建设规模持续增加，而这必然要以大量的能源消耗为代价。此后，随着三次产业结构不断调整，第二产业的比重不断下降，故第二产业的结构效应对隐含碳排放的增长逐渐表现出负向作用。第三，强度效应。三次产业除 2012—2015 年外，其余时间段均为负数。综上我们可知：三次产业中的强度效应对隐含碳减排影响作用的大小顺序依次为第二、第三和第一产业，究其原因主要是第二产业的完全碳排放强度最大，而第三产业具有较大的减排潜力。第四，总效应。在 6 个时间段内，对隐含碳排放影响最小的是第一产业，其次是第三产业，因此，在未来的经济发展中，我们要适度发展第一产业，重点发展第三产业，调整优化第二产业。在三个产业部门中，工业作为国民经济的支柱型产业，以制造业为主，其承担了大部分的碳排放，同时其碳减排难度也是最大，因此必须加强对第二产业的碳减排力度，同时重点扶植第三产业并逐渐取代第二产业在国民经济中的支配地位。

第五章　贸易开放下我国产业部门
隐含碳排放的脱钩效应

　　一个国家或地区的经济增长与碳排放脱钩具体而言就是指经济增长与温室气体（GHG）排放之间的关系不断弱化乃至消失的理想化过程，即实现经济增长基础上，逐渐降低能源消费所产生的碳排放量①。碳排放的经济增长弹性就是碳排放脱钩情况。因此，弹性成为衡量各地区低碳状况的主要工具②。那么，我国产业部门最终使用增加与其对应的隐含碳排放是否存在脱钩关系呢？若是存在，又处于何种态势呢？同理，28个产业部门最终使用增加与其对应的隐含碳排放和三次产业最终使用与其对应的隐含碳排放是否存在脱钩关系？若是存在，其程度又如何？这些都是值得研究的问题。基于此，本章在获取产业部门最终使用数据以及第三章利用非竞争型投入产出法测算出来的隐含碳排放量基础上，构建出产业部门最终使用与其隐含碳排放的 Tapio 脱钩理论模型，并且分总体视角、28个产业部门视角以及三次产业视角对最终使用与隐含碳排放间的脱钩弹性值及脱钩状态进行详细分析，以期为我国节能减排、优化产业结构等提供数据支撑。

---

　　① 孙文远、程秀英：《环境规制对污染行业就业的影响》，《南京审计大学学报》2018年第2期，第25—34页。
　　② 曹广喜、刘禹乔、周洋：《长三角地区制造业碳排放脱钩研究》，《阅江学刊》2015年第2期，第37—44页。

第一节 脱钩弹性系数的测度方法

20世纪60年代，经济合作与发展组织（Organisation for Economic Co-op-eration and Development ，OECD）提出脱钩理论，并于20世纪末期将该理论从农业研究拓展到环境领域①。脱钩，即经济增长与环境冲击耦合关系破裂或打破经济绩效与环境负荷之间的关系（张小平和郭灵巧，2013)②。当涉及经济发展与环境污染问题时，脱钩就是指突破经济增长对环境污染的路径依赖，即经济处于不断增长态势，而环境污染却在下降③。要准确评价经济增长与环境污染脱钩状态或者脱钩程度时，还要构建脱钩评级指标。目前，主要方法有 OECD 开发的脱钩指数分析法④和 Tapio 提出的脱钩弹性分析法⑤。

一、OECD 脱钩指数模型

OECD（2002）构建了脱钩指数与脱钩因子，利用比较终期年与基期年的变化情况作为判断该时期经济体系与环境系统是否呈现脱钩关系的依据。具体计算公式为：

---

① 章秀琴:《环境规制与出口贸易利益问题研究》，南京林业大学，博士学位论文，2014年。

② 张小平、郭灵巧:《甘肃省经济增长与能源碳排放间的脱钩分析》，《地域研究与开发》2013年第5期，第95—98页，第104页。

③ 王星:《雾霾与经济发展——基于脱钩与 EKC 理论的实证分析》，《兰州学刊》2015年第12期，第157—164页。

④ OECD. Indicators to Measure Decoupling of Environmental Pressures from Economic Growth. *Paris*：*Organization for Economic Co-operation and Development*，2002.

⑤ Tapio P. Towards a Theory of Decoupling：Degrees of Decoupling in the EU and the Case of Road Traffic in Finland between 1970 and 2001. *Transport Policy*，Vol. 12，No. 2（2005），pp. 137–151.

$$F = 1 - D = 1 - \frac{EP_{t_i}/DP_{t_i}}{EP_{t_0}/DP_{t_0}} \qquad (5.1)$$

其中：F 表示脱钩因子；D 表示脱钩指数；EP 表示环境压力指标值，可用资源能源消耗或者废弃物排放来表示；DP 表示驱动力指标值，一般用 GDP 或者最终使用来表示；t_0 表示选定某一年作为基准年，t_i 表示选定某一年作为终期年。脱钩因子取值范围为 $(-\infty, 1]$，可以根据脱钩因子的变化值来判断经济体系和环境系统是否脱钩。该值大于 0，说明资源消耗和经济增长存在脱钩关系，值越大越能说明两者之间的脱钩关系，即绝对脱钩（$F>0$,且接近 1）或者相对脱钩（$F>0$，且接近 0）；该值小于等于 0，说明资源消费和经济增长存在耦合关系，即没有脱钩（$F\leqslant 0$）。

二、Tapio 脱钩弹性模型

在实证研究中，一系列的弹性系数，比如生态弹性[1]、价格弹性[2]、收入弹性[3]被用来分析环境负荷和其他驱动力之间的关系。因经济合作与发展组织（OECD）的"脱钩指数"（Decoupling Index）方法存在诸多局限，2005 年，芬兰的 Petri Tapio 教授提出了"脱钩弹性"（Decoupling Elasticity）的概念，即引入货运量的 GDP 弹性因子以测度货量的增长与经济增长的脱钩关系[4]，具体计算公式为：

---

[1]　Richard York，Eugene A. Rosa，Thomas Dietz. *STIRPAT*，*IPAT and ImPACT*：*Analytic Tools for Unpacking the Driving Forces of Environmental Impacts. Ecological Economics*，Vol. 46，No. 3 (2003)，pp. 351-365.

[2]　Voet，E. Vander，Oers，L. Van，Moll，S. et al.，Policy Review on Decoupling：Development of Indicators to Assess Decoupling of Economic Development and Environmental Pressure in the EU-25 and AC-3 Countries. CML Report 166，*Department Industrial Ecology*，Universitair Grafisch Bedrijf，Leiden.

[3]　Steinberger，Krausmann F.，Eisenmenger N.，Global Patterns of Materials Use：Socioeconomic and Geophysical Analysis. *Ecological Economics*，Vol. 69，No. 5 (2010)，pp. 1148-1158.

[4]　Tapio P.，Towards a Theory of Decoupling：Degrees of Decoupling in the EU and the Case of Road Traffic in Finland between 1970 and 2001. *Transport Policy*，Vol. 12，No2 (2005)，pp. 137-151.

$$E = \frac{\%\Delta VOL}{\%\Delta GDP} \tag{5.2}$$

其中：E 表示脱钩弹性系数，$\%\Delta VOL$ 表示运输量的变化率，$\%\Delta GDP$ 表示 GDP 或者最终使用的变化率。Tapio 根据脱钩弹性的大小，把脱钩指标分为负脱钩、脱钩和连接三种状态，并在此基础上进一步细分为弱负脱钩、强负脱钩、增长负脱钩、衰退脱钩、强脱钩、弱脱钩、衰退连接和增长连接八大类[①]。

第二节　我国产业部门隐含碳排放脱钩模型构建

Tapio 的"脱钩弹性"模型相较于经济合作与发展组织（OECD）的"脱钩指数"，综合考量了总量变化与相对量变化两类指标，进一步提高了脱钩关系测度和分析的客观性、科学性和准确性[②]。基于此，本书借鉴 Tapio 脱钩弹性[③]来分析我国产业部门最终使用与隐含碳排放之间的脱钩所处的状态，即以某一弹性值范围作为脱钩状态界定来探讨产业部门最终使用与隐含碳排放的相关性。具体计算公式如下：

$$DI = \frac{(C_t - C_{t-1}) / C_{t-1}}{(G_t - G_{t-1}) / G_{t-1}} = \frac{\Delta C / C}{\Delta G / G} = \frac{\%\Delta C}{\%\Delta G} \tag{5.3}$$

其中：DI 表示脱钩弹性系数，$\%\Delta C$ 表示能源消耗产生的 CO_2 排放量的变化率，$\%\Delta G$ 表示产业部门最终使用的变化率。t 为当期，C_t、G_t 分别表示当期的 CO_2 排放量（单位：万吨）和最终使用（单位：亿元）；$t-1$ 为基期，

---

　① 肖宏伟、易丹辉、周明勇：《中国区域碳排放与经济增长脱钩关系研究》，《山西财经大学学报》2012 年第 11 期，第 1—10 页。

　② UNEP. Decoupling Natural Resource Use and Environmental Impacts from Economic Growth. *International Resource Panel*（*IRP*）*of the United Nations Environment Programme*，2011.

　③ Tapio P. Towards a Theory of Decoupling：Degrees of Decoupling in the EU and the Case of Road Traffic in Finland between 1970 and 2001. *Transport Policy*，Vol. 12，No2（2005），pp. 137 – 151.

C_{t-1}、G_{t-1} 分别表示基期的 CO_2 排放量（单位：万吨）和最终使用（单位：亿元）。ΔC 表示当前和基期的 CO_2 排放差额，ΔG 表示当期与基期的最终使用差额。根据 CO_2 排放变化率与最终使用变化率的正负以及脱钩弹性系数值的不同，借鉴 Tapio[①] 的分类标准，我们可以将产业部门最终使用与隐含碳排放的脱钩关系也分为八种类型（见表 5-1）。

表 5-1 经济增长与隐含碳脱钩等级分类表

脱钩状态		脱钩指标		弹性系数 DI
一级指标	二级指标	%ΔCO_2	%ΔGDP	
负脱钩	弱负脱钩	<0	<0	0<DI<0.8
	强负脱钩	>0	<0	DI<0
	增长负脱钩	>0	>0	DI>1.2
脱钩	衰退脱钩	<0	<0	DI>1.2
	强脱钩	<0	>0	DI<0
	弱脱钩	>0	>0	0<DI<0.8
连接	衰退连接	<0	<0	0.8<DI<1.2
	增长连接	>0	>0	0.8<DI<1.2

资料来源：Tapio P. , Towards a Theory of Decoupling：Degrees of Decoupling in the EU and the Case of Road Traffic in Finland between 1970 and 2001. *Transport Policy*，2005，12（02）：137-151.

第三节 数据来源及处理

鉴于目前国家已发布的投入产出表中，最新的为 2018 年出版的 2015 年投入产出表，为清晰地反映贸易开放下我国产业部门最终使用增长与隐含碳排放之间的脱钩关系，以我国加入世界贸易组织（WTO）之后的第二年为研

---

① Tapio P. ,Towards a Theory of Decoupling：Degrees of Decoupling in the EU and the Case of Road Traffic in Finland between 1970 and 2001. *Transport Policy*，Vol. 12，No2（2005），pp. 137-151.

究起始点。本章数据主要以 2002 年（42 个产业部门）、2005 年（42 个产业部门）、2007 年（42 个产业部门）、2010 年（41 个产业部门）、2012 年（42 个产业部门）、2015 年（42 个产业部门）的全国投入产出调查表（价值型）和投入产出延长表（价值型）以及《中国统计年鉴》相关数据为基础，用于测算贸易开放下我国产业部门最终使用增长与碳排放之间的脱钩关系。鉴于《投入产出表》与《中国统计年鉴》均以国民经济行业分类标准为依据和基础对能源消耗的行业进行分类，但是两者之间存在一定偏差，为了使不同产业部门之间的口径统一，以期达到方便处理数据的目的，文章最终将行业划分为 28 类，详细的分类详见本书第三章和附表 1，同时，三次产业的分类也参见第三章。

第四节　实证结果与分析

通过对前面的相关数据进行运算整合，再利用预处理好的数据套用到相应的计算公式和模型中，最终可以测量出贸易开放下我国产业部门最终使用与隐含碳排放之间的脱钩关系，具体的实证结果及讨论分析如下：

一、总体的视角

在研究期间，中国产业部门最终使用呈高速增长态势，其中 2002—2005 年增速尤其大，为 68.12%，在剩余的时间段内，产业部门最终使用的变化情况为：2005—2007 年增速为 35.74%，2007—2010 年增速为 48.49%，2010—2012 年增速为 30.78%，2012—2015 年增速为 24.12%。产业部门最终使用的高速增长，是以消耗大量的资源能源为基础的，由此带来的后果是隐含碳排放的大量增加。具体表现为：由 2002 年的 46.52 亿吨增长到 2015 年的 129.02 亿吨，增幅高达 177.34%；但值得高兴的是，隐含碳排放的增速相较于 2002—2005 年有明显的降低，具体情况为：2002—2005 年增速为

61.20%，2005—2007 年增速为 15.62%，2007—2010 年增速为 17.59%，2010—2012 年增速为 7.44%，2012—2015 年增速为 17.79%，明显可以看出：中国节能减排政策的有效性。贸易开放下产业部门最终使用与其隐含碳排放之间的脱钩弹性值具体变化情况为（见表 5-2）：2002—2005 年，这个时间段的脱钩弹性值具体为 0.90；2005—2007 年，这个时间段的脱钩弹性值具体为 0.44；2007—2010 年，这个时间段的脱钩弹性值具体为 0.36；2010—2012 年，这个时间段的脱钩弹性值具体为 0.24；2012—2015 年，这个时间段的脱钩弹性值具体为 0.74；在 2002—2015 年整个研究期间的脱钩弹性为 0.39，与此同时，产业部门最终使用与其隐含碳排放之间的脱钩状态除了 2002—2005 年为增长连接外，其余年份为贸易开放下中国隐含碳排放与产业部门最终使用均处于弱脱钩状态，表明此时中国产业部门最终使用以及产业部门隐含碳排放均增加，但是产业部门最终使用的增长幅度要明显大于产业部门隐含碳排放的增加幅度，说明中国产业部门最终使用的增长越来越低碳化，为我国低碳经济发展贡献力量。

表 5-2　贸易开放下中国产业部门最终使用与隐含碳排放脱钩状况评价

时间段	%ΔC	%ΔG	脱钩弹性	脱钩状态
2002—2005 年	61.20%	68.12%	0.90	增长连接
2005—2007 年	15.62%	35.74%	0.44	弱脱钩
2007—2010 年	17.59%	48.49%	0.36	弱脱钩
2010—2012 年	7.44%	30.78%	0.24	弱脱钩
2012—2015 年	17.79%	24.12%	0.74	弱脱钩
2002—2015 年	177.34%	450.05%	0.39	弱脱钩

数据来源：根据前述相关公式及数据整理计算所得。

二、28 个产业部门的视角

随着中国低碳经济发展的不断推行，取得了一系列良好的效果。其中，比较明显的是，目前，许多产业部门在增加最终使用时，产业部门隐含碳排放量没有出现大幅度的增加，具体表现为：产业部门最终使用增加与隐含碳排放之间的脱钩状态为强脱钩的产业部门越来越多，详细情况见表5-3。

2002—2005年，贸易开放下我国产业部门最终使用与其隐含碳排放之间为增长连接的部门主要集中在煤炭采选业、金属矿采选业、纺织业等14个产业部门，这清晰地表明：这14个产业部门最终使用增加的同时隐含碳排放也在不断增加，产业部门最终使用与隐含碳排放呈现出同步增长的关系。在这14个增长连接的产业部门中，除去其他服务业之外，其余产业部门全部属于工业部门，究其原因主要是工业目前仍然是拉动中国经济增长的支柱产业，工业生产需要消耗大量的能源，并且工业的经济增长方式存在着高投入、高消耗、高排放等问题[1]。其他服务业的经济增长与隐含碳排放表现出增长连接的原因在于，随着经济水平的不断提高，人们对生活水平质量的追求越来越高，对服务业的需求越来越大，因此加大了对其他服务业部门的能源消耗。2002—2005年，产业部门最终使用与其隐含碳排放之间表现出弱脱钩关系的产业部门有10个，这些产业部门隐含碳排放的增速与最终使用的增速均大于零，但是，隐含碳排放增速远小于最终使用的增速，两者之间的脱钩弹性在0—0.8之间。另外，2002—2005年，28个产业部门最终使用与隐含碳排放之间的脱钩状态共有5种，除了上面分析的增长连接与弱脱钩外，还有强脱钩、衰退脱钩以及衰退连接这3种。具体为：农业与电力、热力的生产和供应业这2个产业部门的脱钩状态属于强脱钩，这2个产业部门的脱钩弹性分别为-0.69和-0.42，说明这2个产业部门最终使用高速增加的背后隐含碳排放量不断减少，故这2个产业部门的经济增长方式是一种比较合理的方式。石油和天然气开采业的脱钩状态属于衰退脱钩，非金属矿和其他矿采选业的脱钩状态属于衰退连接。

---

① 肖宏伟、易丹辉、周明勇：《中国区域碳排放与经济增长脱钩关系研究》，《山西财经大学学报》2012年第11期，第1—10页。

2005—2007 年，产业部门最终使用与隐含碳排放之间为增长连接的部门集中在建筑业，电力、热力的生产和供应业，石油和天然气开采业这 3 个产业部门①，这清晰地表明：这 3 个产业部门最终使用增加的同时隐含碳排放也在不断增加，产业部门最终使用增加与其隐含碳排放呈现出同步增长的关系。与上一个时间段相比，产业部门最终使用与其隐含碳排放之间呈现增长连接方式的产业部门在不断减少。

2005—2007 年，贸易开放下我国产业部门最终使用与其隐含碳排放之间为增长连接的产业部门为石油和天然气开采业，电力、热力的生产和供应业以及建筑业。产业部门最终使用与其隐含碳排放之间表现出弱脱钩关系的产业部门有 14 个，这些产业部门隐含碳排放的增速与最终使用的增速均大于零，但是，隐含碳排放增速远小于最终使用的增速，两者之间的脱钩弹性在 0—0.8 之间。与上一个时间段相比，产业部门最终使用与其隐含碳排放之间弱脱钩的产业部门增加了 4 个。另外，2005—2007 年，28 个产业部门最终使用增加与其隐含碳排放之间的脱钩状态除增长连接和弱脱钩之外，还有强脱钩、衰退脱钩以及衰退连接。具体为：农业，造纸印刷及文教体育用品制造业，非金属矿物制品业，通用、专用设备制造业与通信设备、计算机及其他电子设备制造业这 5 个产业部门的脱钩状态属于强脱钩，这 5 个产业部门的脱钩弹性分别为 -1.99、-0.97、-1.08、-0.20 和 -0.11，说明这 5 个产业部门最终使用高速增加的背后隐含碳排放量不断减少，故这 5 个产业部门的经济增长方式是一种比较合理的方式。石油、炼焦及核燃料加工业，仪器仪表制造业，燃气生产和供应业以及交通运输、仓储及邮政这 4 个产业部门的脱钩状态属于衰退脱钩，这 4 个产业部门的脱钩弹性分别为 1.75、2.22、7.02 以及 2.63，说明这 4 个产业部门最终使用以及隐含碳排放量不断减少，虽然能起到减少碳排放量的作用，但以最终使用的减少为代价，即抑制了经

① 马晓微、石秀庆、王颖慧等:《中国产业结构变化对能源强度的影响》,《资源科学》2017 年第 12 期，第 2299—2309 页。

济增长，故这 4 个产业部门的经济增长方式不合理。煤炭采选业和金属矿采选业这 2 个产业部门的脱钩状态为衰退连接。

2007—2010 年，贸易开放下我国产业部门最终使用与其隐含碳排放之间只有水的生产和供应业的脱钩状态为增长连接，金属冶炼及压延加工业以及金属制品业这 2 个产业部门的脱钩状态为衰退脱钩，其余产业部门的脱钩状态为强脱钩和弱脱钩，说明随着产业部门最终使用的增加，中国不断重视提高生产的效率以及能源的利用效率，促进经济朝着又好又快的方向发展。其中，产业部门最终使用与其隐含碳排放之间的具体状态表现为弱脱钩的产业部门有 19 个，强脱钩的包括农业，煤炭采选业，纺织业，电力、热力的生产和供应业，交通运输、仓储及邮政业以及批发零售业及餐饮业 6 个产业部门，这 6 个产业部门的脱钩弹性分别为 -0.08、-1.20、-1.98、-0.32、-7.77以及-0.38。

2010—2012 年，贸易开放下我国产业部门最终使用与其隐含碳排放之间的脱钩状态有 5 种。其中增长连接的为电力、热力的生产和供应业；衰退连接的为金属矿采选业，非金属矿和其他矿采选业以及其他制造业；衰退脱钩的为金属冶炼及压延加工业，电气机械及器材制造业以及水的生产和供应业这 3 个产业部门，这 3 个产业部门的最终使用在这一个时间段内不断减少，故消耗的能源也不断减少，最终导致这几个产业部门的隐含碳排放不断递减，并且隐含碳排放递减的速度要大于最终使用递减的速度。除了增长连接、衰退连接和衰退脱钩外，弱脱钩的产业部门有 14 个，强脱钩的产业部门有 7 个，纵观前面的研究阶段，强脱钩的产业部门增加了许多，进一步表明：中国的节能减排措施取得了相当大的成效。

2012—2015 年，贸易开放下我国产业部门最终使用与其隐含碳排放之间的脱钩状态主要有 8 种情况，其中呈现弱脱钩的产业部门最多，具体为 10 个，其次是表现为增长连接的产业部门，具体为 8 个，剩余的状态分别为衰退脱钩，具体有 3 个（农业，金属矿采选业，通用、专用设备制造业）；增长负脱钩，具体有 3 个（煤炭采选业，化学工业，其他制造业），这 3 个产业部门的最终使用在这一个时间段内不断增加，故消耗的能源也不断增加，最终导致这几个产业部门的隐含碳排放不断递增，并且隐含碳排放递增的速度要大于最终使用递增的速度；衰退连接的产业部门为金属冶炼及压延加工业；弱负脱钩的产业部门为石油和天然气开采业；强负脱钩的产业部门为石油、炼焦及核燃料加工业，此时，该产业部门的隐含碳排放不断递增，而最终使用却在递减，是一种极其不合理的经济增长方式；强脱钩的产业部门为交通运输、仓储及邮政业。

从整个研究期间看，2002—2015 年，产业部门最终使用与其隐含碳排放之间脱钩状态有弱脱钩（23 个产业部门）、强脱钩（3 个产业部门）、衰退脱钩（2 个产业部门），可见强脱钩和弱脱钩的产业部门所占的比重约为 93%，说明近十几年中国的生产方式趋向合理化，为了尽早实现中国的减排目标，各产业部门在保证最终使用增加的前提下，不断减少能源消耗，进而抑制了隐含碳排放的增加。

表 5-3 贸易开放下中国 28 个产业部门最终使用与隐含碳排放脱钩状况评价

产业部门	2002—2005 年				2005—2007 年				2007—2010 年			
	%ΔC	%ΔG	脱钩弹性	脱钩状态	%ΔC	%ΔG	脱钩弹性	脱钩状态	%ΔC	%ΔG	脱钩弹性	脱钩状态
农业	-5.7	8.2	-0.69	强脱钩	-14.9	7.5	-1.99	强脱钩	-1.8	21.7	-0.08	强脱钩
煤炭采选业	112.9	103.6	1.09	增长连接	-67.8	-62.1	1.09	衰退连接	-21.5	17.9	-1.20	强脱钩
石油和天然气开采业	-66.0	-28.5	2.31	衰退脱钩	90.7	100.2	0.90	增长连接	1.2	21.0	0.06	弱脱钩
金属矿采选业	2635.5	2962.2	0.89	增长连接	-84.2	-81.4	1.03	衰退连接	156.3	217.6	0.72	弱脱钩
非金属矿和其他矿采选业	-43.9	-44.2	0.99	衰退连接	22.3	58.5	0.38	弱脱钩	25.5	35.9	0.71	弱脱钩
食品制造和烟草加工业	45.3	79.2	0.57	弱脱钩	8.6	30.8	0.28	弱脱钩	28.7	60.4	0.47	弱脱钩
纺织业	52.3	65.1	0.80	增长连接	31.6	49.2	0.64	弱脱钩	-19.9	10.0	-1.98	强脱钩
纺织服装鞋帽皮革羽绒及其制品业	65.4	85.1	0.77	弱脱钩	12.5	19.7	0.63	弱脱钩	3.0	27.4	0.11	弱脱钩

续表

产业部门	2002—2005 年				2005—2007 年				2007—2010 年			
	%ΔC	%ΔG	脱钩弹性	脱钩状态	%ΔC	%ΔG	脱钩弹性	脱钩状态	%ΔC	%ΔG	脱钩弹性	脱钩状态
木材加工及家具制造业	59.6	67.1	0.89	增长连接	67.8	111.7	0.61	弱脱钩	4.6	14.5	0.32	弱脱钩
造纸印刷及文教体育用品制造业	75.7	67.8	1.12	增长连接	−9.1	9.3	−0.97	强脱钩	0.6	19.3	0.03	弱脱钩
石油、炼焦及核燃料加工业	349.5	466.5	0.75	弱脱钩	−48.4	−27.6	1.75	衰退脱钩	24.8	47.8	0.52	弱脱钩
化学工业	18.0	38.4	0.47	弱脱钩	58.8	88.3	0.67	弱脱钩	6.6	38.4	0.17	弱脱钩
非金属矿物制品业	58.7	95.8	0.61	弱脱钩	−12.6	11.7	−1.08	强脱钩	15.7	45.5	0.35	弱脱钩
金属冶炼及压延加工业	268.8	292.2	0.92	增长连接	113.4	210.7	0.54	弱脱钩	−31.0	−19.4	1.59	衰退脱钩
金属制品业	48.6	58.8	0.83	增长连接	42.2	80.8	0.52	弱脱钩	−20.5	−9.7	2.12	衰退脱钩
通用、专用设备制造业	133.4	124.0	1.08	增长连接	−5.3	26.3	−0.20	强脱钩	30.2	51.8	0.58	弱脱钩
交通运输设备制造业	115.9	109.4	1.06	增长连接	27.6	76.3	0.36	弱脱钩	69.6	105.7	0.66	弱脱钩
电气机械及器材制造业	118.0	124.8	0.95	增长连接	38.0	67.9	0.56	弱脱钩	43.2	69.1	0.63	弱脱钩
通信设备、计算机及其他电子设备制造业	127.3	129.9	0.98	增长连接	−3.4	31.7	−0.11	强脱钩	15.0	22.7	0.66	弱脱钩
仪器仪表制造业	196.0	209.5	0.94	增长连接	−44.5	−20.0	2.22	衰退脱钩	9.9	23.2	0.43	弱脱钩
其他制造业	81.3	87.0	0.93	增长连接	26.9	72.6	0.37	弱脱钩	38.4	64.8	0.59	弱脱钩
电力、热力的生产和供应业	−11.0	26.6	−0.42	强脱钩	69.1	62.0	1.12	增长连接	−5.7	17.8	−0.32	强脱钩
燃气生产和供应业	54.4	111.5	0.49	弱脱钩	−44.6	−6.4	7.02	衰退脱钩	72.0	204.8	0.35	弱脱钩
水的生产和供应业	10.4	25.5	0.41	弱脱钩	54.8	75.2	0.73	弱脱钩	157.3	180.8	0.87	增长连接
建筑业	28.6	45.5	0.63	弱脱钩	44.6	51.1	0.87	增长连接	25.7	63.7	0.40	弱脱钩
交通运输、仓储及邮政业	111.2	139.4	0.80	弱脱钩	−19.6	−7.4	2.63	衰退脱钩	−13.6	1.7	−7.77	强脱钩
批发零售业及餐饮业	13.7	47.4	0.29	弱脱钩	23.6	33.9	0.70	弱脱钩	−12.3	32.6	−0.38	强脱钩
其他服务业	48.9	48.7	1.00	增长连接	0.8	31.0	0.03	弱脱钩	26.2	62.5	0.42	弱脱钩

续表

产业部门	2010—2012 年				2012—2015 年				2002—2015 年			
	%ΔC	%ΔG	脱钩弹性	脱钩状态	%ΔC	%ΔG	脱钩弹性	脱钩状态	%ΔC	%ΔG	脱钩弹性	脱钩状态
农业	51.9	65.8	0.79	弱脱钩	−22.9	−16.9	1.36	衰退脱钩	−7.	95.1	−0.08	强脱钩
煤炭采选业	6.6	13.2	0.50	弱脱钩	89.4	63.3	1.41	增长负脱钩	8.6	68.0	0.13	弱脱钩
石油和天然气开采业	33.5	71.3	0.47	强脱钩	−43.1	−59.2	0.73	弱负脱钩	−50.1	20.8	−2.41	强脱钩
金属矿采选业	−86.7	−82.4	1.05	衰退连接	−76.5	−76.9	0.99	衰退脱钩	−65.3	−26.4	2.47	衰退脱钩
非金属矿和其他矿采选业	−81.1	−75.1	1.08	衰退连接	46.3	41.1	1.13	增长连接	−76.1	−57.7	1.32	衰退脱钩
食品制造和烟草加工业	6.7	34.7	0.19	弱脱钩	−0.4	13.8	−0.03	弱脱钩	115.5	476.6	0.24	弱脱钩
纺织业	−44.2	−35.5	1.25	强脱钩	20.4	21.1	0.97	增长连接	7.9	111.9	0.07	弱脱钩
纺织服装鞋帽皮革羽绒及其制品业	18.5	44.7	0.41	弱脱钩	10.9	27.4	0.40	弱脱钩	152.0	420.9	0.36	弱脱钩
木材加工及家具制造业	−0.1	33.2	0.00	强脱钩	17.2	29.6	0.58	弱脱钩	227.9	599.4	0.38	弱脱钩
造纸印刷及文教体育用品制造业	114.4	150.7	0.76	弱脱钩	32.9	36.6	0.90	增长连接	357.8	649.3	0.55	弱脱钩
石油、炼焦及核燃料加工业	55.6	82.8	0.67	弱脱钩	19.5	−9.9	−1.97	强负脱钩	438.5	898.9	0.49	弱脱钩
化学工业	2.9	15.2	0.19	弱脱钩	20.4	14.9	1.37	增长负脱钩	147.6	377.4	0.39	弱脱钩
非金属矿物制品业	2.4	17.6	0.14	弱脱钩	15.6	23.6	0.66	弱脱钩	90.0	362.7	0.25	弱脱钩
金属冶炼及压延加工业	−13.4	−0.6	21.24	衰退脱钩	−46.6	−55.6	0.84	衰退连接	151.2	333.1	0.45	弱脱钩
金属制品业	40.9	68.7	0.60	弱脱钩	11.6	9.9	1.17	增长连接	164.4	380.9	0.43	弱脱钩
通用、专用设备制造业	5.0	34.3	0.14	强脱钩	−4.4	−0.5	8.21	衰退脱钩	188.9	473.6	0.40	弱脱钩
交通运输设备制造业	2.5	21.6	0.12	强脱钩	9.9	18.8	0.52	弱脱钩	426.2	996.7	0.43	弱脱钩
电气机械及器材制造业	−12.9	−0.4	28.81	衰退脱钩	22.5	20.4	1.10	增长连接	359.4	665.1	0.54	弱脱钩

续表

产业部门	2010—2012 年				2012—2015 年				2002—2015 年			
	%ΔC	%ΔG	脱钩弹性	脱钩状态	%ΔC	%ΔG	脱钩弹性	脱钩状态	%ΔC	%ΔG	脱钩弹性	脱钩状态
通信设备、计算机及其他电子设备制造业	-10.5	18.1	-0.58	强脱钩	5.5	9.1	0.60	弱脱钩	138.5	378.7	0.37	弱脱钩
仪器仪表制造业	-52.3	-43.8	1.19	强脱钩	19.8	30.7	0.64	弱脱钩	3.2	124.0	0.03	弱脱钩
其他制造业	-85.1	-84.1	1.01	衰退连接	103.6	29.8	3.47	增长负脱钩	-3.4	9.7	-0.35	强脱钩
电力、热力的生产和供应业	2.6	2.9	0.89	增长连接	11.2	23.6	0.47	弱脱钩	61.7	207.1	0.30	弱脱钩
燃气生产和供应业	2.7	44.3	0.06	弱脱钩	50.2	59.1	0.85	增长连接	126.9	1285.1	0.10	弱脱钩
水的生产和供应业	-40.6	-18.0	2.26	衰退脱钩	35.4	44.3	0.80	增长连接	253.6	630.4	0.40	弱脱钩
建筑业	13.2	31.7	0.42	弱脱钩	36.6	38.9	0.94	增长连接	261.4	557.8	0.47	弱脱钩
交通运输、仓储及邮政业	62.7	92.1	0.68	弱脱钩	-5.0	5.8	-0.85	强脱钩	126.9	358.5	0.35	弱脱钩
批发零售业及餐饮业	9.4	57.1	0.16	弱脱钩	20.5	28.1	0.73	弱脱钩	62.4	426.4	0.15	弱脱钩
其他服务业	8.6	37.1	0.23	弱脱钩	26.5	38.6	0.69	弱脱钩	160.3	501.8	0.32	弱脱钩

数据来源：根据前述相关公式及数据整理计算所得。

三、三次产业的视角

从整个研究期间看，除 2002—2005 年第三产业、2012—2015 年第二产业最终使用增加与隐含碳排放之间为增长连接关系，2012—2015 年第一产业最终使用增加与隐含碳排放之间为衰退脱钩关系外，其余时间段内，两者之间的脱钩状态要么表现为弱脱钩，要么表现为强脱钩。由此可见，近些年来大力促进产业结构调整取得了一定的成效，各产业部门逐渐实现低碳化生产（见表 5-4）。具体实证分析结果为：2002—2005 年，第一产业的脱钩弹性为 -0.69，脱钩状态为强脱钩，说明第一产业的发展比较低碳，没有过多的消耗能源。第二产业的脱钩弹性为 0.80，脱钩状态为弱脱钩。第三产业的脱钩弹性为 0.98, 脱钩状态为增长连接。主要因为第三产业位于产业链底端, 是大多中间投入产品的最终消费终端, 其排放的隐含碳包括从最初的原料开采到制成品生产制造全过程中排放的 CO_2 量, 故在未重视产业结构调整之前, 第三产业的最终使用增加也伴随着大量的隐含碳排放。2005—2007 年, 第一产业的最终使用与其隐含碳排放之间的脱钩弹性为 -1.99, 两者表现出强脱钩的关系; 同时, 第二产业和第三产业的脱钩弹性分别为 0.50 和 -0.05, 这两个产业的脱钩状态分别为弱脱钩和强脱钩, 与上一时间段相比, 两个产业的脱钩弹性值均下降, 且第三产业脱钩状态从增长连接转变为强脱钩。另外, 可以清晰地看到第三产业的脱钩弹性远远小于第二产业的脱钩弹性, 说明第三产业在碳减排上的作用相对较大, 为以后的减排指明了方向。2007—2010 年, 第一产业的脱钩状态为强脱钩, 第二产业和第三产业的脱钩状态均为弱脱钩, 脱钩弹性从大到小依次为第二产业的 0.40, 第三产业的 0.22 和第一产业的 -0.08。由此可见, 在此阶段内, 减排效果最明显最大的是第一产业, 其次为第三产业和第二产业。2010—2012 年, 三次产业均表现出弱脱钩的状态, 并且通过与上一时间段的脱钩弹性值进行比较发现, 第二产业的脱钩弹性值以及第三产业的脱钩弹性值均小于上一阶段的脱钩弹性值, 说明第二产业以及第三产业的发展越来越低碳化。2012—2015 年, 第一产业的脱钩弹性和脱钩状态分别为 1.36 和衰退脱钩, 第二产业的脱钩弹性和脱钩状态分别为 0.87 和增长连接, 第三产业的脱钩弹性和脱钩状态分别为 0.54 和弱脱钩。从整个研究期间来看, 即 2002—2015 年, 三次产业的脱钩弹性分别为 -0.08、0.41 和 0.29, 分别表现为强脱钩、弱脱钩、弱脱钩的脱钩状态, 由此可以明显看出: 减排效果从大到小依次为第一产业、第三产业和第二产业。以后在减排的过程中, 要下定决心淘汰高碳产业, 通过引进先进技术等方法大力发展低碳产业, 有计划地循序渐进地调整产业结构, 并且借鉴第一产业以及第三产业低碳发展的方式与方法, 不断促进第二产业内部的优化, 以及向第三产业的不断转化。

表 5-4　贸易开放下中国三次产业最终使用增加与隐含碳排放脱钩状况评价

年份	三次产业	%ΔC	%ΔG	脱钩弹性	脱钩状态
2002—2005 年	第一产业	-5.7	8.2	-0.69	强脱钩
	第二产业	67.3	84.6	0.80	弱脱钩
	第三产业	54.1	55.1	0.98	增长链接
2005—2007 年	第一产业	-14.9	7.5	-1.99	强脱钩
	第二产业	21.3	42.5	0.50	弱脱钩
	第三产业	-1.3	27.2	-0.05	强脱钩
2007—2010 年	第一产业	-1.8	21.7	-0.08	强脱钩
	第二产业	19.5	48.8	0.40	弱脱钩
	第三产业	11.2	51.5	0.22	弱脱钩
2010—2012 年	第一产业	51.9	65.8	0.79	弱脱钩
	第二产业	4.5	23.0	0.19	弱脱钩
	第三产业	17.5	43.7	0.40	弱脱钩
2012—2015 年	第一产业	-22.9	-16.9	1.36	衰退脱钩
	第二产业	18.7	21.6	0.87	增长链接
	第三产业	18.5	34.2	0.54	弱脱钩
2002—2015 年	第一产业	-7.6	95.1	-0.08	强脱钩
	第二产业	200.8	485.4	0.41	弱脱钩
	第三产业	135.8	476.2	0.29	弱脱钩

数据来源：根据前述相关公式及数据整理计算所得。

第五节　本章小结

本章以 Tapio 脱钩弹性模型的理论为基础，来构建贸易开放下中国产业部门最终使用与其隐含碳排放之间的脱钩模型，并分别从总体视角、28 个产业部门视角以及三次产业视角进行分析，以期为我国节能减排、优化产业结构等提供实证数据。通过对计算结果的讨论分析，得出如下结论：

一、总体视角

受产业部门最终使用增加和其隐含碳排放变化两方面的影响，除 2012—2015 年外，产业部门最终使用与其隐含碳排放之间的脱钩弹性值不断减小，具体为：2002—2005 年为 0.90，2005—2007 年为 0.44，2007—2010 年为 0.36，2010—2012 年为 0.24，2012—2015 年为 0.74。从整个研究期间来看，即在 2002—2015 年脱钩弹性为 0.39。与此同时，产业部门最终使用与其隐含碳排放之间的脱钩状态除了 2002—2005 年为增长连接外，其余时间段中国产业部门最终使用与其隐含碳排放均处于弱脱钩状态，清晰地表明中国产业部门最终使用正在以一种比较合理的低碳方式增长。

二、28 个产业部门视角

2002—2005 年产业部门最终使用与其隐含碳排放之间的脱钩状态有 5 种，分别为：弱脱钩（10 个产业部门）、强脱钩（2 个产业部门）、衰退脱钩（1 个产业部门）、增长连接（14 个产业部门）、衰退连接（1 个产业部门）；2005—2007 年产业部门最终使用与其隐含碳排放之间的脱钩状态有 5 种，分别为：弱脱钩（14 个部门）、强脱钩（5 个产业部门）、衰退脱钩（4 个产业部门）、增长连接（3 个产业部门）、衰退连接（2 个产业部门）；2007—2010 年产业部门最终使用与其隐含碳排放之间的脱钩状态有 4 种，分别为：弱脱钩（19 个产业部门）、强脱钩（6 个产业部门）、衰退脱钩（2 个产业部门）、增长连接（1 个产业部门）；2010—2012 年产业部门最终使用与其隐含碳排放之间的脱钩状态有 5 种，分别为：弱脱钩（14 个产业部门）、强脱钩（7 个产业部门）、衰退脱钩（3 个产业部门）、增长连接（1 个产业部门）、衰退连接（3 个产业部门）；2012—2015 年产业部门最终使用与其隐含碳排放之间的脱钩状态有 8 种，分别为：弱脱钩（10 个产业部门）、强脱钩（1 个产业部门）、衰退脱钩（3 个产业部门）、增长连接（8 个产业部门)、衰退连接（1 个部门）、增长负脱钩（3 个产业部门）、弱负脱钩（1 个产业部门）、强负脱钩（1 个产业部门）；从整个期间来看，即 2002—2015 年产业部门最终使用与其隐含碳排放之间的脱钩状态有 3 种，分别为：弱脱钩（23 个产业部门）、强脱钩（3 个产业部门）、衰退脱钩（2 个产业部门）。由此可以清晰地看出：随着中国产业部门最终使用的增加，隐含碳排放量不再大幅度增加。具体表现为：中国产业部门最终使用与其隐含碳排放之间的脱钩状态为强脱钩的产业部门越来越多。

三、三次产业视角

2002—2005 年，第一产业最终使用增加与隐含碳排放之间的脱钩弹性值为-0.69，脱钩状态为强脱钩；第二产业最终使用增加与隐含碳排放之间的脱钩弹性值为 0.80，脱钩状态为弱脱钩；第三产业最终使用增加与隐含碳排放之间的脱钩弹性值为 0.98，脱钩状态为增长连接。2005—2007 年，第一产业最终使用增加与隐含碳排放之间的脱钩弹性值为-1.99，脱钩状态为强脱钩；第二产业最终使用增加与隐含碳排放之间的脱钩弹性值为 0.50，脱钩状态为弱脱钩；第三产业最终使用增加与隐含碳排放之间的脱钩弹性值为-0.05，脱钩状态为强脱钩。2007—2010 年，第一产业最终使用增加与隐含碳排放之间的脱钩弹性值为-0.08，脱钩状态为强脱钩；第二产业最终使用增加与隐含碳排放之间的脱钩弹性值为 0.40，脱钩状态为弱脱钩；第三产业最终使用增加与隐含碳排放之间的脱钩弹性值为 0.22，脱钩状态为弱脱钩。2010—2012 年，第一产业最终使用增加与隐含碳排放之间的脱钩弹性值为 0.79，脱钩状态为弱脱钩；第二产业最终使用增加与隐含碳排放之间的脱钩弹性值为 0.19，脱钩状态为弱脱钩；第三产业最终使用增加与隐含碳排放之间的脱钩弹性值为 0.40，脱钩状态为弱脱钩。2012—2015 年，第一产业最终使用增加与隐含碳排放之间的脱钩弹性值为 1.36，脱钩状态为衰退脱钩；第二产业最终使用增加与隐含碳排放之间的脱钩弹性值为 0.87，脱钩状态为增长连接；第三产业最终使用增加与隐含碳排放之间的脱钩弹性值为 0.54，脱钩状态为弱脱钩。在整个研究期间，即 2002—2015 年第一产业最终使用增加与隐含碳排放之间的脱钩弹性值为 -0.08，脱钩状态为强脱钩；第二产业最终使用增加与隐含碳排放之间的脱钩弹性值为 0.41，脱钩状态为弱脱钩；第三产业最终使用增加与隐含碳排放之间的脱钩弹性值为 0.29，脱钩状态为弱脱钩。

第六章　贸易开放下我国产业低碳化
发展的对策建议

中国应对气候变化的国家意愿不断增强，多次发出积极应对气候变化和发展低碳经济的明确指示。在国际上，为限制碳排放，减少气候变化给人类带来的负面影响，我国积极签署《巴黎协定》等相关文件，充分展示了我国应对气候变化的坚强意志；在国内，我国在"十三五"时期明确提出，要将大力发展社会主义现代化产业体系放在首要位置，大力构建现代产业新体系[①]。产业低碳化发展符合我国可持续发展的本质内涵，这不仅可以促进资源节约型、环境友好型社会的构建，还可以促进经济发展与人口、资源、环境的协调发展，为改善全球气候做出重要贡献。因此，本章基于前面章节的实证分析，结合我国实际，从建立健全低碳法规标准、调整优化产业结构、强化科技创新支撑、加快调整能源消费结构、加快发展清洁能源和新能源、加强低碳社会建设、加强低碳人才队伍建设以及深化国际交流与合作等方面提出相应对策建议，以期为我国产业低碳化的发展提供有力的政策保障。

[①] 李学芳：《创新视角下我国战略性新兴产业现状及发展对策》，《中国战略新兴产业》2018年第12期，第28页。

第一节　建立健全低碳法规标准

一、完善低碳法律法规体系

发展低碳经济，实现可持续发展，需要建立相应的体制机制，制定相关的法律制度，为产业低碳发展提供强有力的保障和支撑。第一，强化全国低碳经济相关法律法规的实施。应抓紧开展与能源利用、低碳经济相关的立法研究工作，尽早启动包括《应对气候变化法》等相关法律的立法程序。围绕低碳经济发展战略，建立低碳经济法律体系，制定《低碳经济促进法》，对于涉及与能源、环保、资源等相关的法律，应进行相应的修改和完善。通过法律明确发展低碳经济的基本方针、原则和政策，协调《能源法》《节约能源法》《可再生能源法》《循环经济法》等与低碳经济相关的规定，形成相对完整的低碳经济法律规范体系[1]。研究制定石油、天然气、核能及节能减排等主要领域的单行法律法规，完善循环利用、节能环保等领域的制度体系。第二，加强地方法规体系建设。我国低碳经济立法还处于起步阶段，目前仅仅着重于对能源的立法，尚未系统地制定低碳经济法律体系。我国各省和地区应结合自身实际，借鉴国内外立法经验，出台操作性较强的地方法规和实施细则，积极推进低碳经济地方立法工作进程，早日制定地方应对气候变化办法[2]。第三，构建与碳市场配套的法律体系和运行规则。碳市场的建立离不开一整套相关法律法规体系的支持和约束。碳排放权是一种全球公共产品，稀缺性来自强制性设立的排放上限，必须要有社会主义市场经济体系下相关法律法规的支持。国内碳交易明确的法律框架和政策仍旧不太完善，

---

[1]　杨春桃：《"美丽中国"背景下能源低碳转型的法律分析》，《环境保护》2017年第24期，第53—55页。

[2]　王冰冰：《低碳消费及其法律体系的构建》，《税务与经济》2016年第4期，第50—53页。

碳市场的建立还缺乏一定的法律基础，减排量的产权归属、减排配额的分配、碳市场交易程序和行为的合法性、金融机构的操作以及市场监管等相关问题，都需要构建相应完善的法律法规来支撑。

二、加大低碳政策支持力度

以产业低碳发展为核心目标，加强经济、社会、文化、外交政策的统筹协调，注重政策目标与政策工具、短期政策与长期政策的衔接配合。通过集成、整合的方式，充分利用现有各项产业政策、财税政策、信贷政策、投资政策、价格政策、土地政策、环保政策、区域政策和社会政策。第一，加大财政预算支持力度，增加低碳专项资金项目的规模。政府财政预算支出是低碳产业发展资金的重要保证[①]，有着"集中财力办大事"的优势。在低碳技术研发与应用、低碳产品推广、地方低碳能力培训等方面设置相应的专项资金，稳定资金来源，优化支出方向，并要加强资金方面的监管。第二，调整现行有关税收优惠政策。对低碳产业、技术、消费等给予税收优惠措施，减免部分税收。积极落实所得税、增值税等优惠政策，进一步研究和推进资源综合利用及可再生能源发展的税收优惠政策。第三，实行有利于低碳经济发展的政府采购制度，优先采购高效节能低碳、节水、环保标志产品，完善政府采购节能环保产品的制度。第四，鼓励实施低碳型产业投资政策。加强投资政策与财税、土地、金融、环保等政策的衔接，对符合产业政策的低碳产业投资项目，简化投资审批、核准程序，放宽投资领域，降低准入标准，深化投资体制改革，创新社会投资进入模式，积极鼓励拥有先进低碳技术的企业进入基础设施和公用事业领域优化相关投资结构，实现投融资形式多样化。

---

① 管明、马国胜、朱仲羽:《低碳经济视角的江苏太湖流域农业发展调查分析与政策建议》,《农业环境与发展》2012 年第 3 期，第 16—20 页。

三、制定低碳标准体系

把低碳产业标准、低碳技术标准作为产业低碳发展的重要驱动器，引导低碳产业向更高技术层次提升，从而推动相关产业结构发展完善①。第一，坚持各国共同但有区别的碳排放责任原则，掌握低碳标准制定话语权。我国要科学性地引导低碳产业和产品的发展走向，提高低碳产业国际竞争力。要加强核心技术的掌控，在主要工业耗能设备、机动车、家用电器等产业低碳标准制定上实现突破，积极参与制定行业能效和碳排放量限制标准，构建代表中国低碳产业发展水平、引领世界低碳产业发展的标准体系，有效引领低碳产品和低碳技术达到国际先进水平。第二，构建低碳监测报告制度。在低碳经济发展中，环境保护行政主管部门公开减排的总量配额，从而实施跟踪系统与监测系统相协调，需要对其实施过程和效果进行有效的监管考核和评价，这就需要建立完善的低碳经济监管体系②。目前，中国促进低碳发展的监测报告机制还不完善，可借鉴环境监测的经验来辅助构建低碳经济监管体系，开展社会经济发展碳排放强度评价，健全监督体系。由政府职能部门和社会团体等成立先进的监测机构和监测队伍，制定一套科学的碳排放权交易具体规则、报告制度和监测处罚办法，对监测对象定期会商、核查，及时向被监测对象反馈情况，提出整改意见和建议，并采取经济、行政法律等手段进行惩处，追究相关人员的责任。

---

① 方世荣、孙才华：《论促进低碳社会建设的政府职能及其行政行为》，《法学》2011 年第 6 期，第 56—65 页。
② 冯相昭、赖晓涛、田春秀：《关注低碳标准发展新动向——英国 PAS2050 碳足迹标准》，《环境保护》2010 年第 3 期，第 74—76 页。

第二节　调整优化产业结构

一、加快传统产业转型升级

推行环保、低碳的可持续生产方式，推动传统工业领域改造升级，加快农业领域迈向机械化生产道路，优化升级传统产业结构，推动供给侧结构性改革。第一，在工业领域有效"去产能"，全面改造传统产业部门。全力推动重点行业部门的改造升级，支持各企业提高生产技术水平，提升环保效能。将资源承载能力、生态环境容量作为承接产业转移的基础和前提，合理确定承接产业转移的重点领域，禁止引进环境污染大、资源消耗高、技术落后的外资企业[①]。加强环境约束力管制，各行业贯彻执行行业规范制度，积极配合节能减排检查。同时，引导钢铁、化工、制铝、造纸等重污染行业要依法依规有序退出。第二，在农业领域发展现代农业，繁荣农村经济。推动农业增长由主要依靠土地和劳动力要素投入向依靠科技及资本投入转变；推动农业功能由以农产品生产为主，向"生产、生活、生态"功能并重转变。按照"减量化、资源化、再利用"的发展理念，减少农村温室气体排放，推进农村废弃物资源循环利用，实施农村用户沼气工程、规范畜禽沼气治理工程、秸秆气化集中供气工程，配套建设农村沼气乡村服务网点，抓好沼气、沼渣、沼液综合利用。通过推进发展有机农业、循环农业等生态农业模式，降低农作物生产对化学品的依赖性，充分利用气候变暖、CO_2 浓度增高对作物生产增效作用的有利因素。科学调整农业种植制度，发展多熟制，提高土地复种指数，增加农业碳汇。加强对农村污染面源总量的控制，将现代农业发展和农村生态环境保护有机结合起来，建立新型农村生产、生活方式。研

[①]　胡溢轩：《中国环保产业的发展脉络与政策演变——基于国家、市场、社会三维视角》，《中国地质大学学报》(社会科学版)2018 年第 1 期,第 95—103 页。

发新品种农作物，推广能适应气候变化、产量潜力大的优良农作物新品种；改进农作物品种种植布局，有计划地选用抗旱、抗涝、抗高温、抗病虫害等抗逆品种，提高农业适应气候变化的能力。

二、抑制高碳行业过快增长

发展低碳经济是中国产业结构调整的必由之路，因此，实现高碳产业向低碳化发展势在必行。第一，重工业系统必须加快转型升级。加快调整升级高能耗、高污染、高危险和低效益的劣势企业、劣势产品和落后工艺[①]。完善重点用能单位的能效管理，推进能效审计，继续实施工业用电设备节电、工业锅炉节能等技改专项工程[②]，其中加快对重化工业的整合步伐，进一步淘汰落后产能，推动联合重组，提高产业集中度，提升能源资源的集约利用水平[③]，推进钢铁行业布局调整、企业整合和产品升级。第二，建筑领域要进一步提高建筑节能标准和推广实施范围。新建建筑全面执行建筑设计标准，强制采用新型节能门窗、墙体涂料等，以楼宇节电为重点，对公共建筑实施能耗定额管理制度，加强用能动态监测管理；全面对既有建筑进行节能改造，提高建筑用能管理水平[④]。第三，能源生产企业需进一步挖掘节能潜力。全面提高天然气和煤炭的利用效率，提升成品油标准[⑤]；进一步强化用电率、线损和燃气产销差等考核指标，提高能源加工转换效率。

---

① 杨成钢：《人口质量红利、产业转型和中国经济社会可持续发展》，《东岳论丛》2018年第1期，第46—53页。

② 上海市人民政府：《上海市节能和应对气候变化"十三五"规划》，参见网址：http://www.shanghai.gov.cn/nw2/nw2314/nw39309/nw39385/nw40603/u26aw51762.html。

③ 王建峰、韩素卿：《河北省调整产业结构、化解过剩产能的路径选择》，《河北经贸大学学报》2018年第1期，第104—108页。

④ 上海市人民政府：《上海市节能和应对气候变化"十三五"规划》，参见网址：http://www.shanghai.gov.cn/nw2/nw2314/nw39309/nw39385/nw40603/u26aw51762.html。

⑤ 许珊：《基于低碳经济的我国节能减排路径设计与绩效评价研究》，哈尔滨工程大学，博士学位论文，2016。

三、发展战略性新兴产业和服务业

紧跟信息技术时代科技创新和产业战略调整的趋势，谋划布局战略性产业和新兴服务业发展。第一，根据战略性新兴产业的发展阶段和特征，明确发展的主要目标和行动措施，反对走以经济效益至上的老道路，统筹兼顾，充分发挥市场和政府的双重作用①。一是要加快重大科技成果向产品生产的转化，推动先进产业集聚效应。科技成果的转化不能单单停留在某一项具体的专利，需要配套建立产业化发展机制，将科技应用到产品的商业化生产过程中，形成产业聚集效应，从而减少单位成本。同时依靠产业链条的集聚效应，带动整个地区关联产业的快速升级，促进新兴产业基地的发展。二是支持市场拓展和商业模式创新。在相关能源产品的消费标志上，完善终端能耗标识的实施范围；推进企业能源效率管理制度，实行现代废旧商品回收再利用制度；加快新能源的储备、新能源交通工具相关基础设施的建设；促进企业投资发展互联网、信息咨询、环保服务等广泛领域，满足新兴的绿色经济需求②。第二，积极鼓励发展新兴服务业。一是支持服务业企业做大做强。对新增入库的规模以上的服务业企业，或年主营业务收入增速超过 20% 以及年上缴税收增速超过 20% 的服务业企业，由地方政府给予一定资金奖励；对新进全国服务业 500 强的民营企业，给予一定资金奖励。二是支持服务业品牌化发展。定期组织开展服务业名牌、服务业著名商标评选活动，地方政府对上榜名牌和商标的企业给予一定资金奖励；对国家新认定的服务业驰名商标、国家地理标志商标给予一定资金奖励。三是支持服务业集聚发展。推进各省级、市级服务业综合改革试点区和现代服务业发展示范园区、品牌建设

---

① 国务院：《关于加快培育和发展战略性新兴产业的决定》，《中国资源综合利用》2010年第 10 期，第 9—13 页。
② 国务院：《关于加快培育和发展战略性新兴产业的决定》，《中国资源综合利用》2010年第 10 期，第 9—13 页。

示范园区建设，定期开展考核，对考核排名靠前的改革试点区和示范园区给予一定资金奖励。

第三节 强化科技创新支撑

一、继续淘汰落后技术设备

淘汰高耗能落后工艺设备是提高能源利用效率的重要途径。我国缺乏先进的仪器设备、缺乏先进的研发机构和研发能力导致能源利用率不高。因此，淘汰落后设备，引进先进技术推动产业低碳化发展是未来必经之路[①]。在《中华人民共和国节约能源法》《中华人民共和国循环经济促进法》《工业节能管理办法》等法律法规中都有明确要求，能源转换过程中要注重效率问题，以较小的能耗换取最大的生产动能，以较低的污染换取最大的经济效益，淘汰高耗能落后工艺设备是我国落实绿色发展理念、推进生态文明建设的客观需要，是企业提质增效的重要手段，对促进企业转型升级、节能降耗和新旧动能转换意义重大[②]。第一，组织实施工业能量系统优化、区域能源优化、锅炉（窑炉）节能环保综合改造、清洁能源替代中国战略新兴产业、"互联网+节能"、绿色照明、合同能源管理推进等节能重点工程，推进能源综合梯级利用，在淘汰落后机械设备的基础上提高重点设备能源利用效率；积极构建锅炉安全、节能、环保"三位一体"的监管体系，加强高耗能特种设备节能标准监督检查，实施燃煤锅炉节能环保综合提升工程。在"十三五"期间，我国提出了更高的发展要求和目标，要求到 2020 年，提高新生

---

① 郑浩然:《低碳经济下新能源产业发展对策研究》,《中国战略新兴产业》2018 年第 2 期, 第 1—3 页。

② 任军:《探索我国战略性新兴产业发展问题的新作——〈我国战略性新兴产业发展研究〉评介》,《经济纵横》2016 年第 9 期, 第 129 页。

产燃煤锅炉效率和燃气锅炉效率①，普及锅炉能效和环保测试，开展锅炉节能环保普查整治，完善节能数据、排放数据的资源信息管理，并对社会监管平台共享此类数据。第二，加大对技术落后企业的执法监察力度。各级节能监察机构要把高耗能落后工艺设备的在用、淘汰情况作为监察工作的重点，加大节能监察力度，制定监察工作方案，确保列入淘汰目录的设备按时退出；对列入淘汰目录的用能设备，要逐一进行核查，防止更换等弄虚作假情况；严禁淘汰设备转买、转卖、转移他用的违规行为，对不按时淘汰落后设备的企业，要依据相关法律法规进行惩处，情节严重的按照规定的权限责令停业整顿。

二、加大低碳核心技术自主创新

我国正处于现代化经济体系建设的关键时期，目前要做的就是要加快低碳技术的培育和孵化，发展循环经济，推进节能减排创新；发挥产业集群效应，推进产业结构升级；发展知识经济，推进经济可持续发展。低碳核心技术自主创新是中国发展低碳经济的重要举措，重点依靠能够提高能源利用效率、实现清洁生产的低碳核心技术的自主创新②，而低碳核心技术的自主创新主要包括节能技术的创新、新能源技术的自主创新、CO_2 捕捉与封存技术。第一，节能技术的创新，主要是通过自主技术创新提高化石能源的利用效率，降低单位 GDP 的能耗，如以提高单体设备节能水平为主的技术和管理方法的应用与建立，以系统节能持续推动节能降耗，以能源成本最小化推动能源管理水平的提升，以节能技术创新集成为抓手推动能源管理品牌建设等。第二，新能源技术的自主创新，主要包括太阳能、风能、生物能等新能源的开发与利用，减少使用化石能源，降低 CO_2 的排放量，可以通过发展新

---

① 谭飞燕、张力、李孟刚：《低碳经济视角下我国产业安全指标体系构建》，《统计与决策》2016 年第 16 期，第 57—60 页。

② 伍华佳：《中国低碳产业技术自主创新路径研究》，《社会科学》2013 年第 4 期，第 42—51 页。

能源产业集群、建立新能源产业专项发展基金、构建新能源产业发展服务平台、充分利用先进技术等方式有效促进新能源各项技术的创新，提高企业的创新能力。第三，CO_2捕捉与封存技术，在煤炭、石油等化石能源还是主要能源的条件下，在除了提高能源的利用外，可选择的就是碳捕捉与封存。研发先进实用的CO_2高效吸收溶剂、吸收塔填料以及新型高效吸收分离设备和分离技术，发展CO_2吸收分离过程模拟和集成优化新技术，通过关键技术的突破，着重研究解决CO_2捕集的高能耗和高费用问题，进行中间试验并进行技术经济与风险评价，形成具有自主知识产权的吸收法捕集CO_2的技术方案。针对CO_2减排的迫切需要，对陆地或海底地质咸水层的CO_2封存技术进行研究，瞄准国外发展的最新动态，研发具有自主知识产权的先进实用的CO_2封存技术。

三、加快低碳技术推广应用

加快低碳技术推广应用是培育和发展战略性新兴产业的中心环节，在这其中需要充分发挥市场和政府两个主体的相互作用，以企业为技术生产主体，市场为产品导向，政府引导重大核心技术研发，从而多方面推动先进技术推广，提高我国综合竞争力[1]。第一，要让节能减排的先进技术走出实验室，真正转化为应用技术推广到市场，需要推进产学研三位一体发展和有机结合。在节能减排技术领域，单个企业的科研由于受限于资金、人员的短缺等其他原因，科研成果并不能最终实现产业化发展，因此，企业与企业、企业与政府、政府与政府应采取联合开发的策略，集中力量解决单个主体所不能解决的问题；同时，结合自身企业的发展实际及时引进消化吸收部分技术，在此基础上进行有效的自主创新，此外，应注重低碳节能技术综合支持体系的建立，为节能减排技术的有效应用起到良好的支撑作用。第二，加强

---

① 国务院:《关于加快培育和发展战略性新兴产业的决定》，《中国资源综合利用》2010年第10期，第9—13页。

东部、中部和西部地区各省份在低碳技术领域的合作，尤其是洁净煤、光伏发电、新能源汽车等领域的合作，正确处理各地区低碳技术发展差异，让先进技术同步推广到全国。应充分发挥各地区优势行业大型企业和高新技术企业的产业技术优势[1]，带动劣势企业减排技术发展，减少劣势企业低碳技术的研发成本，加快形成我国一整套自主知识产权和技术成果的转化体系，提升我国整体低碳技术和产业的综合实力。加强低碳技术开发与储备，进一步推进低碳技术产业化发展，形成技术研发与产业进步互动发展的良好态势，增强企业的核心竞争力。同时，鼓励中小企业加快低碳技术应用与推广，完善资金资助与激励机制，加快实现相关领域低碳技术的产业化和市场化。

第四节　狠抓重点领域节能降碳

一、加强工业领域节能降碳

在"十三五"规划中指出，我国不仅要实现整个经济发展稳定中高速增长，同时要实现生态环境不断改善，提高整个能源资源的利用效率，减少经济发展过程中的碳排放总量[2]，这就要求工业领域企业生产方式有所转变，逐步向节能环保方向发展转型。第一，科学推进工业部门生态转型。统筹协调工业部门系统性减排、绿色发展路线、低碳生产等措施。同时制定工业领域阶段性减排计划，强化环境监督和管理，围绕绿色发展理念，利用生命周期理论，在原有工业体系的基础上，开发绿色产品，延伸绿色产品的产业价值链，确保减排得以顺利进行[3]。第二，根据各地区工业领域的发展情况以

---

① 安徽省应对气候变化科技发展战略研究课题组，李红兵：《安徽省低碳技术发展中的问题及对策研究》，《安徽科技》2013 年第 8 期，第 23—25 页。

② 刘祝娟：《节能形势及推进工业节能政策与措施研究》，《经济师》2017 年第 8 期，第 294—295 页。

③ 安同信、侯效敏、杨杨：《中国绿色金融发展的理论内涵与实现路径研究》，《东岳论丛》2017 年第 6 期，第 92—100 页。

及整体减排规划，对各个省、市分别制定差别性环境政策，采取符合本地区的减排措施。同时，针对不同行业的实力和基础，分行业细化具体的污染物排放指标和落后技术淘汰的时间。其中，重点是加快西部和中部地区资源密集型和劳动密集型企业的绿色转型，推动其产业结构的升级。第三，化解重点行业产能过剩矛盾[1]。在工业领域的节能减排过程中，必须将钢铁、水泥、电解铝、平板玻璃等行业作为化解产能严重过剩矛盾的主要对象，严格项目管理，依法依规全面清理违规在建和建成项目[2]。同时，借助"一带一路"倡议的提出，鼓励有实力的中方企业到外投资设厂，通过"走出去"方式化解企业产能过剩的问题，不断优化企业的国际竞争力和减排能力。

二、控制城乡建设领域节能降碳

将绿色发展理念全面融入新型城镇化进程，推动形成资源节约、环境友好的城市空间布局和建筑格局。第一，优化城市功能布局。在各地城乡建设规划修编中加强低碳发展规划内容，低碳试点城市要编制实施低碳城市规划或方案。优化城镇空间布局，统筹规划地上地下空间开发，推动商业、办公、居住、生态空间与交通站点的合理布局，提高基础设施使用效率。统筹规划、合理开发城市新区，科学合理编制城市新区建设规划，探索进行碳排放评估。推进城市新区功能布局优化，促进人口集聚，实现产城融合[3]。第二，强化城市节能低碳建设和管理。加强建筑工程的项目立项、土地出让、规划管理、勘察设计、施工建造、使用维护、报废拆除等关键环节的监管[4]；

---

① 何斌锋、方晟、冯劲:《基于工业行业要素密集度的节能减排与稳增长的实证研究》，《工业技术经济》2017 年第 1 期，第 10—14 页。

② 郁义鸿、吕东伟:《中国电力行业减排政策——基于电力需求函数的实证分析》，《技术经济》2017 年第 5 期，第 110—118 页。

③ 王卓然:《既有低碳城市社区更新改造目标人群分类研究》，《城市发展研究》2017 年第 4 期，第 138—143 页。

④ 俞滨洋:《大都市绿色建设的总体思考和建议》，《建设科技》2017 年第 22 期，第 8—13 页。

研究制定建筑物使用年限管理办法，建立建筑使用全寿命周期管理制度；严格加强建筑拆除管理，建立建筑报废拆除审核制度和违规拆除责任追究机制。第三，加快推进建筑产业现代化，大力发展装配式住宅，引导高强钢的发展应用，提高工程建筑质量，延长使用寿命①。实施创建绿色照明城市评比活动；在采用集中供热的城区，推进供热计量改革工作，实施供热计量收费和能耗定额管理；推进绿色生态城区建设，支持绿色生态城区建设工作，各地区积极创建国家绿色生态示范城区。第四，推动绿色建筑规模化发展。积极推进政府投资项目和大型公共建筑强制执行绿色建筑标准，严格实施新建建筑节能强制性标准；从绿色建筑材料、设计、建设等方面，大力推广可再生能源在建筑领域的规模化应用；积极指导绿色农房建设，编制绿色农房建设和改造推广图集、村镇绿色建筑技术指南，推广太阳能热水利用、围护结构保温隔热、省柴节煤灶等农房节能技术。

三、强化交通运输领域节能降碳

交通运输作为居民"衣、食、住、行"中必不可少的一部分，已成为居民生活能源消费的重要来源，由此带来的温室气体排放问题不容忽视。在大力倡导发展低碳经济的背景下，推进低碳交通建设是大势所趋。第一，完善我国交通运输体系。随着我国经济的发展，运输行业所承担的减排任务日趋增长，加强城市交通系统化管理，加快构建多种运输方式高效衔接，继而可以将各种交通方式作为地区与地区经济发展的衔接工具，形成高效和便利的交通系统，带动全国物流经济的飞速发展②。第二，全面发展低碳交通运输。加大对公共交通系统的完善力度，在交通管理和政策导向方面向公共交通系统倾斜；在道路施工方面，优先建设城市轨道交通系统；加大对公共交通系

①　杨威杉、蔡博峰、王金南等：《中国低碳城市关注度研究》，《中国人口·资源与环境》2017年第2期，第22—27页。

②　郑继承：《城乡居民生活能源消费碳排放测算研究——以贵州省为例》，《生态经济》2017年第6期，第14—18，27页。

统的财政补贴，尤其是提升公共交通系统人员的福利待遇和社会地位；通过提高车辆维护保养成本、出行成本来降低消费需求，减少私家车数量；加快城市共享单车的发展步伐，同时完善共享交通工具的管理条例。第三，完善公共交通系统信息发布。要使公共交通系统成为居民出行的首要选择，引导公众了解新能源汽车和低排量汽车的相关信息，从而做到低碳消费。树立运输经营者的绿色消费理念，引导其购买和使用低耗能、经济环保的运输工具。第四，快速发展一批低碳运输设备。大量研发和使用低碳技术，发展与本地区相适应的交通设备。在人口规模基数大、经济基础较好地区鼓励发展轨道交通；在经济相对落后、人口基数小的地区鼓励发展电能交通工具。试验性投放一批氢气动力、生物质能动力的交通设备，为下一代环保节能产品的投放打下基础。

第五节　加快调整能源消费结构

一、调整化石能源结构

化石能源消耗产生的碳排放是我国环境污染的罪魁祸首，调整化石能源的消费结构、变革供能方式是我国产业部门低碳化发展的主要方向之一。第一，严格控制各产业部门化石能源消耗。遏制工业交通、建筑等领域化石能源消耗偏快的势头；在工业领域，加强钢铁、水泥、石油、化工、造纸、纺织六大高耗能制造行业的能耗控制，提高能源准入门槛，推进淘汰落后产能，开展重点节能工程严格用能管理，保障合理用能，鼓励节约用能，限制过度用能；加大差异化控制力度，对高载能行业实行分时电价、差别电价[①]。第二，鼓励煤电一体化开发，大力发展清洁高效火电。使用先进技术手段发

---

① 田泽、董凯丽、吴凤平：《江苏省终端能源消费 CO_2 排放总量测算及驱动因素研究》，《中国人口·资源与环境》2015 年第 11 期，第 19—27 页。

电，而不是传统火力发电；各个地区积极组织调查小型火电分布和数量，严禁在环境脆弱地区新增燃煤机组，保证当地环境不受污染，尤其对靠近水源、居民区的小型火电机组予以关停处理。同时，新建火电机组必须配套相关除尘、去硫专业设备[1]；鼓励在大中城市工业产业园区安装热电机组，加快垃圾发电等废物利用发电发展步伐。第三，加快油气资源勘探开发和使用。天然气具有较大的能源转化优势，是当前我国调整能源结构的首选，要在西部地区加速天然气资源的勘探，查明其储存量，既可以缓解我国现有的能源危机，又可以带动西部地区经济发展；积累相关技术，试点加快对页岩气开采和勘探，为今后页岩气的大规模开采打下坚实的技术基础[2]。

二、提高能源利用效率

目前，我国正处于工业化的发展阶段，城镇人口增长、消费结构升级和城市基础设施建设使得能源需求和温室气体排放量不断增长。在经济高速增长与节能减排的双重压力下，现有的高能耗、高排放发展模式已经不可维持，必须提高能源利用效率，向低碳模式转型。第一，积极优化能源消费结构是提高能源利用效率的直接动力[3]。减少原煤直接燃烧的数量，降低煤炭等化石能源在一次能源消费中的比例；推广各种有效的煤炭洁净技术，加快洁净煤技术的应用，减少能源消耗和污染排放；大力发展分布式能源，实现热电冷联产，推行优质能源梯级利用[4]。加大新能源和可再生能源扶持力度，协调传统能源和可再生能源在一次消费中所占的比例，建立多元化的能源消

①　唐霞、曲建升：《我国能源生产与水资源供需矛盾分析和对策研究》，《生态经济》2015年第10期，第50—52页。

②　郭承龙、周德群：《经济增长与化石能源脱钩测度分析——基于中国和韩国比较》，《科技管理研究》2015年第17期，第217—222页。

③　徐建中、王曼曼：《绿色技术创新、环境规制与能源强度——基于中国制造业的实证分析》，《科学学研究》2018年第4期，第744—753页。

④　祖丽莉、张启钱、张诒强：《新常态下中国能源利用的战略思考——基于国际比较的视野》，《江海学刊》2015年第5期，第88—93页，第238页。

费体系①。第二，推进产业结构优化升级是提高能源利用效率的根本动力。要遵循优先发展现代服务业、做强做优先进制造业、加快发展新兴产业和巩固提升传统产业的产业布局战略；建立以服务业为主、制造业为辅的全面发展体系；积极发展战略性新兴产业，避免产业趋同，促进产业互补与错位发展；加快建设各类低碳产业集聚区和产业集群，促进三次产业融合发展②。

三、强化能源管理

我国"十三五"时期的规划纲要明确提出要合理控制能源消费总量，开展能源消费总量控制是我国深入推进能源转型和低碳发展的关键。在"十三五"规划指导下，应采取积极措施强化能源管理，以确保低碳与能源转型目标的顺利实现。第一，限制能源消耗的增长速度和总量。根据我国能源消耗的速度确定下一阶段能源消耗的总量目标，按照第一产业、第二产业和第三产业对能源的依存度分别进行能源分配，对高污染的传统产业，其分配额度较为苛刻，对新兴产业的能源分配较宽松。进一步细化明确相关重点行业、用能单位等能耗总量和增量控制目标，制订能源消费总量控制实施方案；将能耗总量控制性指标与单位能耗下降率约束性指标作为考核指标下达，并逐步提高能耗总量控制指标的考核权重和约束力。第二，建立能源消费总量控制考核制度。整合政府部门和企业相关能源信息资源，企业排放总量的测量是政府监督无法涉及的盲区，需要在重点单位附近设立例如 PM2.5 之类的监测站点，完善在线监测。对监测站点实施联网和信息公开，及时有效进行监管和环境预警。同时，进一步完善"批项目、核能耗"制度，严格限制落后企业的审批和备案，严禁开工建设。第三，完善重点监控单位管理制度。首先，各地区需要建立重点监测单位目录，按照节能减排法律相关规定，落

---

① 单胜道、毕晓航：《长三角能源消费特征及合理控制对策》，《中国能源报》2012 年第24 期。

② 于伟咏、漆雁斌、李阳明：《碳排放约束下中国农业能源效率及其全要素生产率研究》，《农村经济》2015 年第 8 期，第 28—34 页。

实这些单位的各项减排指标和义务。然后，完善和深化重点监控单位节能管理，制定实施重点用能单位节能管理办法，建立统一的能耗能效监控平台，组织实施对重点用能单位的节能目标下达和考核[1]。

第六节　加快发展清洁能源和新能源

一、探索发展可再生能源

摆脱传统高碳能源的使用，合理开发可再生能源，是积极应对气候变化、推进绿色低碳发展的关键。第一，推广光伏产业的应用。将太阳能利用列入未来可再生能源领域发展的重点，坚持因地制宜，推动太阳能光伏发电和光热利用的协同发展。大力鼓励和支持太阳能集热系统在工商业和居民生活领域的大规模应用。加快城市照明系统的太阳能光热利用，在具备条件的既有建筑屋顶安装光电、光热系统[2]；加快光伏产业产品的技术开发，尤其是必须满足核心技术的自给自足能力，从而整体提升太阳能产业的实力。第二，推广发展生物质能。在广大农村地区积极推广秸秆发电。积极扶持以生物质能资源能源化利用为纽带、以企业为运营主体的多链条循环利用模式；重点推动农村生物质能源示范村建设，提高生物质能在农村生产生活中的能源利用比例。第三，合理利用风能。首先，结合风能资源和设备建设条件，研究建设风力发电示范基地，带动风电装备产业发展；其次，积极推动风电机组和相关技术的科研创新，开展对风能发电选址、总量评估、电能转化效率的研究，使得风能在未来的生产建设中异军突起；最后，大力发展风力发电装备。坚持市场导向，推进产业自主创新，实现大型海上风机产业化。发

---

①　上海市人民政府：《上海市节能和应对气候变化"十三五"规划》，参见网址：http://www.shanghai.gov.cn/nw2/nw2314/nw39309/nw39385/nw40603/u26aw51762.html。

②　齐绍洲、李杨：《能源转型下可再生能源消费对经济增长的门槛效应》，《中国人口·资源与环境》2018年第2期，第19—27页。

挥我国原材料价格便宜、劳动力资源丰富、风能资源丰富的优势条件，通过风能发电的产业聚集效应带动一整套材料、运输行业的发展，造就一批专业化风能材料专业化制造基地。提高对扇片、发电机、大功率传动机等先进技术的把控能力①，其中重点发展风力发电驱动设计、扇片角度调节、电力调度和并网技术，形成我国核心自主创新技术。

二、因地制宜发展新能源

各地区积极利用国家培养战略性产业的优惠政策，顺应国际和国内新能源发展的趋势，充分利用本地区资源和优势，对新能源产业发展进行科学规划，建立健全新能源产业技术创新体系②，培育自主知识产权和自主品牌，促进产业升级、壮大产业规模和优化产业布局。第一，在沿海发达地区积极发展核电。抓住核电产业成为国家发展重大战略的机会，通过积极自主研制和引进技术相结合，带动核电技术创新，赶超西方发达国家；与此同时，结合我国国情，发展优势零部件，在核电站汽水管道用材时，尽量使用高等级不锈钢无缝管及钛合金管材、核电站用海绵锆、高等级输电电缆、大型高品质铸锻件等核电装备关键配件，提升这些材料的研发及制造能力③。第二，在水能充足、地势落差较大的地区优先发展水电、潮汐能、洋流能发电。以大型装备为核心，重点发展大型潮汐发电机组、大中型混流式机组、大中型轴流式机组，着重推进抽水蓄能机组、大型冲击式水力发电设备开发及产业化④；以关键部件为核心的零部件产业，重点发展大型水轮机组及潮汐能、

---

① 马丽梅、史丹、裴庆冰：《中国能源低碳转型（2015—2050）：可再生能源发展与可行路径》，《中国人口·资源与环境》2018 年第 2 期，第 8—18 页。

② 黄茂兴：《后 ECFA 时代提升闽台经济综合竞争力的若干思考》，《综合竞争力》2011 年第 1 期，第 42—46 页。

③ 牟初夫、王礼茂、屈秋实等：《主要新能源发电替代减排的研究综述》，《资源科学》2017 年第 12 期，第 2323—2334 页。

④ 李昭楠：《甘肃经济增长与能源消耗关系及优化路径研究》，《兰州学刊》2017 年第 12 期，第 198—208 页。

洋流能装备配套的轴承、铸件、传动和控制系统，并结合现有产业优势，完善水电、潮汐能、洋流能装备产业链①。

三、开发绿色能源推进能源替代

习近平同志在十九大报告中对我国发展的新阶段及当前社会面临的主要矛盾提出了一系列新思想、新观点、新论断，并对生态文明建设和绿色发展做出了深入详细的阐述②。目前我国的环境问题、能源改革问题依然艰巨，亟待以绿色发展理念引领能源行业变革。第一，稳步发展空气热能和地热能产业③。首要的是加快耐高温热泵设备的研发，我国此类技术产品所承受的温度达不到开采要求，往往需要进口，极大限制地热能资源的开采和利用。为此，我们应该研发热泵低温发电技术，并根据各地自然地理条件配套相关技术设备。第二，整合发展光热产业。从微观层面来看，光热企业面临产品同质化较为严重、门槛比较低等诸多问题，企业与企业之间需要进行整合，优化资源分配；从宏观层面来看，光热产业应该把内需放在首位，实现产业化集群发展，打造品牌效应，依靠技术，着力提高真空管镀膜工艺，发展相关核心设备的生产装备，鼓励企业应用集热管镀膜、发泡生产、水箱、支架流水线生产设备，提升整体的产业层次④。第三，增加天然气供应和使用。加大天然气主输气管网建设，形成进口液化天然气（Liquefied Natural Gas，LNG）、西气、西气二线、川气和东海气等组成的多气源供应格局；完善天然气管网输配体系，有序实施旧管网改造和区域天然气发展规划，从而加快

---

① 浙江省人民政府:《浙江省新能源产业发展规划》，《宁波节能》2011 年第 2 期，第 17—20 页。

② 邓慧慧、虞义华:《中国农村能源系统绿色转型研究——基于中国农村家庭能源调查数据》，《浙江社会科学》2018 年第 1 期，第 57—65 页，第 101 页。

③ 浙江省人民政府:《浙江省新能源产业发展规划》，《宁波节能》2011 年第 2 期，第 17—20 页。

④ 浙江省人民政府:《浙江省新能源产业发展规划》，《宁波节能》2011 年第 2 期，第 17—20 页。

天然气对传统人工煤气的替换速度①。根据国家和当地政府环保规定，在居民聚集地划定无煤区，开展环境友好城市试点工作，腾出空间集中用于高效清洁发电项目。

第七节　加快碳交易制度建设

一、推进自愿减排交易活动

中国在国际气候谈判中承担大国责任，向国际社会表明自愿减排的决心和计划。为此，除了进一步加大实施监督力度外，应充分发挥自愿协议在实现节能减排目标方面的积极作用，创新环境管理机制。第一，完善目前签署的减少污染物排放的责任书和节能责任书，这些原本签署的自愿书缺乏有效的约束机制和奖励机制，应在此基础上加入相关自愿条款和协议，引导各个地区和国家为人类生态目标做出贡献。我国自愿协议的主体主要包括政府和企业。公众在自愿原则下，根据协议框架参与全社会减排工作，监督各个主体的减排情况。第二，可以将排污收费政策作为自愿协议政策的激励机制，主要体现在对那些积极减排和降低污染的企业，将部分排污费作为这些企业的奖励资金之一，并相对减少对这些企业的检查次数，减小对其监督力度。在长期过程中，通过改革排污收费制度，对实施自愿协议的企业的可核实的高于规定目标的削减量进行豁免或先征后返。与此同时，政府还需要制定法律强制性规范重污染企业减排，对不同程度的污染加征污染税，做到柔性和刚性的兼顾②。

---

① 上海市人民政府：《上海市节能和应对气候变化"十三五"规划》，参见网址：http：//www.shanghai.gov.cn/nw2/nw2314/nw39309/nw39385/nw40603/u26aw51762.html。
② 牛雪莹：《浅析如何实现排污收费与企业节能减排的有效结合》，《科技与生活》2011年第1期，第228—228页。

二、完善碳交易市场体系建设

碳交易的目的是降低温室气体排放水平，减少经济发展对化石燃料的依赖，促进低碳发展。目前，我国的碳交易市场尚处于成长阶段，规则还在制定和完善中。为适应国际碳市场发展需要，必须加快推进中国碳市场步伐①。第一，提出碳排放约束性指标，该指标是碳交易市场全面发展的重要推动力。我国政府为应对日趋严重的环境问题，指出将大幅度降低单位碳强度和能源消耗以及减小硫、硝等污染物排放，严格控制温室气体的排放规模，这是中国作为一个负责的大国所做出的积极让步，更有利于推动了中国碳市场的发展，碳交易的全面发展已是大势所趋②。第二，从培育扶持碳减排试点做起，构建具有中国特色的碳交易市场。在中国发展碳交易市场是大势所趋，是应对气候变化的重要措施，是逐步形成的社会共识。但发展碳市场并不是一哄而上、全面开花，而应根据区域分布和行业特点，建立区域和行业碳交易市场。在碳市场面向全国推广之前，应做到试点先行，在试点取得低碳排放成功经验基础上，再逐步推向全国。2011 年国家发改委发布的《关于开展碳排放权交易试点工作的通知》，确定了北京、上海、深圳、重庆、天津、广东、湖北为试点开展为期 3 年的碳交易探索工作，经过 5 年试点以及 1 年全国性交易，7 个试点从环境、市场、政策法规等多方面分析和总结大量经验，为未来全国市场的建立提供了重要借鉴。第三，以区域碳交易市场的发展为中心，建成有序的碳排放权交易市场。发挥现有的排放权交易所、清洁发展机制（Clean Development Mechanism，CDM）服务中心等机构

---

① 潘家华：《碳排放交易体系的构建、挑战与市场拓展》，《中国人口·资源与环境》2016 年第 8 期，第 1—5 页。

② 沈洪涛、黄楠、刘浪：《碳排放权交易的微观效果及机制研究》，《厦门大学学报》（哲学社会科学版）2017 年第 1 期，第 13—22 页。

的积极作用。第四，建立以强制性碳交易为主，自愿减排为辅的碳市场交易机制①。从国内外碳市场发展的情况看，全球碳交易市场中，99%是强制碳市场，只有1%是自愿碳市场。因此，引导例如电力、煤炭等行业自愿减排至关重要。

三、大力推进碳金融业务发展

我国政府高度重视碳减排责任和义务，在哥本哈根会议上，我国政府郑重承诺：到2020年，中国单位GDP的CO_2排放比2005年下降40%—45%，以及在《巴黎协定》的框架下，我国提出了有雄心、有力度的国家自主贡献的目标，即到2030年，中国单位GDP的CO_2排放要比2005年下降60%—65%，非化石能源在总能源当中的比例提升到20%左右，中国CO_2排放达到峰值，并争取尽早达到峰值。按照这一目标，未来我国碳交易和碳金融领域都有巨大的发展空间和增值潜力，也为我国在积极参与国际碳金融市场、创设国内碳交易和碳金融市场创造了条件。第一，完善碳金融法律法规。当前，必须尽快从法律层面确认"碳排放权"的绝对权利属性。确定碳金融市场的交易前提，例如交易保证金、交易认证机制，确定相关流动资产的分配原则。同时，碳交易要以碳排放的总量和碳排放强度作为交易监督、信贷的主要考核标准。第二，建立低碳经济政策性银行。不同于以往的商业银行自负盈亏，低碳政策性银行旨在促进我国绿色经济发展，为社会碳减排提供资金支持，因此得到国家财政的大力支持②。低碳政策性银行主要为公众性绿色基础设施建设以及投资规模较大例如风能、水能设备采购提供资金贷款。在此基础上，完善商业银行低碳信贷体系的建立。遵守减排规定或者从事环

---

① 曹先磊、张颖、石小亮等：《碳交易视角下森林碳汇生态补偿优化管理研究进展》，《资源开发与市场》2017年第4期，第430—435页。

② 郭晓玲：《我国低碳金融发展现状及对策》，《合作经济与科技》2012年第1期，第66—67页。

保事业的企业可以得到银行的优惠贷款①，对那些造成严重环境污染且不服从环保部门检查管理的，给予高利率贷款或不予以贷款。第三，创新碳金融手段。积极鼓励碳交易市场参与主体及交易产品的多元化。引导企业和个人主动参与碳交易，以扩大和繁荣碳交易市场，减小投机资本造成的风险②；逐步成立专门的低碳专项基金，进一步推广绿色保险产品，开展巨灾风险证券化试点，注重衍生品开发，使得金融化程度逐步深入。

第八节　加强低碳社会建设

一、提高公众低碳意识

提高公众低碳意识。进一步提高全社会对气候变化的科学理解和认识以及我国各级政府部门领导干部、企事业单位决策者的气候变化意识；充分发动社会各界力量积极宣传我国各项低碳方针政策，提高公众低碳环保意识；利用图书、报刊、音像等大众传播媒介进行气候变化方面的宣传，将环境保护的理念在生产者、消费者中深入传播；将政府的部分责任适当分配给企业，通过研究征收碳税、张贴低碳标签等推动其成为低碳经济发展的重要推动力；建立公众和企业界参与的鼓励机制，以企业监督为市场主体，以民众监督为舆论主体，各司其职③。具体来说：第一，当前很多人对气候变化等环境危机问题还缺乏足够的认识，应通过多种渠道加强气候变化和环境危机问题的传播和沟通，消除民众心理上听之任之、消极对待、被动等待的消极态度。通过传播气候变化严峻形势、对个人危害急剧上升等现实问题，从而

---

① 彭亮、伍庄：《低碳金融发展模式研究》，《企业经济》2011 年第 5 期，第 107—110 页。

② 斯建华、廖丹萍：《我国碳排放权交易市场的建立与完善》，《经济导刊》2011 年第 5 期，第 66—67 页。

③ 尹忠明、胡剑波：《国际贸易中的新课题：碳标签与中国的对策》，《经济学家》2011 年第 7 期，第 45—53 页。

推动公众快速转变消费模式和消费观念。第二，提高民众环境危机和环境保护意识。民众对于环保问题都存在"搭便车"的行为，即环境问题是靠政府和其他人解决，鲜有公众意识到自身之上，为此，政策制定者应明确个体对环境危机问题的责任义务，并加强正式和非正式的监督以提高公众自觉程度。第三，加强对公众低碳消费知识和行为指南知识的宣传力度。目前，我国民众的低碳消费意识仍然较低，因此，普及低碳生活方式，引导民众绿色消费有助于碳排放量的减少。

二、鼓励低碳消费模式

低碳消费的社会化程度直接取决于公众低碳消费程度。中国社会须以公众的消费模式为根基来推动低碳经济发展，因此鼓励低碳消费模式十分必要。由此，中国应制定引导低碳生活方式的社会性政策，并在相对广泛的范围内加以实施，以促进消费理念和消费行为的转变。第一，上下互动，发挥低碳消费的社会性政策的宣传和导向作用。首先，政府牵头，企业和个人积极参与自上而下低碳消费的组织动员，充分集中力量诱导人们改变或提高自身消费模式。其次，形成一股由个体、志愿者组织、社区等力量组成的自下而上的动力；同时，通过广告宣传、媒体互动等社会组织参与形式逐步形成双向互动，全民参与的低碳消费文化。第二，突出社会组织的积极作用。社会组织拥有多元结构，分散着社会各个阶层，对引导全民低碳生活有不可替代的作用。社会组织能够发挥其广泛性，针对不同的群体采取不同的宣传方式。社会组织是普通民众和政府沟通的桥梁，社会组织将民情民意传达给政府，从而影响社区低碳乃至城市低碳规划。第三，对低碳生产和消费提供税、费和补贴等优惠。通过税、费、补贴等政策手段，针对消费高碳排放量的商品，可以征收类似"烟税"的惩罚性税收。鼓励低碳产品的生产，给予此类企业税收和贷款上的政策优惠，同时在对环保型产品的进行消费时，予以消费者一定量的补贴。

三、倡导低碳出行

居民是交通出行的主体，其出行方式决定着交通工具使用比例和使用程度，影响着低碳交通方式的建构。因此，在完善交通硬件建设为居民提供良好的出行条件的同时，要综合利用政策、教育、宣传方式大力培养居民低碳出行方式。第一，制定政策限制严重不合低碳要求的出行方式。可通过限号、道路限行、限时出行等政策限制以私家车为主的出行方式，引导私家车合理使用。制定相关政策控制私人小汽车的使用，使其在合理范围和时段，以促使居民在低碳出行方式可供选择的情况下，更多地选择低碳公交等出行方式。第二，广泛宣传各种出行方式的特点及利弊。为了鼓励大家选择低碳出行方式，应对各种出行方式进行科学的说明和全面的比较，运用例如大众传媒、交通讲座、知识竞赛、有奖问答等方式，来宣传各种交通工具在城市交通体系及低碳环保中的角色就更为高效有序。第三，完善系统的出行信息服务。若没有充足的出行信息，居民便会盲目地选择出行方式，系统的出行信息服务不仅能便民，而且在影响居民的低碳出行方式上也意义重大。利用互联网和手机 App 软件，向出行者提供准确的交通信息①。此外，为了给居民选择出行方式提供更环保的参考，应当详细地向出行者说明各种出行方案的碳排放程度以及哪些方案属于低碳出行。

第九节　加强低碳人才队伍建设

一、加强学科和研究基地建设

为了更好地推进低碳产业和低碳经济发展，必须加强学科和研究基地建设，围绕气候变化领域的前沿性和基础性问题，适应气候变化的规律、机

---

① 　王光荣：《城市居民低碳出行研究》，《城市观察》2011 年第 2 期，第 174—178 页。

理、观测、影响和模拟等方面的研究，突破重点领域关键共性技术，加快创新成果推广应用和产业化。第一，加强区域气候变化影响及适应研究。对水环境、农业生产环节以及工业生产环节开展评估。建立各区域、各行业的气候变化适应性研究方法。通过对区域气候变化影响及适应进行研究，为发展低碳产业提供有效的数据及经验支持，从而推进低碳经济的发展。第二，加强人类活动对区域气候变化影响研究。建立区域性 CO_2 浓度测算平台，加强人类的生产活动、生活方式对气候变化的影响研究，加强快速城镇化、工业化对减缓和适应气候变化的影响研究，客观评估人类活动对生态环境的影响。第三，加强应对气候变化战略和政策研究。围绕"十三五"应对气候变化战略方向，研究我国应对生态环境恶化的主要策略，规划我国为适应全球变暖等恶劣自然环境所制定的行业标准。第四，完善研发创新平台。鼓励支持一批有实力的大型企业联合建设国家级能源研究中心。同时，各省推进能源战略中心，逐渐形成以企业为主体，地方为支撑的全方位研究平台；培育优势骨干企业，将能源装备制造规模化、经营集约化、创新自主化有机结合起来，加快发展一批具有自主知识产权和著名知识产权的骨干企业，培育一批具有国际竞争力的大型企业集团。

二、培养高素质低碳技能型人才

为更好地发展低碳经济，必须完善人才队伍培养模式，为积极应对气候变化、积极发展低碳经济提供坚强有力的人才保障。第一，必须将发展低碳经济相关内容纳入基础教育，为后续人才储备打下坚实的基础，培养全民的环境保护意识。第二，利用各类人才计划，建立和完善发展低碳领域人才培养引进的优惠政策、评价体系和激励机制，培养我国此类领域的领军人物和人才，依靠坚实的科研实力参与国际竞争[①]。第三，应加强温室气体统计和

① 邱静：《大力发展低碳技术 构筑江苏低碳产业体系》，《唯实》2014年第3期，第55—57页。

核算队伍建设，增加统计部门从事温室气体统计和核算人员的编制与财政经费。积极引进和大力培养碳金融、碳交易等方面的专业人才，对此类人才予以各种奖励和待遇，着重吸引一批拥有专业技能的国内外专家学者，为我国人才强国战略奠定基础。第四，要充分发挥高等院校、科研机构和咨询机构的优势。高校和科研机构拥有无与伦比的人才优势，两者相互协调，充分利用资源，加强对低碳技术的研发，加快开展产业经济学、环境经济学等相关跨学科交叉研究，以扎实的人才基础推动我国低碳经济在新的历史时期更好更快地发展。

三、广泛培养低碳管理人才

在加强高素质低碳技能型人才队伍建设的同时，应加强低碳管理型人才的培养。第一，强化低碳管理人才机制的"三个创新"。一是创新组织制度。在低碳经济的背景下，社会组织关系日新月异，需要新的低碳制度保障组织体系的健康发展。二是创新供给需求。目前，各个行业对低碳型人才的需求日益增加。这需要了解此类人才的供求矛盾，了解相应的人才具体行业缺口、缺口数量。三是创新奖励机制。有效的人才奖励机制能够让社会对低碳行业的认同度提高。第二，抓好低碳管理人才的"三个利用"。人才的效率优先和效益激励是实现人才最优配置和能力最大化利用的原则，杜绝管理人才资源浪费是其目标导向。还应加大开发利用潜在人才的力度。低碳发展的广泛性要求低碳管理人才利用应具有综合性。从更广泛的层面推动相关人才的综合利用不失为低碳发展的重大举措。第三，完善教育培训制度。不仅将发展低碳经济的内容逐步纳入国家教育体系和培训体系，更需要对领导干部进行教育和培训。部分地方政府唯 GDP 至上的做法造成了生态污染，通过教育、学习和培训，可以使得广大人民干部了解生态环境的重要性，树立"绿水青山就是金山银山"的意识。政府有关部门可依托相关力量举办低碳经济、可持续发展和环境管理培训班，发展低碳经济省级决策者能力建设培训班、地方政府官员清洁发展机制管理能力建设培训班、发展低碳经济的能力建设培训研讨班。各级地方政府也应该积极开展各类发展低碳经济的相关培训，把发展低碳经济真正落实到位，从而推动低碳能力建设。

第十节　深化国际交流与合作

一、推动与国际组织的交流合作

中国本着"互利共赢，务实有效"的原则，主动参与国际组织关于气候变化问题的谈判和协商，积极展现我国大国形象。第一，坚持联合国气候变化框架公约原则和基本制度，坚持和维护联合国气候变化谈判的主渠道地位，坚持发达国家和发展中国家都应该主动承担减排责任，但必须差别性减排的原则，推动《京都议定书》和《巴黎协定》等国际合作文件的全面、有效和持续实施，发挥负责任大国作用[1]。第二，完善对外交流合作长效机制[2]。加强多边和双边合作机制，促进节能减排、气候变化、清洁技术、清洁能源开发等对话交流，积极参与工业绿色发展相关谈判和相关规则制定，推动建立公平、透明、合理的全球绿色发展新秩序。以联合国开发计划署、全球环境基金等的通力合作为路径，以期在工业绿色发展领域中推进与联合国工业发展组织合作交流[3]。第三，积极参与国际气候规则谈判。中国应从本国立场出发，主动参与国际上对碳规则的制定，为发展中国家谋取话语权，促进发展中国家和发达国家公平制定国际规则，夺取气候谈判中的话语权，坚决反对发达国家对发展中国家的无理要求，为发展中国家争取减排获

---

① 杨春瑰：《气候治理的国际合作制度生成与演化发展——从演化经济学的角度》，《求索》2011 年第 12 期，第 23—25 页。

② 王建廷：《正义原则与国际合作应对气候变化的激励机制——从法哲学与经济学的交叉视角》，《现代经济探讨》2011 年第 5 期，第 90—92 页。

③ 解振华：《推动科技进步加强国际合作为保护全球气候做出新贡献》，《环境保护》2008 年第 9 期，第 8—9 页。

得补偿的权利。这既为广大发展中国家争取发展空间，也为我国经济发展争取更多的机遇[1]。第四，积极筹办绿色经济与应对气候变化国际合作会议。协同各国参与国际生态合作、绿色设备研发、应对全球气候变化的能力建设、企业的社会责任和公众参与、低碳能源技术创新与技术转让、碳金融和新能源投资等，从政策制定、经济发展、企业责任、技术创新、思维理念等多个角度，向世界各国提出合作设想和倡议。

二、加强与发达国家的交流合作

中国正在大力发展低碳经济之路，"生态文明""绿色发展"已成为中国经济转型的重要指导方向。积极借鉴发达国家应对气候变化的经验，引进发达国家先进技术，加强重点领域和行业对外合作，有助于推进中国经济增长方式和结构的转变。第一，加强低碳技术国际合作。美国、日本、欧盟等发达国家研发了最先进的环保技术和节能技术，我们应当适当引进 CO_2 的捕捉和封存技术、高功率核能发电、风能转换和超导传输技术、天然气和氢气运输封存技术等[2]。第二，加强地方政府与其他国家和地方政府的合作。对发达国家而言，中国低廉的人力资本和优惠的外资政策为这些国家跨国公司投资中国创造了有利的条件[3]，中国广阔的市场为世界各国提供了巨大的发展潜力，发达国家的企业都在积极进入中国，为国际上在低碳技术领域的合作提供了可行性。因此，地方政府应加强与其他国家和供资机构的合作与沟通，以获得对低碳项目的捐赠、合作、更多贷款支持等。此外，地方政府应完善低碳经济领域适合其自身发展的投资便利，采用各种基金形式和优惠政策吸引外国投资，以推动地方低碳经济的增长。同时，地方政府应加强与其

①　吴洁、曲如晓:《论全球碳市场机制的完善及中国的对策选择》,《亚太经济》2010 年第 4 期，第 3—8 页。

②　吴洁、曲如晓:《低碳经济下中日贸易促进和气候合作战略研究》,《贵州财经学院学报》2010 年第 3 期，第 80—86 页。

③　邵冰:《中日气候变化合作的现状及前景分析》,《经济视角》2011 年第 1 期，第 82—83 页。

他国家地方政府的合作，吸引更多外国企业投资低碳经济。第三，积极与发达国家签订低碳贸易协定。在条件成熟时，中国也可以尝试与部分发达国家达成专门的低碳贸易协定，在协定中对低碳密集型产品采取各种形式的贸易鼓励措施，通过构建贸易品结构的清洁化制度，刺激中国低碳产业的生产、消费和贸易，调整低碳贸易协定的内容和方向，从而转变中国对外贸易的发展方式，有效规避"低碳贸易壁垒"，最终实现从世界贸易大国发展成为世界贸易强国的宏伟目标。

三、深化应对气候变化南南合作

中国政府积极推动应对气候变化南南合作，为小岛国家、最不发达国家、非洲国家等其他发展中国家或地区提供了实物及设备援助，并对其参与气候变化国际谈判、政策规划、人员培训等方面提供大力支持[1]。第一，加强南南合作机制建设。南南合作是广大发展中国家和地区交流的主要基础。需要各国拓展合作方向，完善合作机制。其中，最主要的是创新各国之间的合作模式。与"南北合作"不同，南南合作更强调各国平等地拥有发展机遇，可以建立合作基金，深化交流合作、鼓励引导地方政府和企业积极融入南南合作框架之中，推动我国光伏产品等低碳商品及技术"走出去"，实现互利共赢[2]。第二，支持发展中国家能力建设。结合发展中国家需求，拓展物资赠送种类，增强对有关发展中国家应对气候变化实物支持力度；帮助发展中国家发展节能环保的战略性产业，提供资金为其建立低碳研究中心，并为相关国家培养此类的技术型人才。第三，推进与发展中国家的绿色国际经济合作。在"一带一路"等国际合作中贯彻绿色发展理念，积极推进信息产业、大数据行业、金融行业在发展中国家生根发芽；在对外投资和境外设厂

---

① 王婧:《全球环保产业发展形势分析与展望》，《国际经济分析与展望》2016—2017年。

② 曹明德、赵鑫鑫:《从金砖国家国际合作的视角看气候变化时代的中国能源法》，《重庆大学学报》(社会科学版)2012年第1期，第104—111页。

等过程，注意采用绿色建材，着重考虑可循环技术和能源，带动沿线国家的绿色经济发展。

第十一节　本章小结

基于前面章节的实证分析，结合我国实际，本章提出相应的对策建议，具体为：（1）建立健全低碳法规标准。完善低碳法律法规体系，强化全国低碳经济相关法律法规的实施；加大低碳政策支持力度，注重政策目标与政策工具、短期政策与长期政策的衔接配合；制定低碳标准体系，把低碳产业标准、低碳技术标准作为引导低碳产业向更高技术层次提升的主要手段。（2）优化调整产业结构。加快传统产业转型升级，提高工业和农业技术化水平；抑制钢铁业、建筑业等高碳行业过快增长；发展战略性新兴产业和服务业，谋划布局战略性产业。（3）强化科技创新支撑。继续淘汰落后技术设备，切实落实绿色发展理念、推进生态文明建设；加大低碳核心技术自主创新，刺激企业的自主创新能力；加快低碳技术推广应用，以企业技术生产为主体，市场为产品导向。（4）狠抓重点领域节能降碳。加强工业领域节能降碳，转变生产方式，合理安排产业布局；控制城乡建设领域节能降碳，优化城市功能布局，积极指导绿色农房建设。（5）加快调整能源消费结构。调整化石能源结构，降低各产业部门化石能源消耗，提高天然气在一次能源消耗中的地位；提高能源利用效率，积极优化能源消费结构，推进产业结构优化升级从而提高能源利用效率；强化能源管理，建立能源消费总量控制考核制度和重点监控单位管理制度。（6）加快发展清洁能源和新能源。探索发展太阳能、生物质能等可再生能源；因地制宜发展新能源，对新能源产业发展进行科学规划；开发绿色能源推进能源替代，稳步发展空气热能和地热能产业。（7）加快碳交易制度建设。推进自愿减排交易活动，向国际社会表明中国自愿减排的决心和计划；完善碳交易市场体系建设，提出碳排放约束性指标，在试点取得低碳排放成功经验基础上，再逐步推向全国；大力推进碳金融业务发展，完善碳金融法律法规，建立低碳经济政策性银行，创新碳金融手段。（8）加强低碳社会建设。提高公众低碳意识，消除民众心理上对环境的消极对待的态度；鼓励低碳消费模式，发挥政府和社会组织的积极作用；倡导低碳出行，完善系统的出行信息服务，限制不合低碳要求的出行方式，广泛宣传各种出行方式的特点及利弊。（9）加强低碳人才队伍建设。加强学科和研究基地建设，加强区域气候变化影响及适应研究、人类活动对区域气候变化影响研究，加强应对气候变化战略和政策研究；将发展低碳经济相关内容纳入基础教育，培养高素质低碳技能型人才，加强温室气体统计和核算队伍建设；通过广泛培养低碳管理人才，创新组织制度、创新供给需求、创新奖励机制，充分利用好人才，积极开发低碳管理人才的培训。（10）深化国际交流与合作。推动与国际组织的交流合作，主动参与国际组织关于气候变化问题的谈判和协商；加强与发达国家的交流合作，积极与发达国家签订低碳贸易协定，引进先进技术；深化应对气候变化南南合作，加强南南合作机制建设，支持发展中国家能力建设。

第七章 结论与展望

本书基于 2002—2015 年中国投入产出数据，采用投入产出法、关联度指标分析法、LMDI 方法、脱钩弹性指数方法等对贸易开放条件下我国产业部门隐含碳排放问题进行实证研究。基于前述研究内容，从贸易开放条件下我国产业部门隐含碳排放的测算、关联效应、驱动效应和脱钩效应等方面系统梳理了相关的实证结果，以归纳本书整体的研究结论；与此同时，根据本书研究结论和贸易开放条件下中国产业部门隐含碳排放的实际情况，提出本书的研究不足以及未来展望，以期未来能够在此基础上进一步开展相关研究工作。

第一节　主要结论

投入产出法在研究贸易与环境等方面具有广泛的应用，本书依据投入产出法，构建了贸易开放条件下的非竞争型投入产出模型，以此测算了贸易开放下我国产业部门的隐含碳排放，研究了贸易开放条件下我国产业部门隐含碳排放的关联效应，剖析了贸易开放条件下我国产业部门隐含碳排放的驱动效应，探究贸易开放条件下我国产业部门隐含碳排放的脱钩效应。利用多种研究方法，从多维度分析了贸易开放条件下我国产业部门的隐含碳排放问题，得到如下结论：

1. 贸易开放条件下我国产业部门隐含碳排放在研究期间呈现持续增长态势，但增速在放缓，同时完全碳排放强度也处于递减态势。在 2002 年、2005 年、2007 年、2010 年、2012 年以及 2015 年分别达到 46.52 亿吨、74.99 亿吨、86.70 亿吨、101.95 亿吨、109.53 亿吨和 129.02 亿吨，年均增长率高达 22.63%；2005 年隐含碳排放较 2002 年增速为 61.20%，2007 年较 2005 年增速为 15.62%，2010 年较 2007 年增速为 17.59%，2012 年较 2010 年增速为 7.44%，2015 年较 2012 年增速为 17.79%。我国产业部门隐含碳排放在前 5 年的增速是在逐渐递减的，虽然我国隐含碳排放量和直接碳排放量都在不断增加，但各自的增长率却是在逐渐减少，这说明我国在控制碳排放的快速增长上取得了一定效果，有效阻止了碳排放的高速增长。与此同时，所有产业部门总的完全碳排放强度在这 6 年中呈逐渐下降趋势，由此可看出我国的碳减排效果较为显著。

2. 贸易开放条件下我国产业部门隐含碳排放的影响力系数在 2002 年、2005 年、2007 年、2010 年、2012 年以及 2015 年大于 1 的产业部门个数分别有 13 个、15 个、14 个、14 个、13 个、12 个，并且主要集中在第二产业。其中电力、热力的生产和供应业在整个研究期间的隐含碳排放影响力系数一直高居第一位，主要是因为该产业在这 6 年的完全碳排放强度一直处于第一位，都达到了两位数，但是该产业影响力系数都在十名之后（除 2015 年），并且其隐含碳排放影响力系数都是其产业影响力系数的两倍多。这说明该产业的影响力远远低于其隐含碳排放的影响力，在 2002 年、2005 年、2007 年、2010 年、2012 年以及 2015 年我国产业部门隐含碳排放感应度系数大于 1 的个数分别有 9 个、10 个、9 个、10 个、9 个、8 个，且这些产业部门全部集中在第二产业。

3. 贸易开放条件下我国产业部门隐含碳排放的驱动因素中，规模效应方面：产业部门最终使用呈现逐渐递增态势，从 2002 年的 148200.52 亿元飙升至 2015 年的 815178.89 亿元，增量为 666978.37 亿元，年均增长率高达

14.01%，并且最终使用规模变化与 CO_2 排放变化的方向一致，为隐含碳排放的增长提供积极的正向作用；结构效应方面：在 2002—2005 年和 2005—2007 年间，结构效应促进了产业部门隐含碳排放的增加，2007—2010 年，结构效应的贡献值逐渐由正值转变为负值，结构效应对隐含碳排放的抑制作用越来越明显；强度效应方面：在完全碳排放强度不断下降的影响下，其对隐含碳排放的抑制作用除 2012—2015 年外不断增大；总效应方面：贡献值除 2012—2015 年外均为正值，即总效应在整个研究期间大体上都在助推隐含碳排放的增长，主要原因在于总效应与规模效应、结构效应和强度效应这三个影响因素是密切联系的，并且其规模效应正向作用要远大于结构效应和强度效应。

4. 贸易开放条件下我国产业部门隐含碳排放的脱钩效应中，受产业部门最终使用增加和其隐含碳排放变化两方面的影响，除 2012—2015 年外，产业部门最终使用与其隐含碳排放之间的脱钩弹性值不断减小，具体为：2002—2005 年为 0.90，2005—2007 年为 0.44，2007—2010 年为 0.36，2010—2012 年为 0.24，2012—2015 年为 0.74。从整个研究期间来看，即在 2002—2015 年脱钩弹性为 0.39；与此同时，产业部门最终使用与其隐含碳排放之间的脱钩状态除了 2002—2005 年为增长连接外，其余时间段中国产业部门最终使用与其隐含碳排放均处于弱脱钩状态，清晰地表明中国产业部门最终使用正在以一种比较合理低碳的方式增长。

第二节 研究不足

本书采用了多种研究方法，虽然较为系统的研究了贸易开放条件下我国产业部门的隐含碳排放问题，较好地达到了本书的研究目的，各种研究方法实现了相互补充、相互融合，但在研究过程中仍然存在一些不足之处，可归纳如下：

1. 碳排放测算的不完善性。本书研究中，在测算碳排放时，主要考察了煤炭、焦炭、原油、汽油、煤油、柴油、燃料油和天然气等主要化石能源消费产生的碳排放，而对于非化石燃料、社会生产、森林砍伐等活动产生的碳排放未考虑在内。与此同时，本书对于像风能、核能等新能源生产活动所消耗的碳排放未予以计算，导致碳排放的测算结果与实际碳排放结果有所偏差，使得碳排放的测算具有一定的不完善性。

2. 投入产出方法的限制性。本书主要是依据投入产出法测算贸易隐含碳排放，分析感应度系数和影响力系数等问题，该方法由于可以从直接消耗和间接消耗两个层面分析贸易隐含碳等问题，具有较为广泛的研究受众面。但该方法本身也存在一定的不足之处，比如产业部门分类的选择、不变价格的假设、直接消耗系数稳定性等方面都具有一定的不确定性，同时，该方法在运行过程中，排除了政策因素、自然条件、社会选择等方面的影响，在反映社会问题真实性方面具有不确定性；此外，该方法是一种较为静态的研究方法，通过考察不同产业部门之间的投入产出关系进行分析，对于再生产或再出口等问题的考察不足，从静态层面的分析可能会导致运算结果相比实际情况偏小。

3. 驱动因素分析的局限性。本书基于 Kaya 恒等式和因素分解方法分析了贸易开放条件下我国产业部门隐含碳排放的驱动因素，主要考察的是规模效应、结构效应和强度效应对我国产业部门隐含碳排放的影响，这也是研究贸易碳排放驱动效应较为传统和常用的方法，但在实际情况下应不止上述三种效应来影响我国产业部门的隐含碳排放。应从多角度进行分析，比如考察碳生产率、贸易竞争力、外部环境、政策效应等方面对我国产业部门隐含碳排放的驱动效应，根据实际分析延伸 Kaya 恒等式，从更多方面研究我国产业部门隐含碳排放的驱动因素可能更为合理。

4. 数据获取的缺陷性。本书研究主要是依据中国投入产出表（延长表），但其并不是连续每年都进行公布的，而是逢年数为 0、2、5、7 的年份进行编制中国投入产出表（延长表），这就导致数据获取方面存在一定的时

间偏差，而不是连续的时间序列；与此同时，目前公布的中国投入产出表
（延长表）多数为价值型，而不是实物型，这就导致在分析中不能准确表现
出实物真实的流向，而是测度的实物价值量的流动。

第三节　未来展望

贸易开放和经济全球化加快了碳排放在国际间的流动，使得气候变化问
题更为严峻，任何国家或地区、任何组织和个人都不能脱离气候变化的影
响，该问题也成为全球各国共同的发展问题。如何在气候变化背景下，更好
地发展全球经济、实现经济社会的和谐发展、维系人与自然的共生关系等成
为摆在各国人们面前的一道难题。而该领域的研究需要进一步的探索和未来
研究者的共同努力，这将会是一个任重道远、牵系家国的重要课题。与此同
时，中国作为最大的发展中国家和世界第二大经济体，如何寻找一条适合自
身发展实际又能实现"生态文明""绿色经济"建设的道路需要科学研究者
和社会实践者共同的探索和分析，如何在国际气候变化谈判中争得主动权、
寻得发展契机需要贡献出更多的研究成果。近年来，人口红利逐渐消逝、生
态危机不断加剧、恶劣天气愈发突出等问题成为制约我国发展的一道道屏
障，加之我国又处于工业化和现代化建设的攻坚阶段，如何突破以上问题并
实现贸易经济的健康可持续发展值得每一位学者的深思和研究。此外，在当
前愈发开放的全球经济和中国严峻的碳排放形势下，亟须构建全球共担机制
和消费者付费原则等方案。一方面为我国争取更多的碳排放权，另一方面回
归公平的碳排放空间，而当前这方面的研究仍处于发展阶段，科学评估贸易
对我国乃至全球碳排放的影响至关重要，期待未来能够对该问题进行进一步
的拓展研究。

参 考 文 献

1.艾伯特·赫希曼:《经济发展战略》,经济科学出版社 1991 年版。

2.包妍平:《我国产业间技术经济联系分析》,《合作经济与科技》2005 年第 7 期,第 56—57 页。

3.卞祖武、吴翔、唐奕:《上海市各产业间技术经济联系的分析》,《上海财经大学学报》2000 年第 10 期,第 36—41 页。

4.蔡昉、都阳、王美艳:《经济发展方式转变与节能减排内在动力》,《经济研究》2008 年第 6 期,第 4—11 页、第 36 页。

5.蔡昉:《中国经济增长如何转向全要素生产率驱动型》,《中国社会科学》2013 年第 1 期,第 56—71 页、第 206 页。

6.曹广喜、刘禹乔、周洋:《长三角地区制造业碳排放脱钩研究》,《阅江学刊》2015 年第 2 期,第 37—44 页。

7.曹静、陈粹粹:《"碳关税":当前热点争论与研究综述》,《经济学动态》2010 年第 1 期,第 79—83 页。

8.曹丽斌、蔡博峰、王金南:《中国城市产业结构与 CO_2 排放的耦合关系》,《中国人口·资源与环境》2017 年第 2 期,第 10—14 页。

9.曾翔、沈继红:《江浙沪三地城市大气污染物排放的环境库兹涅茨曲线再检验》,《宏观经济研究》2017 年第 6 期,第 121—131 页。

10.曾瑜、谢国斌:《GDP 增长率计算方法的国际新发展》,《统计与决策》2002 年第 12 期,第 9—10 页。

11.查建平:《环境规制与工业经济增长模式——基于经济增长分解视角的实证研究》,《产业经济研究》2015年第3期,第92—101页。

12.陈君、高晓杰、张跃文:《黑龙江省主导产业的选择和调整方向》,《统计与咨询》2013年第3期,第4—6页。

13.陈俊滨、林翊:《福建省流通产业碳排放影响因素实证研究——基于Tapio弹性脱钩理论和LMDI分解法》,《福建农林大学学报》(哲学社会科学版)2016年第2期,第43—50页。

14.陈理:《新时代统筹推进"五位一体"总体布局的几个特点》,《党的文献》2018年第2期,第3—12页。

15.陈伟达、金立军:《生产者服务业区域发展及其与其他行业互动发展研究——基于投入产出表分析》,《软科学》2009年第10期,第17—22页。

16.陈曦:《中国对外贸易的隐含碳排放研究》,暨南大学,硕士学位论文,2011年。

17.陈幸、黄栋:《湖北省能源消费与经济增长的灰关联分析》,《统计与决策》2011年第20期,第126—128页。

18.陈亚楠:《能源消费碳排放驱动因素分析与实证研究》,天津大学,博士学位论文,2015年。

19.陈迎:《温室气体减排的主要途径与中国的低碳经济转型》,《科学对社会的影响》2010年第1期,第46—51页。

20.丛建辉、常盼、刘庆燕:《基于三维责任视角的中国分省碳排放责任再核算》,《统计研究》2018第4期,第41—52页。

21.崔到陵:《外国直接投资"污染避难所假说"的实证检验——以江苏省为例》,《审计与经济研究》2009年第6期,第97—102页.

22.崔铁宁、胡娜:《基于投入产出分析的北京市交通运输业碳排放关联度研究》,《环境工程》2014年第7期,第170—174页。

23.崔维军、李博然:《制造业对区域经济增长的贡献:基于江苏省投入产出表的实证分析》,《统计与决策》2009年第14期,第117—119页。

24.代丽华、林发勤:《贸易开放对中国环境污染的程度影响——基于动态面板方法的检验》,《中央财经大学学报》2015年第5期,第96—105页。

25.邓娟娟:《湖北省经济增长与碳排放脱钩关系的实证研究》,《金融经济》2016 年第 2 期,第 73—75 页。

26.邓荣荣、陈鸣:《中美贸易的隐含碳排放研究——基于 I-O SDA 模型的分析》,《管理评论》2014 年第 9 期,第 46—57 页。

27.邓祥征、刘纪远:《中国西部生态脆弱区产业结构调整的污染风险分析——以青海省为例》,《中国人口·资源与环境》2012 年第 5 期,第 55—62 页。

28.丁存振、肖海峰:《中国肉类产量变量特征及因素贡献分解研究》,《世界农业》2017 年第 6 期,第 142—149 页。

29.董伶俐:《河南吸引外商直接投资的决定因素分析》,《经济经纬》2008 年第 9期,第 61—63 页。

30.董明涛:《我国农业碳排放与产业结构的关联研究》,《干旱区资源与环境》2016年第 10 期,第 7—12 页。

31.范庆泉、周县华、刘净然:《碳强度的双重红利:环境质量改善与经济持续增长》,《中国人口·资源与环境》2015 年第 6 期,第 62—71 页。

32.方齐云、吴光豪:《城市二氧化碳排放和经济增长的脱钩分析——以武汉市为例》,《城市问题》2016 年第 3 期,第 56—61 页。

33.方修琦、王媛、魏本勇等:《中国进出口贸易碳转移排放测算方法分析与评价》,《地球科学进展》2011 年第 10 期,第 1101—1108 页。

34.冯博:《建筑业二氧化碳排放及能源环境效率测算分析研究》,天津大学,博士学位论文,2015 年。

35.冯华、黄晨:《创新引领发展和支撑现代化经济体系建设的作用分析》,《国家行政学院学报》2017 年第 6 期,第 142—146 页、第 164—165 页。

36.冯宗宪、王安静:《陕西省碳排放因素分解与碳峰值预测研究》,《西南民族大学学报》(人文社科版)2016 年第 8 期,第 112—119 页。

37.盖美、曹桂艳、田成诗等:《辽宁沿海经济带能源消费碳排放与区域经济增长脱钩分析》,《资源科学》2014 年第 6 期,第 1267—1277 页。

38.高长春、刘贤赵、李朝奎等:《近 20 年来中国能源消费碳排放时空格局动态》,《地理科学进展》2016 年第 6 期,第 747—757 页。

39.宫再静、梁大鹏:《中国 CO_2 排放量与产业结构优化的互动关系研究》,《中国人口·资源与环境》2015 年第 S2 期,第 10—13 页。

40.顾阿伦、吕志强:《经济结构变动对中国碳排放影响——基于 I-O SDACD 方法的分析》,《中国人口·资源与环境》2016 年第 3 期,第 37—45 页。

41.郭朝先:《产业结构变动对中国碳排放的影响》,《中国人口·资源与环境》2012 年第 7 期,第 15—20 页。

42.郭朝先:《中国二氧化碳排放增长因素分析——基于 SDA 分解技术》,《中国工业经济》2010 年第 12 期,第 47—56 页。

43.郭沛、连慧君、丛建辉:《山西省碳排放影响因素分解——基于 LMDI 模型的实证研究》,《资源开发与市场》2016 年第 3 期,第 308—312 页。

44.郭彦林、张玉玲:《非生命存在物的生态正义解析》,《学习与探索》2018 年第 6 期,第 14—20 页。

45.韩文秀:《汇率幻觉与汇率真实》,《宏观经济研究》1998 年第 12 期,第 38—40 页。

46.韩亚芬、张生、张强:《基于脱钩理论的安徽省工业碳排放与经济增长研究》,《井冈山大学学报》(自然科学版)2016 年第 2 期,第 18—23 页。

47.韩颖、马萍、刘璐:《一种能源消耗强度影响因素分解的新方法》,《数量经济技术经济研究》2010 年第 4 期,第 137—147 页。

48.韩玉军、陆旸:《经济增长与环境的关系——基于对 CO_2 环境库兹涅茨曲线的实证研究》,《经济理论与经济管理》2009 年第 3 期,第 5—11 页。

49.郝晓燕、巩芳:《我国乳业产业关联分析——基于 2007 年中国投入产出表》,《内蒙古财经学院学报》2011 年第 2 期,第 80—84 页。

50.贺丹、黄涛、姜友雪:《产业结构低碳转型的主导产业选取与发展策略》,《宏观经济研究》2016 年第 11 期,第 131—141 页、第 175 页。

51.胡剑波、郭风:《对外贸易碳排放竞争力指数构建与应用——基于中国投入产出数据的实证研究》,《中央财经大学学报》2018 年第 1 期,第 121—128 页。

52.胡剑波、周葵、安丹:《开放经济下中国产业部门及其 CO_2 排放的关联度分析——基于投入产出表的实证研究》,《中国经济问题》2014 年第 4 期,第 49—60 页。

53.胡世霞、向荣彪、董俊等:《基于碳足迹视角的湖北省蔬菜生产可持续发展探讨》,《农业现代化研究》2016 年第 3 期,第 460—467 页。

54.胡渊、刘桂春、胡伟:《中国能源碳排放与 GDP 的关系及其动态演变机制——基于脱钩与自组织理论的实证研究》,《资源开发与市场》2015 年第 11 期,第 1358—1362 页。

55.黄菁:《环境污染与工业结构:基于 Divisia 指数分解法的研究》,《统计研究》2009 年第 12 期,第 68—73 页。

56.黄鲁成、张静、吴菲菲等:《战略性新兴产业的全局性评价指标及标准》,《统计与决策》2013 年第 5 期,第 34—37 页。

57.黄敏、刘剑锋:《外贸隐含碳排放变化的驱动因素研究——基于 I-O SDA 模型的分析》,《国际贸易问题》2011 年第 4 期,第 94—103 页。

58.黄蕊、钟章奇、孙翊等:《区域分部门贸易的隐含碳排放——以北京为例》,《地理研究》2015 年第 5 期,第 933—943 页。

59.黄葳、胡元超、任艳等:《满足城市食物消费需求的农业生产碳排放研究——以宁波为例》,《环境科学学报》2015 年第 12 期,第 4102—4111 页。

60.惠炜、赵国庆:《环境规制与污染避难所效应——基于中国省际数据的面板门槛回归分析》,《经济理论与经济管理》2017 年第 2 期,第 23—33 页。

61.计志英、赖小锋、贾利军:《家庭部门生活能源消费碳排放:测度与驱动因素研究》,《中国人口·资源与环境》2016 年第 5 期,第 64—72 页。

62.江洪:《金砖国家对外贸易隐含碳的测算与比较——基于投入产出模型和结构分解的实证分析》,《资源科学》2016 年第 12 期,第 2326—2337 页。

63.蒋燕、胡日东:《中国产业结构的投入产出关联分析》,《上海经济研究》2005 年第 11 期,第 46—52 页。

64.金春雨、王伟强:《"污染避难所假说"在中国真的成立吗——基于空间 VAR 模型的实证检验》,《国际贸易问题》2016 年第 8 期,第 108—118 页。

65.金梅、张红:《影响力系数、感应度系数与主成分分析方法比较研究——以甘肃省产业关联度为例》,《甘肃社会科学》2010 年第 4 期,第 89—91 页。

66.金永成:《生产者服务业发展的知识化问题——基于上海投入产出表的实证分

析》,《中国流通经济》2012 年第 5 期,第 100—105 页。

67.郎春雷:《全球气候变化背景下中国产业的低碳发展研究》,《社会科学》2009 年第 6 期,第 39—47,188 页。

68.李诚:《我国产业结构的投入产出关联测度及应用研究》,《山西财经大学学报》2009 年第 1 期,第 43—48 页。

69.李创、眷东亮:《基于 LMDI 分解法的我国运输业碳排放影响因素实证研究》,《资源开发与市场》2016 年第 5 期,第 518—521 页。

70.李丁、汪云林、牛文元:《出口贸易中的隐含碳计算——以水泥行业为例》,《生态经济》2009 年第 2 期,第 58—60 页。

71.李峰:《产业关联测度及其应用研究》,《山西财经大学学报》2007 年第 11 期,第 34—39 页。

72.李光龙、张明星:《扩大对外贸易加剧了中国环境污染吗?》,《安徽大学学报》(哲学社会科学版)2018 年第 3 期,第 119—125 页。

73.李惠民、冯潇雅、马文林:《中国国际贸易隐含碳文献比较研究》,《中国人口·资源与环境》2016 年第 5 期,第 46—54 页。

74.李佳倩、王文涛、高翔:《产业结构变迁对低碳经济发展的贡献——以德国为例》,《中国人口·资源与环境》2016 年第 S1 期,第 26—31 页。

75.李经路、李晓玲:《云南碳排放的变动趋势与影响因素研究》,《环境与可持续发展》2015 年第 5 期,第 172—176 页。

76.李婧:《产业结构升级视角下我国能源产业二氧化碳排放影响及其改进研究》,湖南科技大学,硕士学位论文,2016 年。

77.李莉:《电力产业节能减排机制设计模型与方法研究》,华北电力大学,博士学位论文,2011 年。

78.李孟刚、蒋志敏:《产业经济学理论发展综述》,《中国流通经济》2009 年第 4 期,第 30—32 页。

79.李鹏涛:《中国环境库兹涅茨曲线的实证分析》,《中国人口·资源与环境》2017 年第 S1 期,第 22—24 页。

80.李寿生:《深入贯彻落实十九大精神 努力开创石油和化工行业绿色发展新局

面》,《化工管理》2018 年第 1 期,第 1—4 页。

81.李效顺、曲福田、郭忠兴等:《城乡建设用地变化的脱钩研究》,《中国人口·资源与环境》2008 年第 5 期,第 179—184 页。

82.李欣婷、胡永进、李秋淮:《安徽物流业投入产出分析及政策建议》,《江淮论坛》2012 年第 5 期,第 70—75 页。

83.李鑫、胡麦秀:《基于动态 I-O 模型的中国渔业双向产业关联分析》,《广东农业科学》2010 年第 4 期,第 181—185 页。

84.李炎亭:《甘肃省产业结构变动与工业竞争力研究》,《甘肃科技纵横》2013 年第 6 期,第 6—10 页。

85.李焱、刘野、黄庆波:《我国海运出口贸易碳排放影响因素的对数指数分解研究》,《数学的实践与认识》2016 年第 22 期,第 105—115 页。

86.李永波:《关于贸易自由化环境效应的文献述评》,《首都经济贸易大学学报》2011 年第 1 期,第 121—128 页。

87.李智玲:《会展业的带动效应研究》,《经济管理》2011 年第 6 期,第 125—131 页。

88.梁威:《战略性新兴产业与传统产业协调发展研究》,江西财经大学,博士学位论文,2016 年。

89.梁云、郑亚琴:《产业升级对环境库兹涅茨曲线的影响——基于中国省际面板数据的实证研究》,《经济问题探索》2014 年第 6 期,第 74—79 页。

90.刘爱东、曾辉祥、刘文静:《中国碳排放与出口贸易间脱钩关系实证》,《中国人口·资源与环境》2014 年第 7 期,第 73—81 页。

91.刘博文、张贤、杨琳:《基于 LMDI 的区域产业碳排放脱钩努力研究》,《中国人口·资源与环境》2018 年第 4 期,第 78—86 页。

92.刘承智、潘爱玲、谢涤宇:《我国完善企业碳排放核算体系的政策建议》,《经济纵横》2014 年第 11 期,第 42—45 页。

93.刘东、封志明、杨艳昭:《基于生态足迹的中国生态承载力供需平衡分析》,《自然资源学报》2012 年第 4 期,第 614—624 页。

94.刘红光、刘卫东、范晓梅等:《全球 CO_2 排放研究趋势及其对我国的启示》,《中国人口·资源与环境》2010 年第 2 期,第 84—91 页。

95.刘起运:《关于投入产出系数结构分析方法的研究》,《统计研究》2002 年第 2 期,第 40—42 页。

96.刘强、庄幸、姜克隽等:《中国出口贸易中的载能量及碳排放量分析》,《中国工业经济》2008 年第 8 期,第 46—55 页。

97.刘学程、宋大强、徐圆:《江苏省经济增长与碳排放的脱钩关系研究——基于 Tapio 脱钩模型》,《上海商学院学报》2016 年第 4 期,第 50—58 页。

98.刘学之、孙鑫、朱乾坤等:《中国二氧化碳排放量相关计量方法研究综述》,《生态经济》2017 年第 11 期,第 21—27 页。

99.卢俊宇、黄贤金、陈逸等:《基于能源消费的中国省级区域碳足迹时空演变分析》,《地理研究》2013 年第 2 期,第 326—336 页。

100.陆虹:《中国环境问题与经济发展的关系分析——以大气污染为例》,《财经研究》2000 年第 10 期,第 53—59 页。

101.陆旸:《中国的绿色政策与就业存在双重红利吗?》,《经济研究》2011 年第 7 期,第 42—54 页。

102.路琪、石艳:《生态文明视角下旅游投资效益评估体系的构建》,《宏观经济研究》2013 年第 7 期,第 39—48 页、第 111 页。

103.路正南、杨洋、王健:《碳结构变动对产业系统碳生产率的影响——基于 Laspeyres 分解模型的经验分析》,《科技管理研究》2015 年第 10 期,第 234—238 页。

104.骆瑞玲、范体军、夏海洋:《碳排放交易政策下供应链碳减排技术投资的博弈分析》,《中国管理科学》2014 年第 11 期,第 44—53 页。

105.吕佳、刘俊、王震:《中国出口木质林产品的碳足迹特征分析》,《环境科学与技术》2013 年第 S1 期,第 306—310 页。

106.马翠萍:《产业关联视角下的碳关税征收对我国产业经济的影响》,《科技进步与对策》2012 年第 7 期,第 83—87 页。

107.马晶梅、王新影、贾红宇:《中日贸易隐含碳失衡研究》,《资源科学》2016 年第 3 期,第 523—533 页。

108.马晓微、崔晓凌:《基于投入产出分析的中国对外贸易中隐含碳排放变化研究》,《中国地质大学学报》(社会科学版)2012 年第 5 期,第 18—23 页、第 138—139 页。

109.马晓微、叶奕、杜佳等:《基于投入产出中美居民生活消费间接碳排放研究》,《北京理工大学学报》(社会科学版)2016 年第 1 期,第 24—29 页。

110.马晓微、石秀庆、王颖慧等:《中国产业结构变化对能源强度的影响》,《资源科学》2017 年第 12 期,第 2299—2309 页。

111.马越越、王维国:《中国物流业碳排放特征及其影响因素分析——基于 LMDI 分解技术》,《数学的实践与认识》2013 年第 10 期,第 31—42 页。

112.牟锐、朱伟:《基于 UML 的主导产业关联分析模型研究》,《科技进步与对策》2007 年第 4 期,第 98—101 页。

113.潘家华、张丽峰:《我国碳生产率区域差异性研究》,《中国工业经济》2011 年第 5 期,第 47—57 页。

114.庞家幸、陈兴鹏、王惠榆:《甘肃省能源消耗与经济增长的关系研究及能源消耗预测》,《干旱区资源与环境》2014 年第 2 期,第 31—36 页。

115.彭俊铭、吴仁海:《基于 LMDI 的珠三角能源碳足迹因素分解》,《中国人口·资源与环境》2012 年第 2 期,第 69—74 页。

116.彭水军、张文城、曹毅:《贸易开放的结构效应是否加剧了中国的环境污染——基于地级城市动态面板数据的经验证据》,《国际贸易问题》2013 年第 8 期,第 119—132 页。

117.彭文博:《"工业强省"战略下贵州省产业结构合理化与高度化分析》,《环境与发展》2012 年第 2 期,第 112—115 页。

118.齐晔、李惠民、徐明:《中国进出口贸易中的隐含碳估算》,《中国人口·资源与环境》2008 年第 3 期,第 8—13 页。

119.钱明霞、路正南、王健:《产业部门碳排放波及效应分析》,《中国人口·资源与环境》2014 年第 12 期,第 82—88 页。

120.钱明霞:《产业部门关联碳排放及责任的实证研究》,江苏大学,博士学位论文,2015 年。

121.钱志权、杨来科:《东亚垂直分工对中国对外贸易隐含碳的影响研究——基于 MRIO-SDA 方法跨期比较》,《资源科学》2016 年第 9 期,第 1801—1809 页。

122.秦大河:《未来 100 年全球将继续变暖》,《中国改革》2009 年第 11 期,第 10—

13 页。

123.邱薇、张汉林:《碳边界调节措施对中国出口产品影响评估》,《国际经贸探索》2012 年第 2 期,第 90—102 页。

124.尚天成、黄斌:《房地产业与旅游产业关联度省域差异研究》,《山东建筑大学学报》2013 年第 1 期,第 22—26 页。

125.邵丹萍、严先锋:《产业关联互动视角下的商品专业市场发展——基于台州市路桥区的实证研究》,《山东工商学院学报》2014 年第 1 期,第 14—20 页。

126.邵桂兰、孔海峥、于谨凯等:《基于 LMDI 法的我国海洋渔业碳排放驱动因素分解研究》,《农业技术经济》2015 年第 6 期,第 119—128 页。

127.沈利生、吴振宇:《出口对中国 GDP 增长的贡献——基于投入产出表的实证分析》,《经济研究》2003 年第 11 期,第 33—41 页、第 70—92 页。

128.盛仲麟、何维达:《中国进出口贸易中的隐含碳排放研究》,《经济问题探索》2016 年第 9 期,第 110—116 页。

129.史常亮、揭昌亮、朱俊峰:《中国农业能耗碳排放脱钩的影响因素解析》,《产经评论》2016 年第 4 期,第 116—126 页。

130.史丹、王俊杰:《基于生态足迹的中国生态压力与生态效率测度与评价》,《中国工业经济》2016 年第 5 期,第 5—21 页。

131.史丹:《结构变动是影响我国能源消费的主要因素》,《中国工业经济》1999 年第 11 期,第 38—43 页。

132.宋博、穆月英:《设施蔬菜生产系统碳足迹研究——以北京市为例》,《资源科学》2015 年第 1 期,第 175—183 页。

133.宋芳、冯等田:《甘肃经济低增长问题与开放型经济发展》,《甘肃社会科学》2013 年第 3 期,第 211—213 页。

134.苏芳:《产业集聚与环境影响关系的库兹涅茨曲线检验》,《生态经济》2015 年第 2 期,第 20—23 页、第 162 页。

135.苏卉:《现代服务业的产业关联与波及效应研究》,《河南理工大学学报》(社会科学版)2011 年第 2 期,第 161—165 页。

136.孙攀、吴玉鸣、鲍曙明:《产业结构变迁对碳减排的影响研究——空间计量经济模型实证》,《经济经纬》2018 年第 2 期,第 93—98 页。

137.孙巍、赫永达:《中国能源消费与经济增长的因果分析基于 Divisia 指数法和 Toda-Yamamota 检验》,《暨南学报》(哲学社会科学版)2014 年第 5 期,第 77—89 页。

138.孙文远、程秀英:《环境规制对污染行业就业的影响》,《南京审计大学学报》2018 年第 2 期,第 25—34 页。

139.孙秀梅、张慧:《基于脱钩模型的山东省碳排放与经济增长时空关系研究》,《资源开发与市场》2016 年第 2 期,第 128、131—134 页。

140.孙玉环、李倩、陈婷:《中国能源消费强度行业差异及影响因素分析——基于指数分解》,《调研世界》2016 年第 4 期,第 28—34 页。

141.谭琼、谭娟:《北京市交通运输业碳排放特性变化的投入产出分析》,《生态经济》2016 年第 10 期,第 73—78 页。

142.汤洋:《黑龙江省畜牧业经济效益影响因素及提升对策研究》,东北农业大学,博士论文,2013 年。

143.唐晓华、李绍东:《中国装备制造业与经济增长实证研究》,《中国工业经济》2010 年第 12 期,第 27—36 页。

144.唐宜红、杨琦:《北京市对外贸易商品结构合理度的实证研究》,《国际经贸探索》2007 年第 9 期,第 48—54 页。

145.田丹宇:《应对气候变化事业在新时代筑基启航》,《中国环境报》2018 年第 3 期。

146.田雷:《吉林省能源碳排放驱动因素与新常态背景下碳排放趋势研究》,吉林大学,博士学位论文,2016 年。

147.王安静、冯宗宪、孟渤:《中国 30 省份的碳排放测算以及碳转移研究》,《数量经济技术经济研究》2017 年第 8 期,第 89—104 页。

148.王锋、吴丽华、杨超:《中国经济发展中碳排放增长的驱动因素研究》,《经济研究》2010 年第 2 期,第 123—131 页。

149.王金南、蒋洪强、何军等:《新时代中国特色社会主义生态文明建设的方略与任务》,《中国环境管理》2017 年第 6 期,第 9—12 页。

150.王磊:《中国能源消耗国际转移规模及驱动因素研究——基于完全分解均值法

处理的 I-O SDA 模型》,《山东财经大学学报》2015 年第 2 期,第 16—26 页。

151.王立胜、陈健:《中国特色社会主义政治经济学的最新成果——关于十九大报告的政治经济学阐释》,《学习与探索》2018 年第 3 期,第 1—13 页。

152.王丽、徐永辉:《我国产业结构的关联效应研究——基于 2007 年我国投入产出表的分析》,《价值工程》2012 年第 20 期,第 192—195 页。

153.王丽萍、刘明浩:《基于投入产出法的中国物流业碳排放测算及影响因素研究》,《资源科学》2018 年第 1 期,第 195—206 页。

154.王丽琼:《基于 LMDI 中国省域氮氧化物减排与实现路径研究》,《环境科学学报》2017 年第 6 期,第 2394—2402 页。

155.王圣、王慧敏、陈辉等:《基于 Divisia 分解法的江苏沿海地区碳排放影响因素研究》,《长江流域资源与环境》2011 年第 10 期,第 1243—1247 页。

156.王文举、李峰:《中国工业碳减排成熟度研究》,《中国工业经济》2015 年第 8 期,第 20—34 页。

157.王星:《雾霾与经济发展——基于脱钩与 EKC 理论的实证分析》,《兰州学刊》2015 年第 12 期,第 157—164 页。

158.王燕、宋辉:《影响力系数和感应度系数计算方法的探析》,《价值工程》2007 年第 4 期,第 40—42 页。

159.王燕、王哲:《基于投入产出模型的新疆旅游业产业关联及产业波及分析》,《干旱区资源与环境》2008 年第 5 期,第 112—117 页。

160.王益文、胡浩:《我国城乡居民肉类消费的碳排放特征分析——基于过程生命周期理论》,《安徽农业科学》2014 年第 13 期,第 4125—4128 页、第 4132 页。

161.王逸清:《IPCC 排放因子法在渔业碳排放减排评价中的应用》,《现代农业科技》2015 年第 20 期,第 165—166 页、第 182 页。

162.王岳平、葛岳静:《我国产业结构的投入产出关联特征分析》,《管理世界》2007 年第 2 期,第 61—68 页。

163.王长建、汪菲、张虹鸥:《新疆能源消费碳排放过程及其影响因素——基于扩展的 Kaya 恒等式》,《生态学报》2016 年第 8 期,第 2151—2163 页。

164.翁钢民:《我国旅游业产业波及线路与效应研究》,《企业经济》2013 年第 6 期,第 5—8 页。

165.伍华佳:《上海高碳产业低碳化转型路径研究》,《科学发展》2012 年第 5 期,第 15—17 页。

166.武娟妮、张岳玲、田亚峻等:《新型煤化工的生命周期碳排放趋势分析》,《中国工程科学》2015 年第 9 期,第 69—74 页。

167.郗希、乔元波、武康平、李超:《可持续发展视角下的城镇化与都市化抉择——基于国际生态足迹面板数据实证研究》,《中国人口·资源与环境》2015 年第 2 期,第 47—56 页。

168.习近平:《决胜全面建成小康社会 夺取新时代中国特色社会主义伟大胜利——在中国共产党第十九次全国代表大会上的报告》,《党建研究》2017 年第 11 期,第 3—30 页。

169.席雪红:《基于感应度系数和影响力系数的主导产业选择研究——以河南省为例》,《探索》2012 年第 3 期,第 120—123 页。

170.肖宏伟、易丹辉、周明勇:《中国区域碳排放与经济增长脱钩关系研究》,《山西财经大学学报》2012 年第 11 期,第 1—10 页。

171.谢来辉、陈迎:《碳泄漏问题评析》,《气候变化研究进展》2007 年第 4 期,第 214—219 页。

172.谢姝琳、房俊峰:《生产性服务业产业关联效应:基于投入产出的分析》,《燕山大学学报》(哲学社会科学版)2011 年第 2 期,第 98—102 页。

173.徐成龙、任建兰、巩灿娟:《产业结构调整对山东省碳排放的影响》,《自然资源学报》2014 年第 2 期,第 201—210 页。

174.徐大丰:《低碳经济导向下的产业结构调整策略研究——基于上海产业关联的实证研究》,《华东经济管理》2010 年第 10 期,第 6—9 页。

175.徐国泉、刘则渊、姜照华:《中国碳排放的因素分解模型及实证分析:1995—2004》,《中国人口·资源与环境》2006 年第 6 期,第 158—161 页。

176.徐盈之、张全振:《能源消耗与产业结构调整:基于投入产出模型的研究》,《南京师大学报》(社会科学版)2012 年第 1 期,第 66—71 页。

177.薛利利、马晓明:《碳泄漏产生的路径及中国应对的启示》,《生态经济》2016 年第 1 期,第 43—46 页。

178.闫云凤:《中国对外贸易隐含碳研究》,华东师范大学,博士学位论文,2011 年。

179.肖雁飞、万子捷、刘红光:《我国区域产业转移中"碳排放转移"及"碳泄漏"实证研究——基于 2002 年、2007 年区域间投入产出模型的分析》,《财经研究》2014 年第 2 期,第 75—84 页。

180.阎志军:《中国对外贸易概论》,科学出版社 2011 年版。

181.尹显萍、程茗:《中美商品贸易中的内涵碳分析及其政策含义》,《中国工业经济》2010 年第 8 期,第 45—55 页。

182.杨姝影、蔡博峰、曹淑艳:《国际碳税研究》,化学工业出版社 2011 年版。

183.杨树青:《企业如何实施可持续营销战略》,《商业时代》2004 年第 18 期,第 23 页、第 33 页。

184.杨顺顺:《中国工业部门碳排放转移评价及预测研究》,《中国工业经济》2015 年第 6 期,第 55—67 页。

185.姚丽、孙苏、尚卫平等:《从产业结构关联看江苏省产业结构的调整方向》,《工业技术经济》2011 年第 8 期,第 21—26 页。

186.叶敏弦:《县域绿色经济差异化发展研究》,福建师范大学,博士学位论文,2014 年。

187.叶玉瑶、苏泳娴、张虹鸥等:《基于部门结构调整的区域减碳目标情景模拟——以广东省为例》,《经济地理》2014 年第 4 期,第 159—165 页。

188.余菜花、崔维军、李廉水:《环境规制对中国制造业出口的影响——基于引力模型的"污染避难所"假说检验》,《经济体制改革》2015 年第 2 期,第 115—119 页。

189.余丽丽、彭水军:《贸易自由化对中国碳排放影响的评估和预测——基于 GTAP-MRIO 模型和 GTAP-E 模型的实证研究》,《国际贸易问题》2017 年第 8 期,第 121—130 页。

190.袁晓江:《建设现代化经济体系要深化供给侧结构性改革》,《特区实践与理论》2017 年第 6 期,第 10—11 页。

191.袁哲、马晓明:《生命周期法视角下的中国出口美国商品碳排放分析》,《商业时代》2012 年第 21 期,第 47—48 页。

192.原嫄、李国平:《产业关联对经济发展水平的影响:基于欧盟投入产出数据的分析》,《经济地理》2016 年第 11 期,第 76—82 页、第 92 页。

193.原嫄、席强敏、李国平:《产业关联水平对碳排放演化的影响机理及效应研究——基于欧盟 27 国投入产出数据的实证分析》,《自然资源学报》2017 年第 5 期,第 841—853 页。

194.张海燕、彭德斌:《碳泄漏问题评析》,《价格月刊》2011 年第 6 期,第 86—90 页。

195.张纪录:《中国出口贸易的隐含碳排放研究——基于改进的投入产出模型》,《财经问题研究》2012 年第 7 期,第 112—117 页。

196.张瑾、陈丽珍、陈海波:《江苏省生产性服务业的产业关联研究》,《科技管理研究》2011 年第 1 期,第 75—78 页。

197.张雷、黄园淅:《中国产业结构节能潜力分析》,《中国软科学》2008 年第 5 期,第 27—29 页、第 31—34 页、第 51 页。

198.张雷、李艳梅、黄园淅等:《中国结构节能减排的潜力分析》,《中国软科学》2011年第 2 期,第 42—51 页。

199.张立柱:《区域产业结构动态性评价与应用研究》,山东科技大学,博士学位论文,2007 年。

200.张丽峰:《我国产业结构、能源结构和碳排放关系研究》,《干旱区资源与环境》2011 年第 5 期,第 1—7 页。

201.张淑静:《南北气候合作必须坚持"共同但有区别的责任"之基本原则》,《探索》2010 年第 3 期,第 81—86 页。

202.张婷、蔡海生、张学玲:《基于碳足迹的江西省农田生态系统碳源/汇时空差异》,《长江流域资源与环境》2014 年第 6 期,第 767—773 页。

203.张文城、彭水军:《不对称减排、国际贸易与能源密集型产业转移——碳泄漏的研究动态及展望》,《国际贸易问题》2014 年第 7 期,第 93—102 页。

204.张小平、郭灵巧:《甘肃省经济增长与能源碳排放间的脱钩分析》,《地域研究与开发》2013 年第 5 期,第 95—98 页、第 104 页。

205.张晓军、侯汉坡、吴雁军:《基于水资源利用的北京市第三产业结构优化研究》,

《北京交通大学学报》(社会科学版)2010 年第 1 期,第 19—23 页。

206.张晓军、侯汉坡、徐栓凤:《基于水资源优化配置的北京市第二产业结构调整研究》,《北京工业大学学报》(社会科学)2009 年第 4 期,第 12—18 页。

207.张晓平:《中国对外贸易产生的 CO_2 排放区位转移分析》,《地理学报》2009 年第 2 期,第 234—242 页。

208.张艳、李光明:《投入产出表视角下的兵团经济状况分析》,《新疆农垦经济》2011 年第 6 期,第 47—50 页,第 88 页。

209.张永强、张捷:《广东省经济增长与碳排放之间的脱钩关系——基于 Laspeyres 分解法的实证研究》,《生态经济》2017 年第 6 期,第 46—52 页。

210.张友国:《中国贸易含碳量及其影响因素——基于(进口)非竞争型投入产出表的分析》,《经济学(季刊)》2010 年第 4 期,第 1287—1310 页。

211.张云、唐海燕:《经济新常态下实现碳排放峰值承诺的贸易开放政策——中国贸易开放环境效应与碳泄漏存在性实证检验》,《财贸经济》2015 年第 7 期,第 96—4108 页。

212.章秀琴:《环境规制与出口贸易利益问题研究》,南京林业大学,博士学位论文,2014 年。

213.赵兵、张金光、刘瀚洋等:《园林铺装花岗石碳排放量的测度》,《南京林业大学学报》(自然科学版)2016 年第 4 期,第 101—106 页。

214.赵玉焕、范静文、易瑾超:《中国—欧盟碳泄漏问题实证研究》,《中国人口·资源与环境》2011 年第 8 期,第 113—117 页。

215.赵志耘、杨朝峰:《中国碳排放驱动因素分解分析》,《中国软科学》2012 年第 6 期,第 175—183 页。

216.郑珍远、陈晓玲:《基于 SDA 的福建经济增长变动实证分析》,《科研管理》2016 年第 S1 期,第 623—629 页。

217.仲伟周、姜锋、万晓丽:《我国产业结构变动对碳排放强度影响的实证研究》,《审计与经济研究》2015 年第 6 期,第 88—96 页。

218.朱洪倩、耿弘:《基于产业关联分析的主导产业(群)选择研究——以浙江制造业为例》,《科研管理》2007 年第 4 期,第 155—161 页。

219.朱宗尧、李宁、王建会:《上海现代信息服务业关联效应与波及效应研究——基于投入产出模型的实证分析》,《上海经济研究》2012 年第 9 期,第 43—54 页。

220.诸大建、刘国平:《基于碳排放的中国人文发展效应分析》,《经济问题探索》2011 年第 4 期,第 29—34 页。

221.庄惠明、陈洁:《我国服务业发展水平的国际比较——基于 31 国模型的投入产出分析》,《国际贸易问题》2010 年第 5 期,第 53—60 页。

222.庄立、刘洋、梁进社:《论中国自然资源的稀缺性和渗透性》,《地理研究》2011 年第 8 期,第 1351—1360 页。

223.庄起善:《世界经济新论》,复旦大学出版社 2001 版。

224.Ahmad N., Wyckoff A., "Carbon Dioxide Emissions Embodied in International Trade of Goods", *Oecd Science Technology & Industry Working Papers*, Vol.25(2003), pp.1 -22.

225.Ang B.W., Liu N., "HandlingZero Values in the Logarithmic Mean Divisia Index Decomposition Approach", *Energy Policy*, Vol.35(2007), pp.238-246.

226.Ang B.W., "Decomposition Analysis for Policy Making in Energy: Which Is the Preferred Method?", *Energy Policy*, Vol.32(2004), pp.1131-1139.

227.Ang, B.W., "The LMDI Approach to Decomposition Analysis: A Practical Guide", *Energy Policy*, Vol.33(2005), pp.867-871.

228.Ang, B.W.and Zhang, "F.Q.A Survey of Index Decomposition Analysis in Energy and Environmental Studies", *Energy*, Vol.25(2000), pp.1149-1176.

229.Antweiler W., Copeland B.R.and Taylor M.S., "Is Free Trade Good for the Environment?", *Nber Working Papers*, Vol.91(2001), pp.877-908.

230.Babiker M.H., "Climate Change Policy, Market Structure, and Carbon Leakage", *Journal of International Economics*, Vol.65(2005), pp.421-445.

231.Babiker M.and Jacoby H.D., "Developing Country Effects of Kyoto-type Emissions Restrictions", *Massachusetts: MIT Joint Program on the Science and Policy of Global Change*, Oct 1999.

232.Bernard A.L., Vielle M.Comment Allouer un Co？t Global d'environnement Entre

Pays: Permis Négociables VS Taxes ou Permis Négociables ET Taxes, *Economie International*, Vol.82(2000), pp.103.

233. Böhringer C., Bye B.and Fæhn T., et al., "Alternative Designs for Tariffs on Embodied Carbon: A Global Cost-Effectiveness Analysis", *Energy Economics*, Vol. 34 (2012), pp.143-153.

234. Bollen J., Manders T. and Timmer H., "Decomposing Carbon leakage", *Third Annual Conference on Global Economic Analysis*, 2000.

235. Brooks B.R., Bruccoleri R.E.and Martin B.D., et al., "CHARMM: A Program for Macromolecular Energy, Minimization, and Dynamics Calculations", *Journal of Computational Chemistry*, Vol.4(2010), pp.187-217.

236. Brown M.T.and Herendeen R.A., "Embodied Energy Analysis and EMERGY Analysis: A Comparative View", *Ecological Economics*, Vol.19(1996), pp.219-235.

237. Burniaux J.M., "GTAP-E: An Energy-Environmental Version of GTAP Model", *GTAP Technical paper*, 2002.

238. Claudia Sheinbaum, "Energy Use and CO_2 Emission for Mexico's Cement Industry", *Energy*, Vol.23(1998), pp.725-732.

239. Crossman G.and Krueger A.B., "Environmental Impacts of a North American Free Trade Agreement", *NBERWorking Paper Number W3914*, 1993.

240. Daly H.E., Ecological Economics and Sustainable Development, *Edward Elgar Publishing*, 2007.

241. Dean J.M., "Does Trade Liberalization Harm the Environment? A New Test", *Canadian Journal of Economics/Revue Canadienne D'économique*, Vol.35(2002), pp.819-842.

242. Dietzenbacher E., "Mukhopadhyay K.An Empirical Examination of the Pollution Haven Hypothesis forIndia: Towards a Green Leontief Paradox", *Environmental and Resource Economics*, Vol.36(2007), pp.427-449.

243. Eliste P.and Fredriksson P.G., "Does Open Trade Result in a Race to the Bottom? Cross Country Evidence", *Unpublished MS (World Bank)*, 1998.

244. Fischer C.and Fox A.K., Combining Rebates with Carbon Taxes: Optimal Strategies

for Coping with Emissions Leakage and Tax Interactions, Washington: Resources for the Future, May 2009.

245.Fisher-Vanden K., Jefferson G.H.and Jingkui M., et al., "Technology Development and Energy Productivity in China", *Energy Economics*, Vol.28(2006), pp.690−705.

246.Green C., Avitabile V.and Farrell E.P., et al., "Reporting Harvested Wood Products in National Greenhouse Gas Inventories: Implications for Ireland ", *Biomass and Bioenergy*, Vol.30(2006), pp.105−114.

247.Grossman G.M.and Krueger A.B., "Environmental Impacts of a North American Free Trade Agreement", *Social Science Electronic Publishing*, Vol.8(1992), pp.223−250.

248.Guan D., Hubacck K.and Weber C.L., "The Drivers of Chinese CO_2 Emission from 1980 to 2030", *Global Environmental Change*, Vol.18(2008), pp.626−634.

249.Gürkan Kumbarolu, "A Sectoral Decomposition Analysis of CO_2 Emissions over 1990 −2007", *Energy*, Vol.36 No.5, pp.2419−2433.

250.Hashimoto S., Nose M.and Obara T., et al., "Wood Products: Potential Carbon Sequestration and Impact on Net Carbon Emissions of Industrialized Countries", *Environmental Science and Policy*, Vol.118(2002), pp.183−193.

251.Hayami H.and Nakamura M., "CO_2 Emission of an Alternative Technology and Bilateral Trade between Japan and Canada", *KEIO Economic Observatory Discussion Paper* , 2002.

252.Kader H. A., Adams M. and Andersson L. F., et al., "The Determinants of Reinsurance in the Swedish Property fire Insurance Market During the Interwar Years", *Business History*, Vol.52(2010), pp.268−284.

253.Kaya, Y., "Impact of Carbon Dioxide Emission Control on GNP Growth: Interpretation of Proposed Scenarios", *Paper Presented at the IPCC Energy and Industry Subgroup*, *Response Strategies Working Group*, *Paris France*, 1990.

254.Kondo Y., Moriguchi Y.and Shimizu H., "CO_2 Emissions in Japan: Influences of Imports and Exports", *Applied Energy*, Vol.59(1998), pp.163−174.

255.Kuik O.and Gerlagh R., "Trade Liberalization and Carbon Leakage", *The Energy Journal*, Vol.24(2003), pp.97−120.

256. Kuik O. and Hofkes M., "Border Adjustment for European Emissions Trading: Competitiveness and Carbon Leakage", *Energy Policy*, Vol.38(2010), pp.1741-1748.

257. Leontief W., "Quantitative Input and Output Relations in Economics of United States", *Review of Economic Statics*, Vol.8(1936), pp.105-125.

258. Li Lee, "Structural Decomposition of CO_2 Emissions from Taiwan's Petrochemical Industries", *Energy Policy*, Vol.29(2001), pp.237-244.

259. Li Y. and Hewitt C.N., "The Effect of Trade between China and the UK on National and Global Carbon Dioxide Emissions", *Energy Policy*, Vol.36(2008), pp.1907-1914.

260. Light M., Kolstad C.D. and Rutherford T.F., "Coal Markets and the Kyoto Protocol", *University of Colorado at Boulder Working Paper*, 1999.

261. Liu L. and Ma X., "CO_2 Embodied in China's Foreign Trade 2007 with Discussion for Global Climate Policy", *Procedia Environmental Sciences*, Vol.5(2011), pp.105-113.

262. Liu N.A. and Ang B.W., "Factors Shaping Aggregate Energy Intensity Trend for Tndustry: Energy Intensity Versus Production", *Energy Economics*, Vol.29(2007), pp.609-635.

263. Liu X.Q. and Ang B.W., "The Application of Divisia Index to the Decomposition of Changes Industrial Energy Consumption", *The Energy Journal*, Vol.13(1992), pp.161-177.

264. Liu X., Ishikawa M. and Wang C., et al., "Analyses of CO_2 Emissions Embodied in Japan – China Trade", *Energy Policy*, Vol.38(2010), pp.1510-1518.

265. Low P. and Yeats A., "Do 'Dirty' Industries Migrate?", *International Trade and the Environment*, *World Bank Discussion Paper* No.159, 1992.

266. Lucas R.E.B., Wheeler D. and Hettige H., "Economic Development, Environmental Regulation, and the International Migration of Toxic Industrial Pollution", 1993.

267. Machado G., Schaeffer R. and Worrell E., "Energy and Carbon Embodied in the International Trade of Brazil: An Input – output Approach", *Ecological Economics*, Vol.39(2001), pp.409-424.

268. Mani M. and Wheeler D., "In Search Pollution Havens? Dirty Industry Migration in the World Economy", *The Journal of Environment & Development*, Vol.17(1997), pp.215-247.

269. Manne A. and Richels R. , "Preliminary Analysis of the Costs of the Kyoto Protocol" , *Conference on Global Carbon Dioxide Abatement*, 1998.

270. Mattoo A. , Subramanian A. and Van Der Mensbrugghe D. , et al. , *Reconciling Climate Change and Trade Policy*, 2009.

271. McKibbin W. J. and Wilcoxen P. J. , "The Theoretical And Empirical Structure of The G-Cubed Model" , *Economic Modelling*, Vol.16(1999) , pp.123−148.

272. Monjon S. and Quirion P. , "Addressing Leakage in the EU ETS: Border Adjustment or Output-Based Allocation?" , *Ecological Economics*, Vol.70(2011) , pp.1957−1971.

273. N Birdsall and D. Wheeler, "Trade Policy and Industrial Pollution in Latin America: Where Are the Pollution Havens?" , *The Journal of Environment & Development: A Review of International Policy*, Vol.12(1993) , pp.137−149.

274. Niccolucci V. , Pulselli F. M. , Tiezzi E. , "Strengthening the Threshold Hypothesis: Economic and Biophysical Limits to Growth" , *Ecological Economics*, Vol.60 (2007) , pp.667 −672.

275. Nobuko Yabe, "An Analysis of CO_2 Emissions of Japanese Industries during the Period between 1985 and 1995" , *Energy Policay*, Vol.32(2004) , pp.595−610.

276. Odum H. T. , "Environmental Accounting Emergy and Environmental Decision Making" , *Wiley*, 1996.

277. OECD, "Indicators to Measure Decoupling of Environmental Pressures from Economic Growth" , *Paris: Organization for Economic Co-operation and Development*, 2002.

278. Paltsev S. V. , "The Kyoto Protocol: Regional and Sectoral Contributions to the Carbon Leakage" , *The Energy Journal*, Vol.22(2001) , pp.53−79.

279. Panayotou T. , Peterson A. , Sachs J. D. , "Is the Environmental Kuznets Curve Driven by Structural Change? What Extended Time Series May Imply for Developing Countries" , *Consulting Assistance on Economic Reform (CAER) II Discussion Paper*, Vol. 80 (2001) , pp.1−35.

280. Peters G. , Webber C. , "China's Growing CO_2 Emission——A Race between Lifestyle Changes and Efficiency Gains" , *Environmental Science and Technology*, Vol.41(2007) ,

pp.5939－5944.

281. Peters G. P., Hertwich E. G., "CO$_2$ Embodied in International Trade with Implications for Global Climate Policy", *Environmental Science and Technology*, Vol. 42 (2008), pp.1401－1407.

282. Qi T., Winchester N., Karplus V.J., et al., "Will Economic Restructuring in China Reduce Trade-Embodied CO$_2$ Emissions?", *Energy Economics*, Vol.42(2014), pp.204－212.

283. Radoslaw L., Stefanski, "Essays on Structural Transformation in International Economics", *Minnesota：The University of Minnesota*, 2009.

284. Reinaud J., "Climate Policy and Carbon Leakage：Impacts of the European Emissions Trading Scheme on Aluminium", *IEA Information Paper*, 2008.

285. Reinaud J., "Issues behind Competitiveness and Carbon Leakage：Focus on Heavy Industry", *Paris：IEA Information Paper*, 2008.

286. Ren S., Yuan B., Ma X., et al., "International Trade, FDI (Foreign Direct Investment) and Embodied CO$_2$ Emissions：A Case Study of Chinas Industrial Sectors", *China Economic Review*, Vol.28(2014), pp.123－134.

287. Requia W.J., Adams M.D., Arain A., et al. "Carbon Dioxide Emissions of Plug-in Hybrid Electric Vehicles：A Life-cycle Analysis in Eight Canadian Cities", *Renewable & Sustainable Energy Reviews*, Vol.78(2017), pp.1390－1396.

288. Rhee H.C., "Chung H S.Change in CO$_2$ Emission and Its Transmissions between Korea and Japan Using International Input － output Analysis", *Ecological Economics*, Vol.58 (2006), pp.788－800.

289. Rhee Hae-Chun, Chung Hyun-sik, "Change in CO$_2$ Emission an Its Ttransmissions between Korea and Japan Using International Input-Ooutput Analysis", *Ecological Economics*, Vol.58(2006), pp.788－800.

290. Richard York, Eugene A.Rosa, "Thomas Dietz.STIRPAT, IPAT and ImPACT：Analytic Tools for Unpacking the Driving Forces of Environmental Impacts", *Ecological Economics*, 2003, Vol.46(2003), pp.351－365.

291. Schaeffer R., de Sá A.L., "The Embodiment of Carbon Associated with Brazilian Im-

ports and Export", *Energy Conversion and Management*, Vol.37(1996), pp.955-960.

292.Shui B., Harriss R.C., "The Role of CO_2 Embodiment in US - China Trade", *Energy Policy*, Vol.34(2006), pp.4063-4068.

293.Soytas U., Sari R., "Ewing B T. Energy Consumption, Income, and Carbon Emissions in the United States", *Ecological Economics*, Vol.62 (2007), pp.482-489.

294.Steinberger, Krausmann F., Eisenmenger N., "Global Patterns of Materials Use:Socioeconomic and Geophysical Analysis", *Ecological Economics*, Vol. 69 (2010), pp.1148-1158.

295.Sun J., "Changes in Energy Consumption and Energy Intensity:A Complete Decomposition Mode", *Energy Economics*, Vol.20(1998), pp.85-100.

296.Tapio P., "Towards a Theory of Decoupling:Degrees of Decoupling in the EU and the Case of Road Traffic in Fin land between 1970 and 2001", *Transport Policy*, Vol. 12 (2005), pp.137-151.

297. "The Driving Forces of Environmental Impacts", *Ecological Economics*, Vol. 46 (2003), pp.351-365.

298. UNEP, "Decoupling Natural Resource Use and Environmental Impacts from Economic Growth", *International Resource Panel (IRP) of the United Nations Environment Programme*, 2011.

299.Voet, E.Vander, Oers. L, Van, Moll, S. et al., "Policy Review on Decoupling:Development of Indicators to Assess Decoupling of Economic Development and Environmental Pressure in the EU-25 and AC-3 Countries", *CML Report 166, Department Industrial Ecology, Universitair Grafisch Bedrijf, Leiden*.

300.Wang F., Wang C., Su Y., et al., "Decomposition Analysis of Carbon Emission Factors from Energy Consumption in Guangdong Province from 1990 to 2014", *Sustainability*, Vol. 9(2017), pp. 274-291.

301.Wheeler D., "Racing to the Bottom? Foreign Investment and Air Pollution in Developing Countries", *The Journal of Environment & Development*, Vol.10(2001), pp.225-245.

302.Winchester N., "The Impact of Border Carbon Adjustments under Alternative Producer Responses", *American Journal of Agricultural Economics*, Vol.94(2011) pp.354–359.

303.Wyckoff A.W., Roop J.M., "The Embodiment of Carbon in Imports of Manufactured Products: Implications for International Agreements on Greenhouse Gas Emissions", *Energy policy*, Vol.22(1994), pp.187–194.

304.Ying Fan, Lan-Cui Liu, "Changes in Carbon Intensity in China: Empirical Findings from 1980–2003", *Ecolocial Economics*, Vol.62 No.3–4(2007), pp.683–691.

305.Yunfeng Y., Laike Y., "China's Foreign Trade and Climate Change: A Case Study of CO_2 Emissions", *Energy Policy*, Vol.38(2010), pp.350–356.

306.Zhang Y., "Structural Decomposition Analysis of Sources of Decarbonizing Economic Development in China: 1992—2006", *Ecological Economics*, Vol.68(2009), pp.2399–2405.

307.Zhang Z.X., "Why did the Energy Intensity fall in China's Industrial sector in the 1990s? The Relative Importance of Structural Change and Intensity Change", *Energy Economics*, Vol.25(2003), pp.625–638.

308.Zhou P., Ang B.W., "Han J Y. Total Factor Carbon Emission Performance: a Malmquist Index Analysis", *Energy Economics*, Vol.32(2010), pp.194–201.

后　记

本书是 2014 年国家社会科学基金青年项目《贸易开放下我国产业结构变动的碳排放效应研究》（批准号：14CJL032）的研究成果。该课题于 2019 年 4 月结题，并获良好等级。

本课题由贵州财经大学经济学院教授胡剑波同志主持。本课题的选题、总体思路、主要观点、提纲设计、撰写和统稿等工作主要由胡剑波同志负责完成。课题组成员孙宇、熊杨、谭建、闵继胜、安丹、丁子格等不同程度地参与了本课题的文献收集、数据收集及调研等基础性工作；与此同时，研究生高鹏、王青松、任香、尚帅伟、陈丰华、李铖睿、张珂、贾素真、李超、陈嘉玮、钟帅、许帅等也不辞辛劳地为本课题的资料收集、数据处理、格式排版、文字校对等做了大量工作，在此，表示感谢。

本书的出版得到了贵州财经大学校长赵普教授、贵州财经大学经济学院院长常明明教授的大力支持。贵州财经大学大数据应用与经济学院院长杨杨教授、中国社会科学院工业经济研究所王蕾副研究员等对本书的写作提出了中肯的建议。五位匿名外审专家对本课题提出了宝贵的意见。在此一并谨致最诚挚的谢意和崇高的敬意！非常感谢那些一直以来关心、支持和帮助我课题研究的同行们。

在本书的撰写过程中参阅和借鉴了国内外理论界一些有价值的思想资料及其他一些专家学者的研究成果，在此，笔者深表谢意。

需要说明的是，由于水平有限，本书难免有疏漏和不妥之处，恳请得到同行专家和读者的批评和指教。

作　者

2019 年 12 月

附 表

附表 1 　中国产业部门分类合并统一表

编号	产业部门分类	《投入产出表》和《投入产出延长表》行业分类	《中国统计年鉴》能源消耗行业分类
1	农业	农业（2002、2005、2015）；农林牧渔业（2007、2010）；农林牧渔产品与服务（2012）	农、林、牧、渔（2002、2015）；农、林、牧、渔、水利业（2005、2007）；农、林、牧、渔、水利业（2010、2012）
2	煤炭采选业	煤炭开采和洗选业（2002、2005、2007、2010）；煤炭采选产品（2012、2015）	煤炭采选业（2002）；煤炭开采和洗选业（2005、2007、2010、2012、2015）
3	石油和天然气开采业	石油和天然气开采业（2002、2005、2007、2010）；石油和天然气开采产品（2012、2015）	石油和天然气开采业
4	金属矿采选业	金属矿采选业（2002、2005、2007、2010）；金属矿采选产品（2012、2015）	黑色金属矿采选业
			有色金属矿采选业
5	非金属矿和其他矿采选业	非金属矿采选业（2002、2005）；非金属矿及其他矿采选业（2007、2010）；非金属矿和其他矿采选产品（2012、2015）	非金属矿采选业
			其他采矿业 木材及竹材采运业（2002）
6	食品制造和烟草加工业	食品制造及烟草加工业（2002、2005、2007、2010）；食品和烟草（2012、2015）	食品加工业（2002）；农副食品加工业（2005、2007、2010、2012、2015）
			食品制造业
			饮料制造业
			烟草加工业（2002）；烟草制品业（2005、2007、2010、2012、2015）
7	纺织业	纺织业（2002、2005、2007、2010）；纺织品（2012、2015）	纺织业

编号	产业部门分类	《投入产出表》和《投入产出延长表》行业分类	《中国统计年鉴》能源消耗行业分类
8	纺织服装鞋帽皮革羽绒及其制品业	服装皮革羽绒及其制造业（2002）；服装皮革羽绒及其制品业（2005）；纺织服装鞋帽皮革羽绒及其制品业（2007、2010）；纺织服装鞋帽皮革羽绒及其制品（2012、2015）	服装及其他纤维制品制造（2002）；纺织服装、鞋、帽制造业（2005、2007、2010）；纺织服装、服饰业（2012、2015）
			皮革毛皮羽绒及其制造业（2002）；皮革、毛皮、羽毛（绒）及其制品业（2005、2007、2010、2012）；皮革、毛皮、羽毛及其制品和制鞋业（2015）
9	木材加工及家具制造业	木材加工及家具制造业（2002、2005、2007、2010）；木材加工品和家具（2012、2015）	木材加工及竹藤棕草制品业（2002）；木材加工及木、竹、藤、棕、草制品业（2005、2007、2012、2015）
			家具制造业
10	造纸印刷及文教体育用品制造业	造纸印刷及文教用品制造业（2002、2005）；造纸印刷及文教体育用品制造业（2007、2010）；造纸印刷和文教体育用品（2012、2015）	造纸及纸制品业
			印刷业记录媒介的复制（2002）；印刷业和记录媒介的复制（2005、2007、2010）；印刷和记录媒介复制业（2012、2015）
			文教体育用品制造业（2002、2005、2007、2010）；文教、工美、体育和娱乐用品制造业（2012、2015）
11	石油、炼焦及核燃料加工业	石油加工、炼焦及核燃料加工业（2002、2005、2007、2010）；石油、炼焦产品及核燃料加工品（2012、2015）	石油加工及炼焦业（2002）；石油加工、炼焦及核燃料加工业（2005、2007、2012、2015）
12	化学工业	化学工业（2002、2005、2007、2010）；化学产品（2012、2015）	化学原料及制品制造业（2002）；化学原料及化学制品制造业（2005、2007、2010、2012、2015）
			医药制造业
			化学纤维制造业
			橡胶制品业
			塑料制品业
13	非金属矿物制品业	非金属矿物制品业（2002、2005、2007、2010）；非金属矿物制品（2012、2015）	非金属矿物制品业
14	金属冶炼及压延加工业	金属冶炼及压延加工业（2002、2005、2007、2010）；金属冶炼和压延加工品（2012、2015）	黑色金属冶炼及压延加工业
			有色金属冶炼及压延加工业
15	金属制品业	金属制品业（2002、2005、2007、2010）；金属制品（2012、2015）	金属制品业

编号	产业部门分类	《投入产出表》和《投入产出延长表》行业分类	《中国统计年鉴》能源消耗行业分类
16	通用、专用设备制造业	通用、专用设备制造业（2002、2005、2007、2010）；通用设备（2012、2015）、专用设备（2012、2015）	普通机械制造业（2002）；通用设备制造业（2005、2007、2010、2012、2015）专用设备制造业
17	交通运输设备制造业	交通运输设备制造业（2002、2005、2007、2010）；交通运输设备（2012、2015）	交通运输设备制造业（2002、2005、2007、2010）；汽车制造业、铁路、船舶、航空航天和其他运输设备制造业（2012、2015）
18	电气机械及器材制造业	电气、机械及器材制造业（2002、2005、2007、2010）；电气机械和器材（2012、2015）	电气机械及器材制造业
19	通信设备、计算机及其他电子设备制造业	通信设备、计算机及其他电子设备制造业（2002、2005、2007、2010）；通信设备、计算机和其他电子设备（2012、2015）	电子及通信设备制造业（2002）；通信设备、计算机及其他电子设备制造业（2005、2007、2010）；计算机、通信和其他电子设备制造业（2012、2015）
20	仪器仪表制造业	仪器仪表及文化办公用机械制造业（2002、2005、2007、2010）；仪器仪表（2012、2015）	仪器仪表文化办公用机械（2002）；仪器仪表及文化、办公用机械制造业（2005、2007、2010）；仪器仪表制造业（2012、2015）
21	其他制造业	其他制造业（2002、2005）；工艺品及其他制造业（2007）；工艺品及其他制造业（含废品废料）（2010）；其他制造产品（2012、2015） 废品废料(2002、2005、2007、2012、2015) 金属制品业（2010）；金属制品、机械和设备修理服务（2012、2015）	其他制造业（2002）；工艺品及其他制造业、废弃资源和废旧材料回收加工业（2005、2007、2010）；其他制造业、废弃资源综合利用业、金属制品、机械和设备修理业（2012、2015）
22	电力、热力的生产和供应业	电力、热力的生产和供应业（2002、2005、2007、2010）；电力、热力的生产和供应（2012、2015）	电力蒸汽热水生产供应业（2002）；电力、热力的生产和供应业（2005、2007、2010）；电力、热力生产和供应业（2012、2015）
23	燃气生产和供应业	燃气生产和供应业（2002、2005、2007、2010）；煤气生产和供应（2012、2015）	煤气的生产和供应业（2002）；燃气生产和供应业（2005、2007、2010、2012、2015）
24	水的生产和供应业	水的生产和供应业（2002、2005、2007、2010）；水的生产和供应（2012、2015）	自来水的生产和供应业（2002）；水的生产和供应业（2005、2007、2010、2012、2015）
25	建筑业	建筑业（2002、2005、2007、2010）；建筑（2012、2015）	建筑业

编号	产业部门分类	《投入产出表》和《投入产出延长表》行业分类	《中国统计年鉴》能源消耗行业分类
26	交通运输、仓储及邮政业	交通运输及仓储业（2002、2005、2007、2010）	交通运输、仓储及邮电通信业（2002）；交通运输、仓储和邮政业（2005、2007、2010、2012、2015）
		邮政业（2002、2005、2007、2010）	
		交通运输、仓储和邮政（2012、2015）	
27	批发零售及餐饮业	批发和零售贸易业、（2002、2005）；批发和零售业（2007）；批发和零售贸易业（2010）；批发和零售（2012、2015）	批发和零售贸易餐饮业（2002）；批发、零售业和住宿、餐饮业（2005、2007、2010、2012、2015）
		住宿和餐饮业（2002、2005、2007、2010）；住宿和餐饮（2012、2015）	
28	其他服务业	信息传输、计算机服务和软件业、金融保险业、房地产业、租赁和商务服务业、旅游业、科学研究事业、综合技术服务业、其他社会服务业、教育事业、卫生、社会保障和社会福利事业、文化体育和娱乐业、公共管理和社会组织（2002）；信息传输、计算机服务和软件业、金融保险业、房地产业、租赁和商务服务业、科学研究事业、综合技术服务业、水利、环境和公共设施管理业、居民服务和其他服务业、教育、卫生、社会保障和社会福利事业、文化体育和娱乐业、公共管理和社会组织（2005）；信息传输、计算机服务和软件业、金融业、房地产业、租赁和商务服务业、研究与试验发展业、综合技术服务业、水利、环境和公共设施管理业、居民服务和其他服务业、教育、卫生、社会保障和社会福利事业、文化、体育和娱乐业、公共管理和社会组织（2007、2010）；信息传输、软件和信息技术服务、金融、房地产、租赁和商务服务、科学研究和技术服务、水利、环境和公共设施管理、居民服务、修理和其他服务、教育、卫生和社会工作、文化、体育和娱乐、公共管理、社会保障和社会组织（2012、2015）	其他行业

资料来源：根据 2002 年、2005 年、2007 年、2010 年、2012 年和 2015 年《投入产出表》和《投入产出延长表》行业分类以及对应的《中国统计年鉴》能源消耗行业分类中的数据整理归类合并所得。

附表2　2002—2015年中国分产业部门的进出口额　　　　　（单位：万元）

编号	行业部门	2002 年		2005 年		2007 年	
		出口	进口	出口	进口	出口	进口
1	农业	4741965	6811579	6001733	17224666	6659785	23279609
2	煤炭开采和洗选业	1576011	288016	2594379	1160756	2337578	1921708
3	石油和天然气开采业	1209884	10956777	1002566	11124839	1735648	57682693
4	金属矿采选业	186781	3665731	972334	21696859	822875	40779994
5	非金属矿及其他矿采选业	1511538	1779068	2622167	3772161	1504403	3004364
6	食品制造及烟草加工业	8934890	5270968	15681841	9650196	19121135	15815255
7	纺织业	27199313	12024487	53137555	14581243	82158911	8182910
8	服装皮革羽绒及其制造业	27751757	4279719	45821815	5906254	56726409	6087706
9	木材加工及家具制造业	6663697	1910451	15879525	2617389	24244658	2704833
10	造纸印刷及文教体育用品制造业	9870853	5671087	19475621	9976973	22644209	8286283
11	石油加工、炼焦及核燃料加工业	2630030	5208053	8089928	38598240	7678378	14501469
12	化学工业	21763899	35881658	49790288	75450834	72379174	91051715
13	非金属矿物制品业	4177256	1979122	9031299	2920304	14836921	3772993
14	金属冶炼及压延加工业	4612076	17262467	18706027	32812783	51554905	43205060
15	金属制品业	10657972	5406774	29237594	9552760	35585167	5846910
16	通用、专用设备制造业	13072703	31350142	33958960	54134602	57368521	70433320
17	交通运输设备制造业	6534587	10034914	17291039	16837779	32821566	30032045
18	电气机械及器材制造业	20328524	16647690	42244638	32188752	68256592	34351999
19	通用设备、计算机及其他电子设备制造业	49677081	55671286	152670383	132818692	213775082	162987370
20	仪器仪表文化办公用机械制造业	14835377	16113372	40573027	48574225	32373998	39298198
21	其他制造业	4268048	1295474	7225238	8502937	13414467	16304699
22	电力、热力的生产和供应业	512777	106173	552520	217620	651130	179857
23	燃气生产和供应业	0	15	0	0	0	0
24	水的生产和供应业	0	0	0	0	0	0
25	建筑业	1045919	797672	2124066	1326549	4088747	2212627
26	交通运输、仓储及邮政业	14518826	2919902	30857307	20243077	40315450	11038922
27	批发零售及餐饮业	28878775	37981	51094882	9764060	47440878	5233456
28	其他服务业	22282635	16054232	28315994	27535724	44913321	42009553

编号	行业部门	2010 年		2012 年		2015 年	
		出口	进口	出口	进口	出口	进口
1	农业	8446627	41033460	7816221	51186807	9151855	52210006
2	煤炭开采和洗选业	1411592	13140887	912685	18130507	266222	7699524
3	石油和天然气开采业	1585813	85693848	1873689	142868283	1370537	86371024
4	金属矿采选业	763461	73863547	592933	84029760	401350	59474180
5	非金属矿及其他矿采选业	1582480	3111342	1282682	3941338	1262112	3312493
6	食品制造及烟草加工业	22082508	24256663	28019945	33809817	28412513	44656337
7	纺织业	89896923	9629146	51756009	9397354	56127341	11215642
8	服装皮革羽绒及其制造业	57965328	7597658	107608377	11145841	112109555	17862482
9	木材加工及家具制造业	26985579	4624953	36167611	5069475	37644219	8664095
10	造纸印刷及文教体育用品制造业	22693155	10334226	55912141	14717322	49270346	20273789
11	石油加工、炼焦及核燃料加工业	8174685	20842144	11744438	28816783	7455885	20413937
12	化学工业	94420280	118823964	98856503	123067057	106982595	120972937
13	非金属矿物制品业	19022112	5749922	26733885	7026282	33336194	8809895
14	金属冶炼及压延加工业	36567430	51275401	44572692	89528366	50612864	87110347
15	金属制品业	34534763	7178911	42881563	8121476	47921771	8432139
16	通用、专用设备制造业	71615489	96692977	106475807	89308549	110697392	80618841
17	交通运输设备制造业	50978683	59595434	58430796	60203496	57490294	69098955
18	电气机械及器材制造业	92912596	42582903	107262425	39881487	126411722	42147272
19	通用设备、计算机及其他电子设备制造业	241257788	176618185	300892430	240100110	311684493	259376715
20	仪器仪表文化办公用机械制造业	36154105	49895311	17664776	29039768	19489603	31131954
21	其他制造业	17192942	35559897	5411888	23345794	6165176	14423838
22	电力、热力的生产和供应业	791958	185728	778107	221872	876740	214613
23	燃气生产和供应业	0	0	0	0	0	0
24	水的生产和供应业	0	0	0	0	0	0
25	建筑业	9812178	3433383	7730236	2284307	10371821	6351283
26	交通运输、仓储及邮政业	37474361	17331358	56946262	32662159	54827185	74595311
27	批发零售及餐饮业	74444291	7549573	123386341	11526917	178379773	29564847
28	其他服务业	60341595	48550986	64948085	60838861	65763875	86528565

注：鉴于篇幅有限，将进出口额保留至整数位，但是在利用模型和公式进行计算时，仍旧以原来的
　　实际数值进行测算的。
数据来源：根据 2002 年、2005 年、2007 年、2010 年、2012 年和 2015 年《投入产出表》和《投入
　　产出延长表》中的进出口数据整理计算所得。

附表 3　2002—2015 年中国分产业部门的能源消耗量

附表 3-1　2002 年中国分产业部门的能源消耗量

编号	行业部门	煤炭（万吨）	焦炭（万吨）	原油（万吨）	汽油（万吨）	煤油（万吨）	柴油（万吨）	燃料油（万吨）	天然气（亿立方米）
1	农业	936.02	73.69	0.00	101.55	1.40	819.02	0.41	0.00
2	煤炭开采和洗选业	8416.38	48.08	1.19	34.20	7.36	60.07	0.00	0.00
3	石油和天然气开采业	942.41	5.04	3381.07	44.43	0.49	204.72	197.94	78.43
4	金属矿采选业	213.18	80.86	0.00	12.55	1.65	32.05	0.11	0.00
5	非金属矿及其他矿采选业	715.52	33.23	0.00	27.10	0.52	49.99	1.04	0.01
6	食品制造及烟草加工业	3293.59	33.02	1.32	94.13	0.67	75.94	27.34	0.39
7	纺织业	1679.22	4.57	0.05	40.27	5.33	47.49	65.89	0.79
8	服装皮革羽绒及其制造业	231.54	3.73	0.12	14.63	0.81	32.09	18.22	0.00
9	木材加工及家具制造业	329.66	2.71	0.00	7.81	0.18	10.29	3.82	0.00
10	造纸印刷及文教体育用品制造业	2248.02	3.71	0.59	28.43	12.39	57.94	24.90	0.36
11	石油加工、炼焦及核燃料加工业	10259.17	68.03	16318.76	18.14	20.89	83.01	482.56	15.01
12	化学工业	11430.53	1211.61	2524.46	101.46	13.83	208.23	488.79	100.50
13	非金属矿物制品业	11414.45	374.44	49.68	63.29	2.11	330.27	342.99	3.41
14	金属冶炼及压延加工业	14371.97	9622.53	14.58	48.00	8.71	135.74	335.86	2.88
15	金属制品业	287.80	153.69	0.04	22.48	2.67	47.83	12.91	0.80
16	通用、专用设备制造业	768.13	299.01	0.34	56.39	5.79	47.16	18.41	2.37

编号	行业部门	煤炭（万吨）	焦炭（万吨）	原油（万吨）	汽油（万吨）	煤油（万吨）	柴油（万吨）	燃料油（万吨）	天然气（亿立方米）
17	交通运输设备制造业	908.94	43.69	0.05	22.49	8.16	46.25	12.05	1.74
18	电气机械及器材制造业	209.01	10.54	0.50	20.67	0.39	29.86	12.33	0.99
19	通用设备、计算机及其他电子设备制造业	77.14	0.49	0.00	11.02	0.31	66.62	15.65	4.71
20	仪器仪表文化办公用机械制造业	33.89	5.72	0.00	3.44	0.41	12.56	0.14	0.03
21	其他制造业	296.12	28.29	0.44	14.69	14.00	26.10	6.70	1.28
22	电力、热力的生产和供应业	69797.53	0.00	69.28	27.57	0.61	257.47	884.61	6.92
23	燃气生产和供应业	1074.56	32.06	0.00	1.67	0.00	12.06	18.57	1.88
24	水的生产和供应业	43.58	0.00	0.00	2.77	0.05	2.59	0.02	0.02
25	建筑业	513.55	23.38	4.20	112.32	0.00	241.99	19.10	0.68
26	交通运输、仓储及邮政业	851.96	11.44	175.94	1603.50	716.75	3664.81	852.10	16.37
27	批发零售及餐饮业	1259.08	42.60	0.12	74.22	13.00	110.79	12.30	6.10
28	其他服务业	1267.06	12.34	1.29	866.29	40.00	740.00	19.10	0.00

数据来源：根据 2003 年《中国统计年鉴》中的数据整理归类合并计算所得。

附表 3-2　2005 年中国分产业部门的能源消耗量

编号	行业部门	煤炭（万吨）	焦炭（万吨）	原油（万吨）	汽油（万吨）	煤油（万吨）	柴油（万吨）	燃料油（万吨）	天然气（亿立方米）
1	农业	1513.80	63.47	0.00	159.59	1.60	1286.35	0.66	0.00
2	煤炭开采和洗选业	14535.96	61.34	0.00	14.61	3.26	64.50	4.95	4.32
3	石油和天然气开采业	373.74	0.29	1386.75	25.71	0.17	187.29	30.68	78.88
4	金属矿采选业	252.45	100.03	0.00	7.9	2.16	46.74	0.85	0.04
5	非金属矿及其他矿采选业	671.09	12.86	0.00	3.67	0.81	61.99	0.59	0.02
6	食品制造及烟草加工业	3342.46	14.92	0.67	28.28	1.3	96.17	42.41	2.31

续表

编号	行业部门	煤炭（万吨）	焦炭（万吨）	原油（万吨）	汽油（万吨）	煤油（万吨）	柴油（万吨）	燃料油（万吨）	天然气（亿立方米）
7	纺织业	2555.37	2.99	0.2	16.74	2.05	42.93	41.96	0.56
8	服装皮革羽绒及其制造业	342.34	1.64	0.27	13.58	1.07	44.07	17.73	0.12
9	木材加工及家具制造业	469.81	2.84	0.15	7.46	1.33	19.41	2.74	0.15
10	造纸印刷及文教体育用品制造业	3506.01	8.07	0.6	18.39	2	44.42	31.08	0.69
11	石油加工、炼焦及核燃料加工业	19753.15	76.76	26021.27	20.87	2.06	51.5	377.03	18.26
12	化学工业	15138.24	1781	2524.6	71.68	8.12	202.26	374.52	143.6
13	非金属矿物制品业	20036.23	208.27	14.17	24.03	3.06	253.14	497.27	23.81
14	金属冶炼及压延加工业	23782.79	21801.94	0.44	27.31	4.24	144.99	261.17	13.63
15	金属制品业	337.56	78.33	0.06	17.14	2.64	52.36	16.74	0.69
16	通用、专用设备制造业	965.54	524.41	0.26	42.05	7.49	83.76	15.47	4.51
17	交通运输设备制造业	865.59	93.91	0.15	34.92	11.08	68.40	10.98	4.92
18	电气机械及器材制造业	172.76	16.75	0.26	20.62	1.60	49.03	13.13	1.23
19	通用设备、计算机及其他电子设备制造业	155.25	0.69	0.40	10.55	0.82	48.57	26.79	4.77
20	仪器仪表文化办公用机械制造业	24.68	2.75	0.05	3.45	1.13	8.83	0.19	0.08
21	其他制造业	570.64	6.12	0.01	7.18	0.75	12.67	3.5	0.04
22	电力、热力的生产和供应业	106286.71	6.13	8.78	20.25	0.32	396.17	1140.04	18.78
23	燃气生产和供应业	1316.52	58.84	0.26	2.36	0.02	9.67	14.92	7.33
24	水的生产和供应业	38.42	0.07	0.00	2.95	0.03	2.39	0.01	0.06
25	建筑业	603.56	18.38	0.00	172.14	0.00	386.64	14.18	1.49
26	交通运输、仓储及邮政业	811.17	1.07	126.87	2430.05	952.42	5890.41	1261.02	38.01
27	批发零售及餐饮业	1674.39	64.08	0.00	129.39	3.67	116.03	27.52	10.79
28	其他服务业	1715.88	7.59	0.00	998.20	36.19	895.06	13.91	9.12

数据来源：根据 2006 年《中国统计年鉴》中的数据整理归类合并计算所得。

附表 3-3　2007 年中国分产业部门的能源消耗量

编号	行业部门	煤炭（万吨）	焦炭（万吨）	原油（万吨）	汽油（万吨）	煤油（万吨）	柴油（万吨）	燃料油（万吨）	天然气（亿立方米）
1	农业	1519.57	57.23	0.00	172.78	0.94	1218.97	1.00	0.00
2	煤炭开采和洗选业	17626.33	75.84	0.00	18.32	2.71	66.32	4.93	4.98
3	石油和天然气开采业	381.19	0.35	1203.93	30.99	0.15	198.44	29.49	85.89
4	金属矿采选业	266.93	127.57	0.00	9.31	1.78	49.78	0.85	0.05
5	非金属矿及其他矿采选业	697.28	15.9	0.00	4.29	0.66	66.03	0.58	0.04
6	食品制造及烟草加工业	3599.36	16.29	0.64	32.75	1.08	100.89	37.77	2.70
7	纺织业	2862.05	3.57	0.19	19.98	1.72	44.82	39.65	0.69
8	服装皮革羽绒及其制造业	373.20	2.02	0.29	15.89	0.87	47.03	18.17	0.13
9	木材加工及家具制造业	488.55	3.38	0.17	8.73	1.11	21.92	2.36	0.20
10	造纸印刷及文教体育用品制造业	3886.79	10.76	0.60	20.39	1.67	46.08	31.47	0.96
11	石油加工、炼焦及核燃料加工业	25000.49	98.97	30309.24	24.4	1.73	53.35	348.99	25
12	化学工业	16519.41	2319.62	2327.95	82.28	5.78	218.16	398.72	209.97
13	非金属矿物制品业	20416.79	261.84	14.66	31.56	2.58	272.31	510.09	28.91
14	金属冶炼及压延加工业	25765.38	25055.4	0.41	33.8	3.55	154.42	221.96	18.5
15	金属制品业	333.35	96.43	0.06	23.75	2.21	55.91	14.45	0.95
16	通用、专用设备制造业	990.96	657.11	0.32	54.64	6.2	88.33	12.84	6.48
17	交通运输设备制造业	887.33	118.06	0.11	41.27	7.57	72.37	10.28	6.62
18	电气机械及器材制造业	176.08	18.95	0.24	23.2	1.31	51	12.67	1.66
19	通用设备、计算机及其他电子设备制造业	150.02	0.8	0.40	13.39	0.75	52.76	27.33	6.16
20	仪器仪表文化办公用机械制造业	25.07	3.38	0.04	4.66	0.93	9.58	0.18	0.12
21	其他制造业	527.53	6.73	0.01	5.96	0.55	13.89	2.94	0.05

续表

编号	行业部门	煤炭（万吨）	焦炭（万吨）	原油（万吨）	汽油（万吨）	煤油（万吨）	柴油（万吨）	燃料油（万吨）	天然气（亿立方米）
22	电力、热力的生产和供应业	133651.89	7.45	8.42	19.06	0.25	275.74	597.96	70.74
23	燃气生产和供应业	1537.85	31.76	0.25	2.62	0.03	10.89	5.49	8.80
24	水的生产和供应业	38.93	0.08	0.00	3.25	0.03	2.73	0.0130843	0.08
25	建筑业	615.33	17.48	0.00	178.83	0.00	433.82	30.74	2.09
26	交通运输、仓储及邮政业	735.8	0.55	163.66	2613.19	1129.98	7184.37	1759.95	46.88
27	批发零售及餐饮业	1868.27	71.00	0.00	131.73	4.90	133.94	24.78	17.11
28	其他服务业	2043.43	8.23	0.00	1119.67	43.17	1007.48	11.83	16.09

数据来源：根据 2008 年《中国统计年鉴》中的数据整理归类合并计算所得。

附表 3-4 2010 年中国分产业部门的能源消耗量

编号	行业部门	煤炭（万吨）	焦炭（万吨）	原油（万吨）	汽油（万吨）	煤油（万吨）	柴油（万吨）	燃料油（万吨）	天然气（亿立方米）
1	农业	1711.10	46.82	0.00	169.07	0.90	1206.73	1.14	0.50
2	煤炭开采和洗选业	23143.94	25.05	0.00	20.11	2.53	141.23	2.32	3.80
3	石油和天然气开采业	563.03	0.16	1020.29	24.20	0.00	185.98	34.75	129.55
4	金属矿采选业	321.29	141.48	0.00	15.29	1.02	83.18	0.08	0.12
5	非金属矿及其他矿采选业	610.35	13.28	0.00	6.72	0.86	89.96	0.18	0.67
6	食品制造及烟草加工业	3783.05	13.19	0.12	64.94	0.84	107.66	32.87	5.96
7	纺织业	2618.04	5.10	0.02	26.96	0.50	44.63	22.45	1.66
8	服装皮革羽绒及其制造业	308.88	3.98	0.08	26.23	0.49	48.04	11.18	0.36
9	木材加工及家具制造业	466.43	3.29	0.23	17.52	0.25	32.59	0.83	0.66
10	造纸印刷及文教体育用品制造业	4344.05	6.28	0.19	23.73	0.43	58.39	23.36	2.58
11	石油加工、炼焦及核燃料加工业	29780.84	93.45	38624.99	36.18	5.64	26.53	1033.02	40.04

编号	行业部门	煤炭（万吨）	焦炭（万吨）	原油（万吨）	汽油（万吨）	煤油（万吨）	柴油（万吨）	燃料油（万吨）	天然气（亿立方米）
12	化学工业	16895.39	1754.73	3062.64	95.93	5.74	254.66	559.32	193.24
13	非金属矿物制品业	23508.83	385.72	2.45	37.47	1.16	289.94	353.57	42.72
14	金属冶炼及压延加工业	33936.52	30040.45	1.04	23.75	2.25	163.86	121.02	29.48
15	金属制品业	316.00	75.56	0.12	32.95	1.40	66.29	12.47	3.63
16	通用、专用设备制造业	1060.68	782.67	0.15	83.54	5.11	122.28	11.50	12.61
17	交通运输设备制造业	853.95	168.87	0.17	49.21	10.18	110.55	12.50	12.97
18	电气机械及器材制造业	253.54	26.63	0.15	36.48	0.66	71.92	7.81	4.63
19	通用设备、计算机及其他电子设备制造业	185.11	2.61	0.27	20.31	0.36	71.22	13.67	6.27
20	仪器仪表文化办公用机械制造业	25.46	5.73	0.00	7.26	0.61	14.22	0.40	0.54
21	其他制造业	484.73	12.76	0.00	8.46	0.13	18.55	4.18	0.35
22	电力、热力的生产和供应业	151163.05	4.01	3.64	24.64	0.03	154.89	119.43	180.80
23	燃气生产和供应业	1341.79	18.55	0.00	3.20	0.01	2.61	0.23	8.07
24	水的生产和供应业	66.68	0.14	0.00	4.38	0.00	4.61	0.18	0.19
25	建筑业	718.91	5.81	0.00	274.70	8.77	490.20	30.76	1.16
26	交通运输、仓储及邮政业	639.23	0.12	158.00	3204.93	1601.08	8518.56	1326.65	106.70
27	批发零售及餐饮业	1969.87	5.10	0.00	168.18	34.98	196.60	8.62	27.24
28	其他服务业	2006.59	2.77	0.00	1166.22	38.73	1287.19	13.53	26.00

数据来源：根据 2011 年《中国统计年鉴》中的数据整理归类合并计算所得。

表 3-5　2012 年中国分产业部门的能源消耗量

编号	行业部门	煤炭（万吨）	焦炭（万吨）	原油（万吨）	汽油（万吨）	煤油（万吨）	柴油（万吨）	燃料油（万吨）	天然气（亿立方米）
1	农业	1766.12	57.48	0.00	192.86	1.19	1335.50	1.98	0.64
2	煤炭开采和洗选业	26163.30	65.41	0.00	16.33	2.16	215.21	0.92	7.48
3	石油和天然气开采业	477.89	0.00	1050.41	14.24	0.00	63.41	13.27	122.94
4	金属矿采选业	312.92	139.35	0.01	14.36	0.44	148.34	0.09	0.03
5	非金属矿及其他矿采选业	621.90	46.10	0.00	5.40	0.04	65.80	0.16	0.54
6	食品制造及烟草加工业	3850.21	14.39	0.08	51.00	0.16	90.71	14.41	12.89
7	纺织业	2065.59	3.08	0.00	16.89	0.12	20.20	8.80	2.15
8	服装皮革羽绒及其制造业	307.90	3.49	0.15	24.97	0.62	29.54	6.16	1.04
9	木材加工及家具制造业	455.14	4.16	0.17	12.75	0.13	22.00	0.49	1.03
10	造纸印刷及文教体育用品制造业	4582.67	5.51	0.12	22.94	0.40	36.27	9.34	6.77
11	石油加工、炼焦及核燃料加工业	36450.25	73.65	42413.38	40.82	0.21	20.87	1308.09	98.89
12	化学工业	19290.28	2607.10	3060.79	55.20	3.83	113.67	511.33	257.55
13	非金属矿物制品业	24814.00	756.74	7.78	33.16	4.69	260.67	231.15	68.72
14	金属冶炼及压延加工业	36707.23	34268.10	0.24	21.60	2.57	145.86	71.65	59.17
15	金属制品业	360.08	104.25	0.01	22.88	1.33	38.83	7.34	7.32
16	通用、专用设备制造业	699.55	904.33	0.07	64.11	3.06	78.62	2.57	13.81
17	交通运输设备制造业	577.98	185.01	0.07	37.63	0.96	45.01	1.58	14.01
18	电气机械及器材制造业	491.00	17.90	0.07	27.96	0.46	32.41	4.05	5.97
19	通用设备、计算机及其他电子设备制造业	245.44	2.40	0.00	13.92	0.31	19.71	3.19	6.88
20	仪器仪表文化办公用机械制造业	30.73	4.17	0.00	4.97	0.20	5.09	0.36	0.54
21	其他制造业	554.23	20.54	0.00	2.48	0.03	7.35	1.57	0.87

编号	行业部门	煤炭（万吨）	焦炭（万吨）	原油（万吨）	汽油（万吨）	煤油（万吨）	柴油（万吨）	燃料油（万吨）	天然气（亿立方米）
22	电力、热力的生产和供应业	174273.38	0.49	2.46	27.76	0.03	74.17	22.51	225.02
23	燃气生产和供应业	1074.57	7.49	0.00	2.64	0.00	2.33	0.19	9.32
24	水的生产和供应业	63.66	0.04	0.00	3.50	0.00	1.73	0.00	0.18
25	建筑业	753.41	6.31	0.00	286.87	7.89	518.01	27.05	1.26
26	交通运输、仓储及邮政业	614.26	0.09	119.40	3753.03	1787.09	10727.03	1383.94	154.51
27	批发零售及餐饮业	2362.00	6.66	0.00	200.06	28.64	229.00	8.69	38.69
28	其他服务业	2283.19	1.94	0.00	1460.51	74.17	1444.72	19.94	32.88

数据来源：根据 2013 年《中国统计年鉴》中的数据整理归类合并计算所得。

附表 3-6　2015 年中国分产业部门的能源消耗量

编号	行业部门	煤炭（万吨）	焦炭（万吨）	原油（万吨）	汽油（万吨）	煤油（万吨）	柴油（万吨）	燃料油（万吨）	天然气（亿立方米）
1	农业	2625	49	0	231.33	1.1	1492.88	0.94	0.92
2	煤炭开采和洗选业	28493	63	0.03	10.64	1.72	165.03	0.43	14.42
3	石油和天然气开采业	186	0.00	987.5	11.29	0	47.5	28.47	143.06
4	金属矿采选业	577	167	0	10.76	0.5	113.47	1.55	1.05
5	非金属矿及其他矿采选业	966	7	36.64	7.7	0.22	164.53	1.11	4.61
6	食品制造及烟草加工业	5430	145	0.03	45.87	0.63	76.77	6.43	23.52
7	纺织业	4730	2	0.01	13.89	0.15	14.76	7.12	6.24
8	服装皮革羽绒及其制造业	412	2	0.06	18.76	0.16	19.19	1.54	1.98
9	木材加工及家具制造业	565	1	0.05	12.25	0.53	19.12	0.44	2.22
10	造纸印刷及文教体育用品制造业	4874	6	0.00	20.88	0.15	32.23	13.33	14.51
11	石油加工、炼焦及核燃料加工业	47400	65	49491.16	3.26	0.15	18.31	1873.59	137.99

续表

编号	行业部门	煤炭（万吨）	焦炭（万吨）	原油（万吨）	汽油（万吨）	煤油（万吨）	柴油（万吨）	燃料油（万吨）	天然气（亿立方米）
12	化学工业	33556	3583	3536.26	68.17	3.94	150.87	914.92	277.16
13	非金属矿物制品业	31195	904	0.21	30.08	2.46	293.05	207.4	84.03
14	金属冶炼及压延加工业	48011	37901	0.03	17.99	0.97	113.05	48.54	86.57
15	金属制品业	460	100	0.01	22.33	0.92	29.93	6.67	16.25
16	通用、专用设备制造业	586	752	0.11	57.12	3.4	83.18	2.47	18.5
17	交通运输设备制造业	598	132	0.03	42.45	2.5	57.78	4.7	31.81
18	电气机械及器材制造业	731	12	0	26.45	0.72	24.63	1.86	4.9
19	通用设备、计算机及其他电子设备制造业	149	14	0.01	14.54	0.27	13.25	2.14	7.88
20	仪器仪表文化办公用机械制造业	20	3	0	5.84	0.42	4.36	0.31	0.78
21	其他制造业	758	22	0.01	3.5	1.27	10	1.43	4.3
22	电力、热力的生产和供应业	165382	39	0.27	25.97	0.08	60.74	8.38	343.66
23	燃气生产和供应业	520	2	0	3.39	0	2.54	0.16	8.79
24	水的生产和供应业	51	0	0	3.94	0	2.13	0.03	0.26
25	建筑业	878	7	0	408.58	12.5	555.71	53.51	2.16
26	交通运输、仓储及邮政业	492	3	35.85	5306.59	2504.88	11162.8	1439.53	237.62
27	批发零售及餐饮业	3864	40	0	243.29	11.68	257.74	18.95	51.29
28	其他服务业	4159	5	0	2108.47	83.27	1384.15	16.08	45.44

数据来源：根据 2016 年《中国统计年鉴》中的数据整理归类合并计算所得。